保险资金运用与内控管理

曹贵仁 / 编著

展现保险资金内控管理政策
提供可借鉴的综合管理措施

格致出版社　　上海人民出版社

前　言

当今保险业的发展有目共睹。截至 2017 年底,全国商业保险资产余额已达 16.75 万亿,其中资金运用余额 14.92 万亿,比上年分别增长 10.80% 和 11.42%;分别比 2007 年末增长 4.78 倍和 4.67 倍。保险机构提供的风险保障功能发挥的作用越来越大,保险资金投资的领域也越来越宽,对国民经济的发展起到了非常重要的作用。但是,事物的发展是辩证的。保险业,特别是保险资金运用,在发展过程中也存在这样或那样的问题,有些问题是外因造成的,有些是保险机构内部管控存在缺陷造成的。

保险业的发展是一个渐进的过程,它经历不同的历史阶段,目前正处于改革发展期。从国家和人民期盼的角度来看,希望保险业在发展的过程中要不断自我完善,持续规范发展,满足人们日益增长的保险保障与投资收益需求。保险业可谓任重而道远。

一个企业发展的好坏与多因素相关,一个企业出现重大风险或问题绝大多数情况下与企业的公司治理水平及内部控制管理不当相关。保险机构亦是如此,保险企业的资金运用、资产管理更是如此。

为了便于学习、全面了解、系统掌握保险资金运用及内控管理的相关知识,本书从源头开始介绍了保险资金的来源、运用原则、管理模式、发展阶段;紧接着,介绍了保险资金可投资的领域与工具类型、监管政策;随后,从多角度分析总结了一些行之有效的保险资金运用及内控管理的可借鉴的做法。

保险资金内控管理必须实行综合协调管理。本书从不同视角或业务领域介绍分析了保险资金内控管理的政策要点或可借鉴管理措施。归结起来有三个方面的要素至关重要的,即:制度(流程)、技术与人。好的制度(流程)需要人来遵守和执行,且制度(流程)制定与设计得合理与否也取决于管理人员的水平与能力。制度(流程)的设计虽然可能具有全面性、科学性、合理性,但还需要制度(流程)执行的有效性来体现和保证。通过"制度+技术+人"相结合的管控模式,才能较好地实现对保险资金运用的科学内控管理,不至于使内控管理处于僵化状态或流于形式,以免形成平时说内控管理很重要,但关键时刻管控或决策不重要的情形发生。制度(流程)要不断地进行优化,需要与时俱进,否则就会牺牲效率或阻碍企业的创新发展。

在当今信息技术迅猛发展的社会环境下,必须重视信息系统技术在数字化、智能化发展中对内控建设与管理带来的影响,注重新技术的应用及数字化、智能化在风险合规与内控管理方面的实践。这是一种明智的选择,也是未来的大趋势。与此同时,也应该清醒地认识到,任何制度(流程)和技术最终是需要人来开发、设计、使用与完成的,技术系统再科学、再智能,也不能忽视人的因素在内控管理与决策方面的关键作用。很多内控事项要靠人的综合素质、专业能力和履职敬业精神,以及公司在内控培训、考核激励、部门协同(业务、合规、审计、纪检、监察)和责任追究等长效机制方面的持续建设才能收到较好的效果。

从以上所述的意义上说,加强保险资金内控的综合协同管理尤为重要。

《保险资金运用与内控管理》一书汇集了保险资金运用与内控管理的基本知识、监管政策要点,并将管理实践与案例也展现在书中,具有较强的实用性。本书对于保险机构从业者及大中专院校师生学习具有一定的参考价值。

目　录

1
保险资金的来源与运用概述

1.1　保险资金的基本来源

保险资产主要来源于权益资产、保险责任准备金和其他资金所形成的资产。而从其特性来看,保险资金主要具有长期性、稳定性、累积性和负债性等特点。

依据保险公司经营的特点,保险的筹资和投资活动依赖于保险业务的存在而发生。为此,在保险经营的正常状态下,保险的资金运行是围绕保险业务的发生而展开的。对于其他大多数行业,企业经营过程是通过筹资来完成投资、收入及分配的。而对于保险公司,却是由收入来完成筹资、投资、分配的。也就是说,当把保险企业的资金运行依据保险业的特点,按照业务活动过程来抓住资金的基本流向时,就可以清晰地看到保险资金运行有两条完全不同的轨迹。在保险经营中,一方面通过收取保费,开始了资金的运行,这一部分通过保费获得的资金形成当年的实际保费收入,抵减各种成本支出,最后产生承保的盈利或亏损,进行利润分配并形成权益性资本。另一方面,收取的保费即直接形成责任准备金这一债务资金,保险企业依据这块资金所应承担的责任和滞留在公司内的时间进行投资,完成保险企业最重要的投资过程,并形成投资损益,一起参与利润分配。

保险公司可投资运作的资金,其基本来源可具体划分为如下几类。

1.1.1　权益资产

权益资产,即资本金、公积金、公益金和未分配利润等保险公司的自有资金。其中资本金是根据国家规定,在保险公司开业时就必须具有的与其生产经营和服务规模相适应的足够的资本金额,以确保保险公司能独立承担民事责任,是保险公司得以设立和运作的基础,是保障保险公司正常经营的重要条件。在正常情况下,保险公司的资本金除上缴部分保证金外,基本处于闲置状态,可供长期投资;总准备金也属于所有者权益,是保险公司为发生周期较长、后果难以预料的巨灾和巨额危险而提留的准备资金。

1.1.2　保险责任准备金

保险责任准备金,即保险公司为保障对被保险人的赔付责任而准备的资金。主要包括:未决赔款准备金、已发生未报告赔款准备金(IBNR)、未到期责任准备金、长期责任准备金、寿险责任准备金、长期健康险责任准备金、巨灾准备金、总准备金等。准备金既包括属于股东所有的未分配盈余(如总准备金、未分配利润等),也有属于保单持有人所有的准备金(一般称业务准备金),由于保费的收取和保险金的给付之间一般存在较长的时间间隔,这部分资金也可供保险公司长期投资之用,是保险资金的重要来源。

1.1.3　发行投资连结、分红型等保险产品所形成的资金

这其中的相当部资金主要是用于投资资本市场的,且随着保险产品的丰富和保险资金在资本市场中运作绩效的提高,这部分资金的规模也越来越大。这类资金有些还运用一定的杠杆,有比例控制的要求,一般运作期限也不像普通寿险资金那么长。

1.1.4 其他资金

在保险公司经营过程中,还存在其他可用于投资的资金来源,如结算中形成的短期负债,这些资金虽然数额不大,而且须在短期内归还,却可作为一种补充资金来源。此外,在一定时期内,因保费收入的形成相对集中,而赔款支出断续发生,这部分"时间差"所形成的资金;年终决算形成的利税和盈余,在上缴或分配前也是一种资金来源,大公司尤其如此。

1.2 保险资金的主要特性

保险资金从属性上讲是一种特种资金,专门用以应付自然灾害和意外事故可能对生产、生活造成的不利后果。保险资金,尤其是寿险资金,从其构成来看,可归纳出以下特征:

1.2.1 长期性特征

寿险业务的保障期一般都较长,大部分需保障几十年甚至被保险人的一生;产险虽说保障期一般只有一年,但社会需求是稳定增长的,从永续经营的角度来看,整个产险的需求也具有长期性。由于整个保险业务的经营是一个连续过程,所以在任何时刻,保险资金总有相当一部分是沉淀的,并且随着业务的扩张,其累积也有上升趋势。因此,保险资金由收到支的过程中不仅有"时间差",还有"数量差"。例如,各种准备金因其性质不同,闲置的时间也不同,长期人寿保险的准备金、长期健康保险的准备金一般都在 5 年以上,有的甚至长达几十年。这两个差距在空间上集零散资金为巨额资金,在时间上化短期资金为长期资金,在形态上变波动资金为稳定资金,给保险企业带来了大量长期稳定的可供利用的资金,因此保险资金具有长期性。

1.2.2 稳定性特征

保险的需求一般说来是比较稳定的,因而保险金的交纳具有一定规律性,其供给也是稳定的。如,寿险保费一般可分为首年保费及续年保费,即第一个保单年度缴纳的和以后各保单年度缴纳的保费。保险公司每年所收取的续保资金从长期来看,总体上具有可预测性。由于保费的收取和保险金的给付都具有规律性,且可预测性较强,因此我们说保险资金具有稳定性。

1.2.3 累积性特征

保险自身原始的资本积累、资本公积积累、各种准备金的积累以及保险收入与保险赔付之间时间差形成的保险资金均具有累积性。从保险资金的运用上看,考虑到保险的本质属性以及保险公司自身的特点,为支付保险金赔付等,需要资金的不断积累,这部分剩余资金应该充分加以运用,以保证保险公司在未来业务年度具有足够的补偿能力。保险投资收益的累积为保险公司稳定经营提供了保障。

1.2.4 负债性特征

从保险资金的来源看,保险公司的业务收入不等于实际收益,也不能简单地认为保险公司的利润或盈余就是保险费收入减去保险赔款、税金、费用支出后的余额,而应将尚未履行赔偿责任的诸多因素考虑进去。因为从保险损益分摊或分配看,由于保险责任带有连续性的特点,从个别险种或某个时点分析,保险责任的履行具有随机性。因此,保险公司必须根据国家有关部门的法律制度和自身行业特点,从保险费收入中建立各种责任准备金,以承担各种保险业务的未到期责任。因此保险费收入的总量即形成保险基金,它是对投保人的负债,当然不能将其视为保险公司的实际收益。保险资金中除资本金、公积金、公益金、未分配利润等权益资产外,其他部分都是属于保险人的负债,保险人不能将此作为业务盈余在股东之间进行分配,也不允许作为利润上缴所得税,而只能由保险人加以管理以履行未来的赔偿与给付义务。因此,保险资金具有负债性。

保险公司的产寿险业务是两类性质明显不同的保险业务,其保险标的、保险期限、保险金额的确定、费率的厘定、责任准备金的提存等均存在较大的差异,其保险资金对偿还或报酬的要求及承担的风险责任也不同。因此,产寿险的业务经营、管理监督以及保险资金运用的资产负债匹配等方面的要求也会有些不同。

1.3 保险资金的运用原则

保险资金运用是指保险公司在经营过程中,对积聚的保险资金进行投资与管理,使其达到保值增值的业务活动,是保险企业增强偿付能力、持续稳健经营的重要保障。

保险资金的性质决定了保险资金的管理和其他投资管理一样要重视安全性、收益性和流动性。在确保保险资金安全性的前提下,提高保险资金使用的效益性和流动性,是当前保险资金运用的目标要求。

1.3.1 资金运用的原则

1. 安全性原则

安全性原则是保险资金运用的首要原则和最基本要求。保险公司是一种商业金融性服务机构,它的商业性决定了追求利润最大化始终是其经营目标。但在一般投资中,利润水平与风险水平是成正比的,利润最大化往往伴随着风险最大化。所以,利润最大化的代价是资金安全度最弱化。为防止保险公司过度追求利润最大化而产生资金风险,保险公司运用资金时首先必须遵循安全性原则。从资金运用的"安全性"看,政府债券和金融债券是最安全的投资方式。企业债券特别是股票,只要通过有效的投资组合加以分散风险,同时控制一定的投资比例,其安全性也能控制。保险在金融体系中并不是一种高回报的投资工具。它应当是一个以保障性为主,稳健、安全的资金管理方式。在金融体系中,各类资金的管理方式都有自己的一席之地:如果要求高回报,可以通过基金投资,特别是像对冲基金那样的高风险、高回报的投资基金,也可以投资股票或者期货市场;如果要求资金流动性较强,随时使用,还希望它安全,那么最好存银行;如果为了养老或应付意外,又想保值增值,就应该购买保险。保险资金具有这样的特性,因此,保险资金运作必须遵循安全性第一的原则,积极、稳妥地进行投资。

2. 流动性原则

流动性原则是指在不损失价值的前提下把资产立即变成现金的能力,一种足以应付各种支付的、充分的资金可用能力。变现期限短、成本低的金融工具流动性强。反之,则流动性差。发行者的资信程度高低对金融工具的流动性有重要意义。保险资金运行的不确定性决定了保险资金必须具有较好的流动性,以便随时满足保险偿付的需要。不同的保险业务对资金流动性的要求也不相同。一般来说,财产保险对资金的流动性要求较高,而人寿保险,尤其是长期的人寿保险对流动性要求低一些。流动性是安全性的保证,一方面,发现风险较小的投资品种时,没有现金资产或者现有资产无法变现必然是白白丧失好的投资机会;另一方面,当风险来临时,资产的流动性可以促成全员保险资产的优化组合,并通过这种优化组合来转移和规避风险。在具体措施上,可对保险收支进行事先预测,留足现金和一定的短期投资以备短期支付之用,并对中长期投资的期限进行统筹安排,使保险资金投资在应付日常支用的前提下充分发挥效益。长期投资虽然牺牲了资金的流动性而且风险更大,但收益也更高,因此仍应在满足资金流动性的前提下,适度将保险资金用于长期投资。

3. 收益性原则

收益性原则要求保险资金的运用不仅要保本,而且还必须有一定的收益(盈利)。尤其是长期寿险,在产品设立时,资金增值已考虑在产品价格之内,如果投资收益率低于预期收益率,保险公司在保险期满时就没有足够的资金给付给被保险人或受益人,这样不但会损害被保险人和受益人的合法利益,严重时还会影响保险公司的偿付能力。同时,较低的投资回报率也会削弱保险产品的竞争力。如果保险投资无法盈利,投保者将丧失信心,银行的信誉将下降,可能引发退保,甚至危及保险公司的生存。

4. 资产负债匹配管理的原则

对于保险企业来说,资产负债匹配管理是一种理念,更是应该坚持的一项重要原则。资产负债匹配管理的原则是指保险公司在投资时一定要根据自身业务及负债的特性合理、有效地匹配资产,主要是在久期、利率及现金流等方面进行合理匹配。坚持这一原则,可以使保险公司及其资产管理机构立足长远,平衡收入增长、利润与风险这三个既相关联又相矛盾的目标,有利于公司发展的战略性决策。资产负债匹配管理是保险公司持续、健康发展的"平衡器"和"稳定器"。这项原则本身也体现着资金运用中的安全性、流动性及效益性三者的内在要求。

从经济学意义上讲,在均衡市场上,收益和风险是同向的,而资产的流动性却与收益呈负相关关系。资产安全性、流动性和盈利性的均衡,是可以互相补充的。流动性和安全性的降低,可通过盈利性的提高来补充,而盈利性的提高一般要以流动性、安全性的降低为代价。

在保险资金运用管理的原则问题上,考虑到保险公司稳健经营及持续性发展的需要,保险公司首先应在资金的安全性、流动性及盈利性方面有很好的权衡,通过对各种投资工具的优化组合和比例控制,既提高投资效益,又有效地防范风险。

1.3.2 加强保险资金运用的意义

保险业是经营风险的行业,最大限度地分散和控制风险是保险经营的重要宗旨。保险在社会经济中的基本功能是提供风险补偿,保费是风险转移的价格,但由于市场的竞争,使得这个价格往往不够支付转移的成本,承保亏损已成为保险公司的普遍现象。以美国为例,整个保险业的赔付率长期高于100%。一般而言,赔付率只要达到85%,就意味着可能亏损,而美国保险业在如此之高的赔付率之下仍然能够盈利,完全靠其巨额投资收益。从低保险费率到高投资收益率的良性循环是发达国家保险业成功的标志。因而保险公司的资金运用是对其履行这种经济补偿职能的保障,同时也是保险企业实现自身发展的重要途径。成熟的保险经营应是依靠保险和投资两个轮子共同驱动和协调发展,通过保险融资,投资创利的方式来实现保险公司总体收益。

可以毫不过分地说,保险资金运用是现代保险业得以生存和发展的重要支柱,哪国的保险资金管理好,则该国的保险业就发达,保险业的偿付能力就高,保险经营的稳定性也就高;反之,该国的保险业就会停滞。

1. 加强保险资金运用,提高投资绩效是保险企业生存的基础

衡量保险公司的经营绩效一般可从三个方面考察:保险公司所能提供的收益的大小、投保人所需承担的保费的多少和保险公司自身及其资金在资本市场中运行的管理成本的大小。在同银行的竞争中,保险企业要想增加保费收入,进一步发展业务,主要采用提高保险给付的预定利率这一手段。在同其他公司进行的同业竞争中,保险公司一般采取降低缴纳保险费率的手段,以较低的费用缴纳来争取保户的投保。因此保险业市场竞争的结果会出现保险公司的保险费率越来越低而保险偿付利率越来越高的趋势,保险公司的综合成本率已超过100%,承保亏损已成为世界各国保险业的普遍现象。这样一来,客观上就要求保险公司必须通过保险资金的有效营运来提高收益,以应对预期中越来越高的赔付,否则保险公司就会因陷入偿付危机而无法继续经营下去。

从发达国家保险公司的实际情况看,它们的综合盈利绝大部分来源于其保险资金的投资收益,有的甚至需要用投资收益来弥补保险业务收益。承保业务逐渐成为一种拓宽资金来源的渠道,其盈利很小,甚至为负,而投资业务成为主要盈利途径。投资业务的不当影响到企业的生存问题,以 2000 年 10 月倒闭的日本千代田寿险公司为例:千代田寿险公司是一家具有近百年历史的日本寿险公司,它成立于 1904 年,曾经拥有 35 019 亿日元的资产,曾在日本排名第 12 位,倒闭后计算的资不抵债额为 5 111 亿日元。导致千代田寿险公司破产的主要原因是投资业务出现重大过错。该公司在股市泡沫高涨时持有大量高风险资产,对地产公司过度借贷,其资产中 17% 为普通股票,12.9% 为海外债券和股票,9.9% 为房地产。日本经济泡沫破裂后,资产风险的释放致使公司资产价值急剧下降。加之资产和负债现金流量匹配管理不善,导致现金流量入不敷出,造成严重经营危机。

总之,当今保险业发展迅速,竞争激烈,保险责任不断扩大,保险费率持续降低,使保险业的承保利润不断降低,甚至发生亏损。为了弥补承保利润的不足,就必须对保险资金进行管理,加以投资运用,用投资的高收益率来弥补承保低利

润率或者承保亏损,维持现代保险业的生存。

2. 加强保险资金运用,提高投资绩效是保险企业发展的客观要求

首先,通过保险投资可以提高保险公司的竞争能力。如果要在市场竞争中体现优势,除了降低保费等价格竞争外,还必须进行有效的保险投资。其投资收益不仅可以弥补因降低保费引起的业务损失,还可以为降低保费提供可能的基础和空间。同时保费的降低也有助于提高保险深度,诱发一部分潜在保险需求,扩大保险业务,开拓保险市场,增加保费收入,使保险业进入良性发展的状态。对于保险市场相对发达和成熟的国家,要想摆脱困境,步入良性循环,进而谋求发展的关键,自然就是保险资金的运用问题。其次,保险公司的商业企业特性决定了其根本目的在于追求为企业股东、客户、员工及社会创造最大价值。随着市场竞争的加剧,保险公司的利润已不能单纯依靠收取的保费与一定概率下的保险赔付之间的差,而是越来越倚重于保险资金的有效运用。因为保费与给付之差,其利润率是一定的,而且有缩小的趋势,而保险资金的运用,其预期的利润率确是无限大的,所有只有安全有效地进行各种投资运用,才能使保险资金获得长期、稳定的增长,使保险公司获得较高的价值。

1.4 保险资金的管理模式

一般而言,保险资金要适度集中管理。这是由于保险的大数法则表明保险的补偿是不均衡的。这就从客观上要求,保险资金除应付平常赔付的资金以外,应适度集中以保证整个公司业务的正常运转,加强服务和提高信誉。从另一个角度看,集中资金有利于规模经营产生规模效益,通过灵活调度减少铺底资金,从而抽出一块稳定的资金来源,投向收益率更高的途径。从这两个方面出发,适度集中使用保险资金是非常必要的。

从国际同业的发展经验来看,保险公司一般都设有专门的资金运用机构,或是建立自己的投资队伍,或是委托知名的资产管理公司、基金投资公司来运营与管理保险资金。主要类型分为直接投资型和委外投资型。

1.4.1　直接投资型

保险公司对保险资金运用管理的模式之一是直接投资型，一般分为设置内部的投资管理部（中心）和设立专业投资或资产管理子公司两种形式。

1. 内设机构自主管理模式

内设机构自主管理模式是指在保险公司内部设立资金运用部门（中心），最大好处在于易于监控，处在总公司掌握中，能够较好地贯彻执行公司投资战略策略，有利于保证投资的安全性。但是由于公司治理完善程度、薪酬制度、人才队伍数量及专业水平等内部因素的制约与影响，在公司内部投资部门进行资金运用，往往影响投资效率，与专业的投资或资产管理公司相比在市场贴近与管理等方面还存在差距。

2. 母公司或集团公司设立资产管理公司模式

母公司或集团公司设资产管理公司模式是指在一个集团或一个控股公司下面设立投资或资产管理子公司，在集团或控股公司的协调下，将产险和寿险子公司的资金交给该子公司实行专业化的投资管理，投资子公司与集团或控股公司的关系则表现为委托与受托的关系。具体运作上表现为集团或控股公司负责日常资金安全和正常运作计划协调及风险监控，一般不经营具体的投资业务，而投资或资产管理子公司则是受产险、寿险公司或母公司的委托，代其进行资产管理。这种方式实质是一种集团系统内的资产委托管理模式。在专业化资产管理公司管理模式下，公司应当建立完善的法人治理结构，从而能为健全资产管理公司内控制度，完善运行机制，提高资产管理水平提供制度上的保证。资产管理公司的董事会成员由投资者指派人员参加，必要时可以设独立董事参加。与保险公司下设投资部门的管理模式比较而言，这时形成的投资决策委员会、风险管理委员会等往往更加专业，在受托管理资金资产的范围内决策的独立性较强，投资效率也较高。

1.4.2　委外投资型

委外投资型又分为部分资金委外和全部资金委外，也可以称之为委托第三方管理。全部资金委外型,即由保险公司在监管机构已确认资格的范围内,通过招标方式选择投资管理人,由保险公司通过与受托人签定委托投资协议的形式,将保险资金移交机构投资者进行投资和管理,投资管理人根据保险资金运用的要求进行投资组合,以实现保险资金的保值和增值。

具有投资决策和投资运营能力的,且相对独立、运行规范的投资资产管理机构,为保险资金提供了适宜的载体和投资选择。委托独立的专业基金公司或投资资产机构来进行保险投资运作和管理,起初主要适用于一些小型的保险公司及对投资专业化要求较高的保险品种(如多投资组合型的投资连接保险产品)。近年来,国内一些大的保险公司也开始借鉴国外的先进经验,拿出部分保险资金招标由基金管理公司或资产管理公司代为管理资产,提高投资收益。

近年来保险公司资产管理模式由主要以内设资产管理公司为主,渐有转向委托第三方管理的趋势,其主要原因有:一是随着保险公司资金运用规模的不断加大,保险公司资产管理人员提供固定回报、分散化投资以及防范投资和运营风险的压力增大;二是投资环境更加严峻,股票市场波动性加大,债券的信用风险也加大了,证券投资回报降低;三是资产负债管理要求较高,且专业性强,中小型保险公司难以做到,需要委托第三方予以实施。迫于上述压力,保险公司通过委托第三方资产管理者管理资产缓解经营压力,分散投资风险,提高投资收益;四是相对于内设机构自主管理模式,第三方资产管理机构有相对完善的法人治理结构、内控制度、运行机制,对提高资产管理水平有较强的制度保证。在第三方委托资产管理模式下,保险公司按照保险资金的规模向受委托的投资公司支付管理费用。这些外部的资产管理公司既有大保险公司控股的专业资产管理公司或基金公司,也有非本行业的资产管理类公司。

这种模式关键是建立完善的监管机制。保险公司应在投资数额、投资范围和风险控制等方面有科学的明确的投资指引,对机构投资者进行有效的监督和制约。最终能否使保险资金真正实现保值增值,很大程度取决于保险公司与投资管理人之间的委托代理关系是否顺畅。

按照委托与受托的形式,保险资金管理模式又可分为两种形式:一是单一受托人制,即保险公司将其保险资金集中到唯一的受托人手中,由单一的投资管理公司进行统一规划管理;二是多个受托人制,即保险公司将其保险资金交由若干个基金管理公司或投资管理公司竞争管理,保险公司可自主选择这些投资管理优秀的公司进行资产管理。单一受托人制虽然有利于交流,但可能存在投资效率较低的情况,不利于保护保险公司的利益;多个受托人制按照市场竞争规律遵循择优选择原则及公平与效率原则,可以激发投资管理公司资金运用水平的提高。

当然,有的保险公司具备自身投资能力,也可以直接开展投资业务,如股权投资、债券投资、存款等。同时也向社会资产管理机构委托部分资金交其管理,甚至选择多家资产管理人管理保险资金。择优选择资产管理人的目的是不断提高保险资金运用水平,提高投资收益。

1.4.3 保险资产管理模式的发展趋势

近年来,由于经济金融一体化及金融混业经营的进一步发展,保险投资管理环境也在发生变化,竞争压力加剧,产品创新的多样性需求增加。面对变化的环境,保险资产管理业不得不迅速改革创新,提升经营管理能力,壮大资本及资金实力,以适应时代发展的要求,特别是保险资产管理体制及政策的变化,由此也推动了保险资产管理模式及其内容的发展。

1. 从内源性管理向专业化经营管理模式发展

选择哪一种资产管理模式受多种因素的影响,如公司的资产规模、资本市场的成熟程度、资金管理的成本及公司资产管理需求偏好等。在保险资金规模偏小及保险投资市场发展初级阶段,由于市场的有效性不足,管理体制内外存在许多信息不对称现象。这一时期保险资产管理的主要形式是在现有模式和体制内,以保险公司现有投资部门为主体,对公司的可运用资金进行运用与管理,当保险资产规模扩张到一定阶段,且保险市场发展深度加大,资本市场逐渐趋于高成长或成熟时期,随着保险公司发展战略变化和保险资产管理体制及其政策的变化,保险资产管理模式就开始向专业化经营管理的方向发展,即从单设资产管理部门管理向独立的专业性资产管理公司管理模式发展。在此阶段,由以部门之间的联系与协调为主上升为更多依赖公司之间的联系与协调。在资产管理合同的约束下,资产管理的规模效益及专业化水平也得到一定提高。

2. 专业性的资产管理公司与保险业紧密融合，管理的内容更加宽泛

保险公司成立或收购资产管理公司的基本动机是为了提高保险资金运用水平，增强自身竞争力。目前国内保险系资产管理公司已经超过 15 家。有些保险集团公司或资产管理公司又在政策的准许下成立了基金管理公司，开展公募业务。还有的公司成立了财富管理公司，主营财富管理业务。这些公司的股东多数是其母公司及母公司控股的其他子公司，也有的是母公司与外方合资设立的。这都为保险公司更好地运用资金，提高投资收益提供了方便。

随着经济增长面临较大压力，利率持续走低，金融市场收益不确定性增大，而保险业自身不断整合、业务多元化、项目大型化的发展趋势，使保险公司所集聚的资金规模和风险日益加大，这些都对资金运用提出了更高的要求。打造一流的资产管理公司，不仅可提高资金运用收益率，还可以进一步增强控制力，使其符合保险公司经营理念和文化及发展战略的要求。因此，这一趋势还将进一步发展。

2
保险资金运用的工具与政策

2.1 资金运用政策历史阶段

2.1.1 历史发展阶段

1. 试点起步阶段(1984 年至 1988 年)

此时处于改革开放初期,保险资金运用由空白走向试点,投资范围仅限于存款、购买国债、流动资金贷款和金融债券买卖。这一阶段的投资品种单一,中国人民银行对运用额度制订年度指令性计划。

2. 粗放发展阶段(1988 年至 1995 年保险法出台前)

这一阶段投资范围的法律界定尚不清晰,市场混乱无序,没有更多约束。保险资金运用于如投资办厂,投资房地产、股票、期货、信托产品及其他有价证券等,积累了大量不良资产。

3. 整顿规范阶段(1995 年至 2003 年)

1995 年《中华人民共和国保险法》出台发布,将投资范围限定在:银行存款、买卖政府债券、金融债券和国务院规定的其他资金运用形式;规定保险资金不得用于设立证券经营机构和向企业投资。

1998 年 11 月 18 日中国保监会成立,保险资金运用处于专门的机构监管之下。资金运用监管相关政策开始出台,投资范围也有所松动:允许保险机构资金进入同业拆借市场,可投资企业债券、证券投资基金和大额协议存款。

4. 改革发展阶段(2003 年至 2012 年)

这一阶段以建立集中化、专业化、规范化的保险资金运用体制和拓展投资渠道为标志,形成了新的发展格局。投资范围已扩展为:银行存款、国债、金融债、基金、股票、国家基础设施建设项目(间接)、不动产、PE、金融衍生品、境外投资等。

5. 蓬勃发展阶段(2012 年至今)

此阶段投资渠道进一步拓宽,资金运用业务蓬勃发展,以"新国十条"和一系列新政出台为标志,进一步深化了保险资金运用及其监管体制的市场化改革,为规范和发展保险资金运用奠定了坚实基础。这一时期保险投资基本实现了对主要金融资产类型的全覆盖,可投资的范围包括:银行存款、国债、金融债、企业或公司债、基金、股票、国家基础设施建设项目(直接或间接)、不动产、股指期货、金融衍生品、海外资产、银行理财产品、银行信贷资产支持证券、信托公司集合信托计划、券商专项资产管理计划、保险资产基础设施投资计划、不动产投资计划和项目资产支持计划、保险私募基金等。

2.1.2 领域不断拓宽

从 1984 年改革初期,到目前阶段,我国保险资金运用的领域不断拓宽,表 2.1是按时间顺序反映的保险资金投资领域的变化。

表 2.1 保险资金投资范围变化的历史沿革

时　　间	投　资　范　围
1984—1988 年	贷款、金融债券
1988—1990 年	贷款、金融债券、银行间同业拆借
1991—1995 年	贷款、金融债券、各类证券投资
1995—1999 年	银行存款、国债、金融债券
1999—2004 年	银行存款、国债、金融债券、基金
2004—2006 年	银行存款、国债、金融债券、基金、股票
2006—2010 年	银行存款、国债、金融债券、基金、股票、国家基础设施建设项目(间接)、不动产

时　　间	投　资　范　围
2010—2012 年	银行存款、国债、金融债券、基金、股票、国家基础设施建设项目(间接)、不动产、PE
2012 年以后	银行存款、国债、金融债、企业或公司债、基金、股票、国家基础设施建设项目(直接或间接)、不动产、股指期货、金融衍生品、海外投资、银行理财产品、银行业信贷资产支持证券、信托公司集合信托计划、券商专项资产管理计划、保险资产管理基础设施投资计划、不动产投资计划和项目资产支持计划、保险私募基金等

资料来源:中国保险监督管理委员会、中国保险资产管理业协会。

2.1.3　资产规模壮大

受益于国民经济的快速发展,资金运用渠道的进一步放宽,近几年来,我国保险市场继续保持持续快速增长的良好势头。资金运用规模也发生了巨大变化。2016 年,全行业保费收入达到 3.1 万亿,同比增长 27.5%;保险资产规模和保险资金运用余额分别达到 15.1 万亿和 13.4 万亿,比年初增长 22.31% 和 19.78%。近些年来保险资金除了在证券市场投资以外,在股权、不动产投资领域通过直接或间接的方式投资服务实体经济也发挥了越来越重要的作用。

2.2　债券投资及其政策要点

2.2.1　债券投资工具种类

1. 债券的定义

债券是政府、公司或金融机构为筹措资金而向社会发行的承诺按一定利率支付利息并按约定条件偿还本金的一种表明债务债权关系的借款凭证。债券是一种有价证券,利息通常事先确定,因而债券从属于固定收益证券。

2. 债券的票面要素

债券作为证明债权债务关系的凭证，一般用具有一定格式的票面形式来表现。债券的基本要素主要由以下四个方面构成：

（1）债券的票面价值。债券的票面价值包括币种和票面金额两方面内容。币种是指债券以何种货币作为计价单位，分为本币和外币两种，外币币种通常选择国际硬通货。债券的票面价值是债券票面标明的货币的依据。债券的面值和债券的实际发行价格往往是不一致的。当债券的发行价格低于债券面值时，称为折价发行；债券的发行价格等于票面价值时，称为平价发行；债券的发行价格高于债券面值时，称为溢价发行。

（2）债券到期期限。债券到期期限是指债券从发行日至偿清本息日的时间，也是债券发行人承诺履行合同义务的全部时间，过期不还即构成违约。按照到期期限分类，1 年以下的债券为短期债券；1 年以上、10 年以下（包括 10 年）的债券为中期债券；10 年以上的债券为长期债券。

（3）债券的票面利率。债券的票面利率也称名义利率，是债券票面标明的利率，等于债券年利息与债券票面价值的比值，用百分数表示。形式有单利、复利和贴现利率。债券的票面利率并不一定等于债券的实际收益率，如果投资者以票面金额购进债券，则实际收益率等于票面利率；如果以低于票面价格购进债券，则实际收益率高于票面利率；如果以高于票面价格购进债券，则实际收益率低于票面利率。

（4）债券发行人。发行人为发行债券募集资金的债务主体，在债务契约关系中为债务人。

3. 债券的特征

债券作为一种重要的融资手段和金融工具具有如下四个特征。

（1）偿还性。债券在发行债券时明确规定了债券本金的偿还期和偿还方法，债券的偿还性指债券发行人必须按约定条件向债券购买者偿还本金并支付利息。债券的偿还性说明资金筹集者不能无限期地占用债券购买者的资金，债券购买者与发行人之间的借贷关系会随着债券到期、还本付息手续的完毕而消失。历史上，英、美等国曾发行过无期公债，债券持有者只有按期收取利息的权利，但这并不影响债券具有偿还性的基本特征。

（2）流动性。流动性是指债券持有人可以根据自身需要及市场状况自由转让债券从而收回本金和实现收益。债券的流动性强弱取决于债券变现的时间和变现的价值。能够在短时间内变现并能取得较好收益的债券，称为流动性强的债券。债券的流动性受债券发行主体资信状况及期限长短的影响，资信高的债券流动性强，期限越长的债券受市场利率影响越大，流动性就越弱。

（3）安全性。安全性是指由于债券发行时约定了到期偿还本金和利息，且利息偿还与本金支付有法律保障。在企业破产时，债券持有者享有优先于股票持有者对企业剩余财产的索取权，因此与其他有价证券相比，债券安全性较高。按债券的发行主体分类，债券安全性从高到低依次是国债、地方债、金融债和公司债。按债券发行信用保证方式分类，债券的安全性从高到低依次是抵押债券、担保债券、信用债券。

（4）收益性。收益性是指债券能为投资者带来一定的收入。债券收益体现在三个方面：一是利息收入。二是资本利得，即债权人在证券市场进行债券买卖获得的价差收入。理论上说，如果市场利率在持有债券期间一直不变，这一价差就是自买入债券或是自上次付息至卖出债券这段时间的利息收益表现形式。但是，由于市场利率会不断变化，债券价格将随市场利率的升降而上下波动。债券持有者能否获得转让价差及转让价差的多少，要视市场情况而定。三是再投资收益，即投资分期付息债券所获利息进行再投资而获得的收益，也受市场收益率变化的影响。

上述四个特征之间也具有相逆性的关系。一般来说，期限长的债券收益较高，但安全性、流动性较差；期限短的债券流动性、安全性较好，但收益较低。政府债券的安全性高，风险相对较小，但其收益则低于公司债券。投资者应选择适合自身偏好的投资，以获得最佳投资收益。

4. 债券的分类

（1）按照发行主体划分。债券可分为政府债券、金融债券、公司债券、国际债券等。此种分类方法是最常用的，国外证券交易法常采用这种分类法。

（2）按照利率是否固定划分。债券可以分为固定利率债券和浮动利率债券。固定利率债券指在发行时规定在整个偿还期内利率不变的债券，其筹资成本和投资收益可以事先预计，不确定性较小，但债券发行人和投资者仍然必须承担市场利率波动的风险。浮动利率债券是指发行时规定债券利率随市场利率定期浮动的债券。由于与市场利率挂钩,市场利率又考虑了通货膨胀的影响,浮动利率债券可以较好地抵御通货膨胀风险。

(3) 按照付息方式划分。债券可以分为零息债券、附息债券和息票累积债券。

零息债券又称贴现债券,是指不规定票面利率,低于面值发行,到期时按面值付给持券人的债券。事实上,这是以预付利息方式发行的债券,发行价格与票面金额的差额就是持券人得到的利息。

附息债券是指发行者按票面利率定时向持券人支付利息,到期后将最后一期利息连同本金一并支付给持券人的债券。这种债券上附有各期领取利息的凭证,在每一期利息到期时,将息票剪下凭此领取当期利息。

(4) 按照期限长短划分。债券可分为短期、中期和长期债券。一般期限在 1 年以下的为短期债券,通常有 3 个月、6 个月、9 个月、12 个月等;10 年以上的为长期债券;期限在 1—10 年之间的为中期债券。

(5) 按照募集方式划分。债券可分为公募债券和私募债券。公募债券是指按法定手续,经证券主管机构批准在市场上公开发行的债券,其发行对象不受限定,发行者负有信息公开的义务,向投资者提供多种财务报表和资料,以保护投资者利益。私募债券是发行者以与其有特定关系的少数投资者为募集对象而发行的债券,发行范围很小,其投资者大多数为银行或保险公司等金融机构。债券的转让受到一定程度的限制,流动性较差。

(6) 按照债券形态划分。债券可以分为实物债券、凭证式债券和记账式债券。

实物债券是具有标准格式实物券面的债券,是一般意义上的债券,很多国家通过法律法规对其格式予以明确的规定。在标准格式的债券券面上一般印有面额、利率、期限、发行人全称、还本付息方式等各种债券票面要素。

凭证式债券是一种债权人认购债券的收款凭证,而不是债券发行人制定的标准格式债券。凭证式债券是一种储蓄债券,可记名、可挂失、不能上市流通。

记账式债券是没有实物形态的债券,仅在电子账户中做记录。其可以通过证券交易所的交易系统发行和交易,具有交易效率高、成本低的特点,是债券的发展趋势。

(7) 按担保性质划分。债券可分为有担保债券和无担保债券。

有担保债券指以抵押财产为担保发行的债券。按担保品不同,分为抵押债券、质押债券和保证债券。

抵押债券以不动产作为担保,又称不动产抵押债券,是指以土地、房屋等不动产作抵押品而发行的一种债券。若债券到期不能偿还,持券人可依法处理抵押品受偿。质押债券以动产或权利作担保,通常以股票、债券或其他证券为担保。发行人主要是控股公司,用作质押的证券可以是它持有的子公司的股票或债券、其他公司的股票或债券,也可以是公司自身的股票或债券。质押的证券一般应登记过户给独立的中介机构,在约定的条件下,中介机构代全体债权人行使对质押证券的处置权。保证债券以第三方作为担保,担保人可担保全部本息或部分本息。担保人一般是发行人以外的其他机构,如政府、信誉好的银行或举债公司的母公司等。一般公司债券多为担保债券。

无担保债券也被称为"信用债券",是仅凭发行人的信用,不提供任何抵押品或担保人而发行的债券。由于无抵押担保,所以债券的发行主体须具有较好声誉,并且必须遵守一系列的规定和限制,以提高债券的可靠性。国债、金融债券、信用良好的公司发行的公司债券,大多为信用债券。

2.2.2 债券的具体品种

1. 政府债券

政府债券是政府为筹集资金而发行的,向投资者出具的,承诺在一定时期内支付利息及偿还本金的债务债权凭证。政府债券以国家信用为保证,具有最高的信用等级,安全性高,流动性强。发行政府债券的过程中政府以法人身份出现,不凭借权力强制购买,投资者完全出于自愿。政府债券具有极高的信用,收益稳定,又容易变现,且在购买时享受税收优惠待遇甚至免税,因而备受投资者青睐。

(1) 中央政府债券。

中央政府债券也称国家债券或国债。国债发行量大、品种多,是政府债券市场上最主要的融资和投资工具。

国债是由国家发行的债券,是中央政府为筹集财政资金而发行的一种政府债券,是中央政府向投资者出具的,承诺在一定时期内支付利息并到期偿还本金的债权债务凭证。国债的发行主体是国家,它具有最高的信用度,被公认为是最安全的投资工具,又称"金边债券"。

(2)地方政府债券。

地方政府债券是由地方政府发行并负责偿还的债券,简称地方债券,也可称为"地方公债"或"地方债"。地方债券是地方政府根据本地区经济发展和资金需求状况,以承担还本付息责任为前提,向社会筹集资金的债务凭证,一般以当地政府的税收能力作为还本付息的担保。筹集资金一般用于交通、通信、住宅、教育、医院和污水处理系统等地方性公共设施的建设。地方发债有两种模式:第一种是地方政府直接发债;第二种是中央发行国债,再转贷给地方。在某些特定情况下,地方政府债券又被称为"市政债券"。

2. 金融债券

金融债券是指银行及非银行金融机构依照法定程序发行并约定在一定期限内还本付息的有价证券,包括政策性金融债券、商业银行债券、证券公司债券、保险公司次级债和财务债券等。

(1)政策性金融债券。

政策性金融债券是政策性银行发行的金融债券。1999年起,以国家开发银行为主,我国银行间债券市场以政策性银行为发行主体开始发行浮动利率债券。国家开发银行在银行间债券市场相继推出投资人选择权债券、发行人普通选择权债券、长期次级债券、本息分离债券、可回售债券与可赎回债券、可掉期债券等新品种。基准利率曾采用同期限银行定期贷款利率和7天回购利率等。2007年6月起,浮息债券以上海银行间同业拆放利率(Shibor)为基准利率。Shibor是以16家报价行的报价为基础,剔除一定比例的最高价和最低价后的算术平均值。目前Shibor共有8个品种,期限从隔夜到1年。

(2)商业银行债券。

① 商业银行金融债券。商业银行金融债券是指依法在中华人民共和国境内设立的金融机构法人在全国银行间债券市场发行的、按约定还本付息的有价

证券。

② 商业银行次级债券。2004年6月17日,《商业银行次级债券发行管理办法》颁布实施。商业银行次级债券是指商业银行发行的、本金和利息的清偿顺序列于商业银行其他负债之后、先于商业银行股权资本的债券。经中国银行业监督管理委员会批准,次级债券可以计入附属资本。次级债券发行人为依法在中国境内设立的商业银行法人。次级债券可在全国银行间债券市场公开发行或私募发行。次级债券的承销可采用包销,代销和招标承销等方式。次级债券在全国银行间债券市场按有关规定进行交易。

③ 混合资本债券。2006年9月5日,中国人民银行发布第11号公告,就商业银行发行混合资本债券的有关事宜作出了规定。混合资本债券是一种混合资本工具,它比普通股股票和债券更加复杂。我国的混合资本债券是指商业银行为补充附属资本发行的、清偿顺序位于股权资本之前但列在一般债务和次级债务之后、期限在15年以上、发行之日起10年内不可赎回的债券。按照现行规定,我国的混合资本债券具有四个基本特征:第一,期限在15年以上,发行之日起10年内不得赎回。发行之日起10年后发行人具有1次赎回权,若发行人未行使赎回权,可以适当提高混合资本债券的利率。第二,混合资本债券到期前,如果发行人核心资本充足率低于4%,发行人可以延期支付利息;如果同时出现以下情况:最近1期经审计的资产负债表中盈余公积与未分配利润之和为负,且最近12个月内未向普通股票股东支付现金红利,则发行人必须延期支付利息。在不满足延期支付利息的条件时,发行人应立即支付欠息及欠息产生的复利。第三,当发行人清算时,混合资本债券本金和利息的清偿顺序列于一般债务和次级债务之后,先于股权资本。第四,混合资本债券到期时,如果发行人无力支付清偿顺序在混合资本债券之前的债务,发行人可以延期支付该债券的本金和利息。上述情况好转后,发行人应继续履行其还本付息义务,延期支付的本金和利息将根据混合资本债券的票面利率来计算。混合资本债可以公开发行,也可以定向发行。

(3) 证券公司债和证券公司次级债券。

① 证券公司债券。2003年8月29日,中国证监会发布了《证券公司债券管理暂行办法》,并于2004年10月进行了修订。根据规定,证券公司债券是指证

券公司依法发行的、约定在一定期限内还本付息的有价证券。证券公司债券不包括证券公司发行的可转换债券和次级债券。证券公司债券可以向社会公开发行,也可以向合格投资者定向发行。中国证监会依法对证券公司债券的发行和转让行为进行监督管理。

② 证券公司短期融资券。2004 年 10 月,中国证监会、中国银监会和中国人民银行制定并发布了《证券公司短期融资管理办法》。证券公司短期融资是指证券公司以短期融资为目的,在银行间债券市场发行的、约定在一定期限内还本付息的金融债券。

③ 证券公司次级债。2013 年 1 月 7 日,中国证监会发布了《证券公司次级债管理规定》。证券公司次级债,是指证券公司向股东或机构投资者定向借入的清偿顺序在普通债之后的次级债务,以及证券公司向机构投资者发行的、清偿顺序在普通债之后的有价证券。次级债务、次级债券为证券公司同一清偿顺序的债务。证券公司次级债券只能以非公开方式发行,不得采取广告、公开劝诱和变相公开方式。每期债券的机构投资者合计不得超过 200 人。次级债分为长期次级债和短期次级债。证券公司借入或发行期限在 1 年以上(不含 1 年)的次级债为长期次级债。证券公司为满足正常流动性资金需要,借入或发行期限在 3 个月以上(含 3 个月)、1 年以下(含 1 年)的次级债为短期次级债。长期次级债可按一定比例计入净资本,到期期限在 3 年、2 年、1 年以上的,原则上分别按 100%、70%、50%的比例计入净资本。短期次级债不计入净资本。证券公司为满足承销股票、债券业务的流动性资金需要而借入或发行的短期次级债,按有关规定和要求扣减风险资本准备。

(4) 保险公司次级债务。

2013 年 3 月 15 日,中国保险监督管理委员会对原《保险公司次级定期债务管理办法》进行修订,明确保险公司次级债是指保险公司为了弥补临时性或者阶段性资本不足,经批准募集,期限在五年以上(含五年)且本金和利息的清偿顺序列于保单责任和其他负债之后,先于保险公司股权资本的保险公司债务。保险公司募集次级债所获取的资金,可以计入附属资本,但不得用于保险公司日常经营损失,保险公司计入附属资本的次级债金额不得超过净资产的 50%,具体认可标准由中国保监会另行规定。中国保监会依法对保险公司次级债的募集、管理、还本付息和信息披露行为进行监督管理。

(5) 财务公司债券。

为满足企业集团发展过程中财务公司充分发挥金融服务功能的需要,改变财务公司资金来源单一的现状,满足其调整资产负债期限结构和化解金融风险的需要,中国银监会下发《企业集团财务公司发行金融债券有关问题的通知》,规定企业集团财务公司发行债券的条件和程序,并允许财务公司在银行间债券市场发行财务公司债券。该通知规定,财务公司发行金融债券应当经中国银监会批准,由财务母公司或其他有担保能力的成员单位提供相应担保。财务公司可在银行间债券市场公开或定向发行金融债券,可采取一次足额发行或限额内分期发行的方式,并由符合条件的金融机构承销。金融债券发行结束后,经中国人民银行批准,可以在银行间债券市场进行流通转让。

(6) 金融租赁公司和汽车金融公司的金融债券。

2009年8月,中国人民银行和中国银行业监督管理委员会发布2009第14号公告,对金融租赁公司和汽车金融公司发行金融债券进行规范。该公告所称金融租赁公司是指经中国银行业监督管理委员会批准设立的、以经营融资租赁业务为主的非银行金融机构;汽车金融公司是指经中国银行业监督管理委员会批准设立的,为中国境内的汽车购买者及销售者提供金融服务的非银行金融机构。符合条件的金融租赁公司和汽车金融公司可以在银行间债券市场发行和交易金融债券。中国人民银行和中国银行业监督管理委员会依法对金融租赁公司和汽车金融公司金融债券的发行进行监督管理。中国人民银行对金融租赁公司和汽车金融公司在银行间债券市场发行和交易金融债券进行监督管理;中国银行业监督管理委员会对金融租赁公司和汽车金融公司发行金融债券的资格进行审查。

(7) 资产支持证券。

2005年4月,中国人民银行和中国银行业监督管理委员会发布《信贷资产证券化管理办法》,同年11月,中国银行业监督管理委员会发布《金融机构信贷资产证券化试点监督管理办法》,对资产支持证券加以规范。根据规定,资产支持证券是指由银行业金融机构作为发起机构,将信贷资产信托给受托机构,由受托机构发行的、以该财产所产生的现金支付其收益的收益证券。

3. 公司债券

我国的公司债券是指公司依照法定程序发行,约定在一定期限内还本付息的有价证券,包括信用公司债券、不动产抵押公司债券、保证公司债券、收益公司债券、可转换公司债券和可交换公司债券等。公司债券的发行人是依照《公司法》在中国境内设立的有限责任公司或股份有限公司。发行公司债券应当符合《证券法》《公司法》和《公司债券发行试点办法》规定的条件,并经中国证监会核准。

(1)信用公司债券。

信用公司债券是一种不以公司任何资产作担保而发行的债券,属于无担保证券范畴。一般来说,政府债券无需提供担保,因为政府掌握国家资源,可以征税,所以政府债券安全性最高,金融债券大多数也可免除担保。但大多数公司发行债券被要求提供某种形式的担保。少数大公司经营良好,信誉卓著的,也可发行信用公司债券。信用公司债券的发行人实际上是将公司信誉作为担保。为了保护投资者的利益,可要求信用公司债券附有某些限制性条款,如公司债券不得随意变更资金用途、债券未清偿前股东的分红要有限制等。

(2)不动产抵押公司债券。

不动产抵押债券是以土地、房屋等不动产为抵押担保品所发行的公司债券,是抵押证券的一种。公司以房契或地契作抵押,如果发生了公司不能偿还债务的情况,抵押的财产将被出售,所得款项用来偿还债务。另外,用作抵押的财产价值不一定与发生的债务额相等,如果同一抵押品价值较大,可多次抵押。如果发行公司到期不能偿付债券本息,债权人有权处理抵押品来抵偿。此种债券是公司债券中重要的一种类型。

(3)保证公司债券。

保证公司债券是公司发行的由第三方作为还本付息担保人的债券,是担保证券的一种。担保人是发行人以外的其他机构,如政府、信誉好的银行或举债公司的母公司等。一般来说,投资者比较愿意购买保证公司债券,因为一旦公司到期不能偿还债务,担保人将负清偿之责,实践中,保证行为常见于母子公司之间。

(4)收益公司债券。

收益公司债券是一种具有特殊性质的债券。与一般债券不同,其利息只在公司有盈利时才支付,即发行公司的利润扣除各项固定支出后的余额用作债券利息的来源。如果余额不足支付,未付利息可以累加,待公司收益后再补发。所有应付利息付清后,公司才可对股东分红。

(5) 可转换公司债券。

根据 2006 年 5 月 8 日起实施的《上市公司证券发行管理办法》,可转换公司债券是指发行公司依法发行的,在一定时间内依据约定的条件可以转换成股份的公司债券。上市公司也可以公开发行认购股份和债券分离交易的可转换公司债券(以下简称"分离交易的可转换公司债券")。这种债券附加转换选择权,兼有债权投资和股权投资的双重优势。与一般债券一样,在转换前投资者可以定期得到利息收入,但此时不具有股东的权利。当发行公司的经营业绩取得显著增长时,持有人可以在约定期限内,按预定的转换价格转换公司的股份,以分享公司业绩增长带来的收益。可转换公司债券一般要经股东大会或董事会的决议通过才能发行,而且在发行时,应在发行条款中规定转换期限和转换价格。

① 可转换公司债券的主要特征有两点:

一是可转换公司债券是一种附有转换权的特殊债券。在转换以前,它是一种公司债券,具备债券的一切特征,有规定的利率和期限,体现的是债权债务关系,持有者是债权人;在转换成股票后,它变成了股票,具备股票的一般特征,体现所有权关系,持有者由债权人变成了股权所有者。

二是可转换公司债券具有双重选择权的特征。可转换债券具有双重选择权。一方面,投资者可自行选择是否转股,并为此承担转债利率较低的机会成本;另一方面,转债发行人拥有是否实施赎回条款的选择权,并为此要支付比没有赎回条款的转债更高的利率。双重选择权是可转换公司债券最主要的金融特征,它的存在将投资者和发行人的风险、收益限定在一定的范围内,并可以利用这一特点对股票进行套期保值,获得更加确定的收益。

企业发行可转换债券的原因主要有两个:一是发行可转换债券比发行普通债券融资成本低,因为可转换为股票的权利,对于风险的变化不太敏感,所以相应的补偿要求不高;二是与发行股票相比,可转换债券对权益稀释的程度较低。

② 股份转换与债券偿还。根据《上市公司证券发行管理办法》,上市公司发行的可转换公司债券在发行结束 6 个月后,方可转换为公司股票,转股期限由公

司根据可转换公司债券的存续期限及公司财务状况确定。可转换公司债券持有人对转换股票或不转换股票有选择权,并于转股完成后的次日成为发行公司的股东。上市公司应当在可转换公司债券期满后5个工作日内,办理完毕偿还债券余额本息的事项;分离交易的可转换公司债券的偿还事宜与此相同。

③赎回、回售。可转换公司债券的赎回是指上市公司可按事先约定的条件和价格赎回尚未转股的可转换公司债券。可转换公司债券的回售是指债券持有人可按事先约定的条件和价格,将所持债券卖给发行人。按照《上市公司证券发行管理办法》,可转换公司债券募集说明书应当约定,上市公司改变公告的募集资金用途的,应赋予债券持有人一次回售的权利。这一点对于分离交易的可转换公司债券同样适用。

(6) 附认股权证的公司债券。

附认股权证的公司债券是公司发行的一种附有认购该公司股票权利的债券。这种债券的购买者可以按预先规定的条件在公司发行股票时享有优先购买权。预先规定的条件主要是指股票的购买价格、认购比例和认购期间。按照所附新股认股权和债券本身能否分开来划分,可将其分为可分离型和非分离型。可分离型即可分离交易的附认股权证公司债券,其债券与认股权可以分开,可独立转让;非分离型则不能把认股权从债券中分离,认股权不能成为独立买卖的对象。按照行使认股权的方式可将其分为现金汇入型与抵缴型。现金汇入型是指当持有人行使认股权时,必须再拿出现金来认购股票;抵缴型是指公司债券票面金额本身可按一定比例直接转股。

(7) 可交换债券。

可交换债券是指上市公司的股东依法发行的,在一定期限内依据约定的条件可以交换成该股东所持有的上市公司股份的公司债券。一般来讲,可交换公司债券的主要条款包括期限、定价、赎回与回售等。可交换公司债券的期限最短为1年,最长为6年。可交换公司债券自发行结束之日起12个月后,方可交换为预备交换的股票。债券持有人对交换股票或者不交换股票有选择权。

①赎回与回售。可交换公司债券的募集说明书可以约定赎回条款,规定上市公司股东可以按事先约定的条件和价格赎回尚未换股的可交换债券。同时,募集说明书也可以约定回售条款,规定债券持有人可以事先约定的条件和价格

将所有债权回售给上市公司股东。

② 股票交换的价格及其调整与修正：公司债券交换为每股股份的价格，应当不低于公告募集说明书日前 20 个交易日公司股票均价和前一个交易日的均价。

募集说明书应当事先约定交换价格及其调整、修正原则。若调整或修正交换价格，将造成预备用于交换的股票数量少于未偿还可交换公司债券全部换股所需股票的，公司必须事先补充提供预备用于交换的股票，并就这些股票设定担保，办理相关登记手续。

③ 可交换公司债券的主要特征有三点：

一是可交换公司债券和其转股标的股份分别属于不同的发行人，一般来说可交换公司债券的发行人为控股母公司，而转股标的的发行人则为上市子公司。

二是可交换公司债券的标的为母公司所持有的子公司股票，为存量股，发行可交换公司债券一般并不增加其上市子公司的总股本，但在转股后会降低母公司对子公司的持股比例。

三是可交换公司债券给筹资者提供了一种低成本的融资工具。由于可交换公司债券给投资者转换股票的权利，其利率水平与同期限、同等信用评级的一般债权相比要低。因此，即使可交换公司债券的转换不成功，其发行人的还债成本也不高，对上市子公司也无影响。

④ 可交换公司债券与可转换公司债券相比较，其相同点主要有：

a. 面值相同。都是每张人民币 100 元。

b. 期限相同。都是最低 1 年，最长不超过 6 年。

c. 发行利率较低。发行利率一般都会大幅低于普通公司债券的利率或者同期银行贷款利率。

d. 都规定了转换期和转换比率。

e. 都可约定赎回和回售条款。即当转换（股）价高于或低于标的股票一定幅度后，公司可以赎回，投资者可以回售债权。而可交换债券在实际操作中是否约定，还要看具体募集发行条款。

⑤ 可交换公司债券与可转换公司债券的不同点：

a. 发债主体和偿债主体不同。可交换债券是上市公司的股东；可转换债券是上市公司本身。

b. 发债目的不同。发行可交换债券的目的具有特殊性，通常并不为具体的投资项目，其发债目的包括股权结构调整、投资退出、市值管理、资产流动性管理等；发行可转债有特定的投资项目。

c. 所换股份的来源不同。可交换债券是发行人持有的其他公司的股份，可转换债券是发行人本身未来发行的新股。

d. 对公司股本的影响不同。可转换债券转股会使发行人的总股本扩大，会摊薄每股收益；可交换债券转股不会导致公司的总股本发生变化，也无摊薄收益的影响。

e. 抵押担保方式不同。上市公司大股东发行可交换债券要以持有的用于交换的上市股票做股票质押品。除此之外，发行人还可另行为可交换债券提供担保；发行可转换公司债券，要由第三方提供担保，但最近一期未经审核的净资产不低于人民币 15 亿元的公司除外。

f. 转股价的确定方式不同。可交换债券交换为每股股份的价格应当不低于募集说明书公告日前 30 个交易日上市公司股票交易价平均值的 90%；可转换债券转股价格应当不低于募集说明书公告日前 20 个交易日该公司股票交易均价和前一交易日的均价。

g. 转换为股票的期限不同。可交换公司债券自发行结束日起 12 个月后方可交换为预备交换的股票，现在还没有明确是欧式还是百慕大式换股；可转换公司债券自发行结束之日起 6 个月后即可转换为公司股票。现实中，可转换债券是百慕大式转换，即发行 6 个月后的任何一个交易日即可转股。

h. 转股价的向下修正方式不同。可交换债券没有可以向下修正转换价格的规定；可转换债券可以在满足一定条件时，向下修正转股价。

（8）中小企业私募债。

2012 年 5 月 22 日、23 日，深圳证券交易所和上海证券交易所先后发布了《中小企业私募债券试点办法》，为中小企业债券融资开辟了一条新渠道。中小企业私募债是高收益、高风险债券品种，又被称为"垃圾债"，具体是指中小微型企业在中国境内以非公开方式发行和转让，发行利率不超过同期银行贷款基准利率 3 倍，期限在 1 年（含）以上，约定在一定期限内还本付息的企业债券。

① 与国内其他信用债比较,中小企业私募债具有高风险的特点,在发行方式、发行条件、交易场所、资质要求、投资风险等方面都有别于现有信用债种类,主要有以下三个方面。

一是发行主体门槛更低。中小企业私募债的监管机构为交易所,审核方式是较为宽松的备案制。发行主体定位为在境内注册但未上市的符合工信部相关规定的非房地产、非金融类中小微企业,对发行人的经营规模和盈利不作任何要求;而企业债、公司债的发行主体多为上市公司、国有企业或者行业龙头企业,对其净资产和盈利状况有一定要求。除此之外,中小企业私募债也不受发债规模不超过企业净资产40%的约束,对筹集资金用途也未作限制,发行条款及资金使用更为灵活。

二是对投资者限制较少。中小企业私募债对投资者的限制较少。投资人符合交易所规定的私募债券合格投资者资格后即可参与私募债投资,包括商业银行、证券公司、基金管理公司、信托公司和保险公司等;普通投资者可以购买上述金融机构面向投资者发行的理财产品。中小企业私募债投资者上限为200人,高于创业板私募债投资者10人的人数上限,更利于中小企业私募债的流通。此外,私募债可在两大交易所的特定渠道进行转让交易。

三是对评级和审计的规定较宽松。公司债、企业债、中票、短融及创业板私募债都有评级的要求,而中小企业私募债试点办法仅鼓励企业采取如担保、商业保险等增信措施,没有强制评级要求,备案时须提供经审计的最近两个完整会计年度的财务报告。

② 与美国垃圾债比较。从规模和市场活跃度来看,美国垃圾债市场非常成功,已成为高收益债市场的典范。国内交易所目前推出的中小企业私募债与美国的垃圾债有诸多相似之处,但也存在以下明显的不同。

一是定义不同。目前交易所推出的中小企业私募债的定义带有试点性质,过多强调发债主体的属性而非评级。而美国的垃圾债不重主体,只重评级,指的是信用评级低于投资级别的债券,穆迪和标普公司分别将评级低于 Baa 和 BBB 的债券定义为高收益债券,即垃圾债。

二是发行主体不同。国内的中小企业私募债对发行主体的行业、区域进行了明确的界定,而美国的垃圾债发行主体较为丰富。美国高收益债券的发行主体主要有两类:一类是原本评级为投资级但因盈利能力恶化而造成评级下调的公司;一类是新兴的中小企业,处于创业初期或者发展期,评级未达到投资级的公司。目前国内交易所推出的中小企业私募债与后者较为类似。

三是发行期限不同。目前国内的中小企业私募债发行期限在 1—3 年,主要以 1 年为主。美国高收益债发行期限以中长期为主,6—10 年期限的债券占比超过五成。

四是发行利率不同。在首批发行的 9 只深交所中小企业私募债中,票面利率最高的"12 巨龙债"为 13.5%,最低的"12 森德债"为 8.1%。平均发行利率为 9.629%,且大部分维持在 8.5%—10% 之间。美国高收益债的发行利率主要介于 5%—10% 之间,利率波幅较大。

五是参与主体不同。国内私募债券的投资主体为证券机构、券商资产管理产品、基金专户、信托产品,目前机构投资者的范围仍有待扩展,个人客户需要开拓。美国高收益债的投资主体较为多元,包括保险公司、养老金账户、对冲基金,还有专门的高收益债券基金。

六是违约与信用衍生产品发展不同。国内信用债市场仍处于发展的初级阶段,实质性违约案例比例很小,中小企业私募债的加入可能成为违约爆发的先锋,国内信用环境的建设仍然任重道远,信用衍生产品的发展依然十分滞后。美国高收益债的市场发展较为完善,在信用体系较为完善的背景下,高收益债的违约基本与经济周期一致,目前美国高收益债市场已经有系统的违约概率时序数据,违约概率的均值在 6%—8%。同时,针对实质性违约的出现,信用衍生品的发展在美国高收益债市场也获得了良好机遇。

七是规模不同。国内高收益债市场由于刚刚起步,存量规模较小,同时单只规模一般在 0.5 亿—2 亿元人民币,单只发行量较小。美国高收益债的存量规模为 1.28 万亿美元(截至 2011 年底),平均每笔规模为 2.84 亿美元。

4. 企业债券

企业债券,是指企业按照法定程序发行,约定在一定期限内还本付息的有价证券,包括依照《公司法》设立的公司发行的公司债券和其他企业发行的企业债券。根据规定,企业可以发行无担保信用债券、资产抵押债券、第三方担保债券。企业债券的发行应组织承销团以余额包销方式承销。企业债券发行完成后,在银行间市场流通转让,经核准也可以在证券交易所交易挂牌买卖。

企业债券由 1993 年 8 月 2 日国务院发布的《企业债券管理条例》规范。依据规定,发行企业债券需要经过向有关主管部门进行额度申请和发行申报两个步骤。拟发行企业要向国家发改委提出额度申请并作发行申报,国家发改委核准通过并经中国人民银行和中国证监会会签后,由国家发改委下达复批文件。2008 年 1 月,国家发改委下达《国家发展改革委关于推进企业债券市场发展、简化发行核准程序有关事项的通知》。该通知指出,为进一步推动企业债券市场化发展,扩大企业债券发行规模,经国务院同意,对企业债券发行核准程序进行改革,由先核定规模,后核准发行两个环节,简化为直接核准发行一个环节。企业根据隶属关系提出申报,国家发改委受理企业发债申请后,依据法律法规及有关文件规定,对申请材料进行审核。符合发行条件,申请材料齐全的,直接予以核准。企业债券得到国家发改委批准并经中国人民银行和中国证监会会签后,即可进入具体发行程序。

（1）短期融资券和超短期融资券。

2005 年 5 月,中国人民银行发布了《短期融资券管理办法》和《短期融资券承销规程》《短期融资券信息披露规程》两个配套文件,允许符合条件的企业在银行间债券市场向合格机构投资者发行短期融资券。短期融资券是指企业依照《短期融资券管理办法》规定的条件和程序在银行间债券市场发行和交易,约定在一定期限内还本付息,最长期限不超过 365 天的有价证券。短期融资券的发行采取注册制,可以在银行间债券市场的机构投资人之间流通转让。

超短期融资券是指具有法人资格、信用评级较高的非金融企业,在银行间债券市场发行的、期限在 270 天（9 个月）以内的短期融资券。

为进一步完善银行间债券市场,促进非金融企业直接债券融资的发展,中国人民银行于 2008 年 4 月 13 日发布了《银行间债券市场非金融企业债务融资工具管理办法》,并于当年 4 月 15 日起执行。该管理办法规定,短期融资券适用该办法。自该管理办法实施之日起,《短期融资券管理办法》和两个配套文件同时中止执行。短期融资券的注册机构由中国人民银行变更为中国银行间债券市场交易商协会。

（2）中期票据。

根据《银行间债券市场非金融企业债务融资工具管理办法》,非金融企业债务融资工具（简称债务融资工具）是指具有法人资格的非金融企业在银行间债券市场发行的、约定在一定期限内还本付息的有价证券。上述《银行间债券市场非金融企业债务融资工具管理办法》规定，企业发行债务融资工具应在中国银行间债券市场交易商协会注册，由在中国境内注册且具备债券评级资质的评级机构进行信用评级，由金融机构承销，在中央国债登记结算有限责任公司登记、托管、结算，可以在全国银行间债券市场机构投资人之间流通转让。全国银行间同业拆借中心为债务融资工具在银行间债券市场的交易提供服务。

根据中国银行间债券市场交易商协会发布的与《银行间债券市场非金融企业债务融资工具管理办法》配套的《银行间债券市场非金融企业中期票据业务指引》规定，中期票据是指具有法人资格的非金融企业在银行间债券市场按照计划分期发行的、约定在一定期限内还本付息的债务融资工具。企业发行中期票据应遵守国家相关法律法规，中期票据待偿还余额不得超过企业净资产的40%；企业发行中期票据所募集的资金应用于企业生产经营活动，并在发行文件中明确披露资金具体用途；企业在中期票据存续期内变更募集资金用途应提前披露。

（3）中小非金融企业集合票据。

2009年11月，根据《银行间债券市场非金融企业债务融资工具管理办法》，中国银行间债券市场交易商协会制定并发布了《银行间债券市场中小非金融企业集合票据业务指引》。根据规定，中小非金融企业是指国家相关法律法规及政策界定为中小企业的非金融企业，在银行间债券市场以统一产品设计、统一券种冠名、统一信用增进、统一发行注册方式共同发行的、约定在一定期限内还本付息的债务融资工具。

中小非金融企业发行集合票据，应在中国银行间债券市场交易商协会注册。中小非金融企业发行集合票据募集的资金应用于符合国家相关法律法规及政策要求的企业生产经营活动。中小非金融企业发行集合票据应制订偿债保障措施，并在发行文件中披露。中小非金融企业发行集合票据应由符合条件的承销机构承销，并可在银行间债券市场流通转让。

（4）非公开定向发行债券。

2011年5月，中国银行间债券市场交易商协会根据中国人民银行《银行间债券市场非金融企业债务融资工具管理办法》及相关法律法规，制定并发布了《银行间债券市场非金融企业债务融资工具非公开定向发行规则》。该规则所称非公开定向发行是指具有法人资格的非金融企业,向银行间市场特定机构投资人(以下简称定向投资人)发行债务融资工具,并在特定机构投资人范围内流通转让的行为。在银行间债券市场以非公开定向发行方式发行的债务融资工具称为非公开定向债务融资工具(以下简称定向工具)。定向工具不向社会公众发行。定向投资人是指具有投资定向工具的实力和意愿,了解该定向工具投资风险,具备该定向工具风险承受能力并自愿接受交易商协会自律管理的机构投资人。定向投资人由发行人和主承销商在定向工具发行前遴选确定。企业发行定向工具应在银行间市场交易商协会注册,交易商协会只对非公开定向发行注册材料进行形式完备性核对。企业在注册有效期内可分期发行定向工具。企业发行定向工具应由符合条件的承销机构承销,定向工具的发行价格按市场化方式确定。定向工具采用实名记账方式在中国人民银行认可的登记托管机构登记托管。定向工具在《定向发行协议》约定的定向投资人之间流通转让。

(5) 公司债券与企业债券的区别。

我国证券市场上同时存在企业债券和公司债券,它们在发行主体、监管机构以及规范的法规上有一定区别(见表2.2):

表 2.2 我国企业债券与公司债券的区别

项　　目	企业债券	公司债券
发行主体	以大型企业发行为主	不限于大型公司,一些中小规模公司只要符合一定法规标准,都有发行机会
审批主体	国家发展改革委员会	中国证监会
审批制度	采取审批制	采取核准制
担保要求	较多地采用了担保方式,同时又以一定的项目为主	募集资金的使用不强制与项目挂钩,可以用于包括偿还银行贷款、改善财务结构等股本大会核准的用途,也不强制担保,而是引入了信用评级方式
发行定价方式	企业债券的利率不得高于银行相同期限居民储蓄定期存款利率的 40%	利率或价格由发行人通过市场询价确定

5.国际债券

国际债券是指一国借款人在国际证券市场上以外国货币为面值、向外国投资者发行的债券。国际债券的发行人主要是各国政府、政府所属机构、银行或其他金融机构、工商企业及一些国际组织等。国际债券的投资者主要是银行或其他金融机构、各种基金会、工商财团和自然人。对投资人来讲,国际债券的资信高、安全可靠、获益丰厚,并且流动性较强。对借款人来讲,可筹到期限较长的资金,资金来源更加多样化,且能扩大知名度,提高自己的声誉。

国际债券是一种跨国发行的债券,涉及两个或两个以上的国家,同国内债券相比具有一定的特殊性:

(1)资金来源广、发行规模大。国际债券在国际证券市上筹措资金,发行对象为各国的投资者,资金来源比国内债券广泛得多。发行人进入国际债券市场的门槛比较高,必须由国际著名的资信评级机构进行债券信用级别评定,在发行人资信状况得到充分肯定的情况下,国际债券的发行规模一般都比较大。

(2)存在汇率风险。发行国内债券,筹集和还本付息的资金都是本国货币,所以不存在汇率风险。发行国际债券,筹集到的资金是外国货币,汇率一旦发生波动,发行人和投资者都有可能蒙受意外损失或获取意外收益,所以汇率风险是国际债券的重要风险。

(3)有国家主权保障。在国际债券市场上筹集资金,有时可以得到一个主权国家政府最终偿债的承诺保证。若得到这样的承诺保证,各个国际债券市场都愿意向该主权国家开放,这也使国际债券市场有较高的安全性。当然,代表国家主权的政府也要对本国发行人在国际债券市场借债进行审查和控制。

(4)自由兑换货币作为计量货币。国际债券在国际市场上发行,因此其计价货币往往是国际通用货币,一般以美元、英镑、欧元、日元和瑞士法郎为主。这样,发行人筹集到的资金是一种可通用的外汇资金。

国际债券主要可分为两类:

(1)外国债券。它是指一国借款人在本国以外的某一国家发行的以该国货币为面值的债券。

外国债券的特点是债券发行人属于一个国家,债券的面值货币和发行市场则属于另一个国家。外国债券是一种传统的国际债券。在美国发行的外国债券称为扬基债券,它是由非美国发行人在美国债券市场发行的吸收美元资金的债券。在日本发行的外国债券称为武士债券,它是由非日本发行人在日本债券市场发行的以日元为面值的债券。

(2) 欧洲债券。它是指借款人在本国境外市场发行的、不以发行市场所在国货币为面值的国际债券。

欧洲债券的特点是债券发行者、债券发行地点和债券面值所使用的货币可以分别属于不同的国家。由于它不以发行市场所在国的货币为面值,也称无国籍债券。欧洲债券票面使用的货币一般是可自由兑换的货币,主要为美元,其次还有欧元、英镑、日元等;也有使用复合货币单位的,如特别提款权。

欧洲债券和外国债券在很多方面有一定的差异。如在发行方式方面,外国债券一般由发行地所在国的证券公司、金融机构承销,而欧洲债券则由一家或几家大银行牵头,组织十几家或几十家国际性银行在一个国家或几个国家同时承销。在发行法律方面,外国债券受发行地所在国有关法规的管制和约束,并且必须经官方主管机构批准,欧洲债券则不受货币发行国有关法令的管制和约束。在发行纳税方面,外国债券受发行地所在国的税法管制,而欧洲债券的预扣税一般可以豁免,投资者的利息收入也免缴所得税。

欧洲债券市场以众多创新品种而著称。在计算方式上,既有传统的固定利率债券,也有种类繁多的浮动利率债券,还有零息债券、延付息票债券、利率递增债券(累进利率债券)和在一定条件下将浮动利率转换为固定利率的债券等。在附有选择权方面,有双货币债券、可转换债券和附权证债券等。附权证债券又有附权益证、债务权证、货币权证、黄金权证等一系列类型。欧洲债券市场不断创新的品种满足了不同债券发行人和投资人的需求,也使该市场自身得到了长足的发展。

2.2.3 债券投资政策要点

按照保监会《资金运用管理暂行办法》的规定,保险资金投资的债券,主要包括政府债券、金融债券、企业(公司)债券、非金融企业债务融资工具以及符合规定的其他债券。而且,保险资金投资的债券应当达到中国保监会认可的信用评级机构评定的且符合规定要求的信用级别。为了规范保险资金投资债券的行为,防范资金运用风险,保监会以保监发〔2012〕58 号文的形式颁布了《保险资金投资债券暂行办法》,要点如下。

1. 投资政府债券和准政府债券

保险资金投资的政府债券,是指中华人民共和国省(自治区、直辖市、计划单列市)以上政府财政部门或其代理机构,依法在境内发行的,以政府信用为基础并由财政支持的债券,包括中央政府债券和省级政府债券。

中央银行票据、财政部代理省级政府发行并代办兑付的债券,比照中央政府债券的投资规定执行。

保险资金投资省级政府债券的规定,由中国保监会另行制定。

保险资金投资的准政府债券,是指经国务院或国务院有关部门批准,由特定机构发行的,信用水平与中央政府债券相当的债券。

以国家预算管理的中央政府性基金,作为还款来源或提供信用支持的债券,纳入准政府债券管理。政策性银行发行的金融债券和次级债券、国务院批准特定机构发行的特别机构债券,比照准政府债券的投资规定执行。

2. 投资企业(公司)债券的政策要求

保险资金投资的企业(公司)债券,是指由企业(公司)依法合规发行,且不具备政府信用的债券,包括金融企业(公司)债券和非金融企业(公司)债券。

保险资金可以投资金融企业(公司)债券,包括商业银行可转换债券、混合资本债券、次级债券以及金融债券,证券公司债券,保险公司可转换债券、混合资本债券、次级定期债券和公司债券,国际开发机构人民币债券以及中国保监会规定的其他投资品种。

保险资金投资的金融企业(公司)债券,应当符合以下条件:

(1) 保险资金投资的商业银行所发行金融企业(公司)债券,应当具有国内信用评级机构评定的 A 级或者相当于 A 级以上的长期信用级别;其发行人除符合中国人民银行、中国银行业监督管理委员会的有关规定外,还应当符合下列条件:

① 最新经审计的净资产,不低于 100 亿元人民币;

② 核心资本充足率不低于 6%;

③ 具有国内信用评级机构评定的 A 级或者相当于 A 级以上的长期信用级别;

④ 境外上市并免于国内信用评级的发行人,应具有国际信用评级机构评定的 BB 级或者相当于 BB 级以上的长期信用级别。

(2) 保险资金投资的商业银行混合资本债券,除符合上述规定外,应当具有国内信用评级机构评定的 AA 级或者相当于 AA 级以上的长期信用级别,其发行人总资产不低于 2 000 亿元人民币。商业银行混合资本债券纳入无担保非金融企业(公司)债券管理。

(3) 保险资金投资的证券公司债券,应当公开发行,且具有国内信用评级机构评定的 AA 级或者相当于 AA 级以上的长期信用级别;其发行人除符合中国证券监督管理委员会的有关规定外,还应当符合下列条件:

① 最新经审计的净资本,不低于 20 亿元人民币;

② 具有国内信用评级评定的 AA 级或者相当于 AA 级以上的长期信用级别;

③ 境外上市并免于国内信用评级的发行人,应具有国际信用评级机构评定的 BBB 级或者相当于 BBB 级以上的长期信用级别。

(4) 保险资金投资的保险公司可转换债券、混合资本债券、次级定期债券和公司债券,应当是保险公司按照相关规定,经中国保监会和有关部门批准发行的债券。

(5) 保险资金投资的国际开发机构人民币债券,其发行人除符合国家有关规定外,还应当符合下列条件:

① 最新经审计的净资产,不低于 50 亿美元;

② 具有国内信用评级机构评定的 AA 级或者相当于 AA 级以上的长期信用级别;免于国内信用评级的发行人,应具有国际信用评级机构评定的 BBB 级或者相当于 BBB 级以上的长期信用级别。

保险资金投资的非金融企业(公司)债券种类及要求如下:

保险资金可以投资非金融企业(公司)债券,包括非金融机构发行的企业债券,公司债券,中期票据、短期融资券、超短期融资券等非金融企业债务融资工具,可转换公司债券,以及中国保监会规定的其他投资品种。

（1）保险资金投资的非金融企业（公司）债券，其发行人除符合有关部门的规定外，还应当符合下列条件：

① 最新经审计的净资产，不低于 20 亿元人民币；

② 具有国内信用评级机构评定的 A 级或者相当于 A 级以上的长期信用级别；

③ 境外上市并免于国内信用评级的发行人，应具有国际信用评级机构评定的 BB 级或者相当于 BB 级以上的长期信用级别。

（2）保险资金投资的有担保非金融企业（公司）债券，应当具有国内信用评级机构评定的 AA 级或者相当于 AA 级以上的长期信用级别，其担保符合下列条件：

① 以保证方式提供担保的，担保人应当为本息全额提供无条件不可撤销的连带责任保证担保，且担保人资信不低于发行人的信用级别；

② 以抵押或质押方式提供担保的，担保财产应当权属清晰。该担保财产应为未被设定其他担保或者采取保全措施的，经有资格的资产评估机构评估的财产，其价值不低于担保金额，且担保行为已经履行必要的法律程序；

③ 担保金额应当持续不低于债券待偿还本息总额。

（3）保险资金投资的无担保非金融企业（公司）债券，应具有国内信用评级机构评定的 AA 级或者相当于 AA 级以上的长期信用级别。其中，短期融资券具有国内信用评级机构评定的 A-1 级。

有担保非金融企业（公司）债券的担保，不完全符合本条规定的，纳入无担保非金融企业（公司）债券管理。

（4）保险资金投资的无担保非金融企业（公司）债券，应当采用公开招标发行方式或者簿记建档发行方式。其中，簿记建档发行方式应当满足下列条件：

① 发行前，发行人应当详细披露建档规则；

② 簿记建档应当具有符合安全保密要求的簿记场所；

③ 簿记建档期间，簿记管理人应当指派专门人员值守并维持秩序；现场人员不得对外泄露相关信息；

④ 簿记管理人应当妥善保管有关资料，不得泄露或者对外披露。

（5）保险资金投资的企业（公司）债券，按照规定免于信用评级要求的，其发行人应当具有不低于该债券评级规定的信用级别。

保险资金投资的企业(公司)债券,其发行人应当及时、准确、完整披露相关信息。披露频率每年不少于一次,披露内容至少应当包括经审计的财务报表和跟踪评级报告。经审计的财务报告,披露时间应当不晚于每年 5 月 31 日,跟踪评级报告披露时间应当不晚于每年 6 月 30 日。

3. 债券投资风险控制要求要点

(1)保险公司和专业投资管理机构应当建立明确的决策与授权机制,严谨高效的业务操作流程,完善的风险控制制度、风险处置预案和责任追究制度。

(2)保险公司应当根据资产配置要求,专业投资管理机构应当按照委托人的投资指引,审慎判断债券投资的效益与风险,合理确定债券投资组合的品种配置、期限结构、信用分布和流动性安排,跟踪评估债券投资的资产质量、收益水平和风险状况。

(3)保险公司投资或者专业投资管理机构受托投资债券,应当综合运用外部信用评级与内部信用评级结果,不得投资内部信用评级低于公司确定的可投资信用级别的企业(公司)债券。

(4)同一债券同时具有境内两家以上外部信用评级机构信用评级的,应当采用孰低原则确认外部信用评级;同时具有国内信用评级和国际信用评级的,应当以国内信用评级为准。本条所称信用评级是指最近一个会计年度的信用评级,同时是指同一发行人在同一会计核算期间获得的信用评级。

(5)保险公司投资或者专业投资管理机构受托投资债券,应当充分关注发行人还款来源的及时性和充分性;投资有担保企业(公司)债券,应当关注担保效力的真实性和有效性。

(6)保险公司上季度末偿付能力充足率低于 120% 的,不得投资无担保非金融企业(公司)债券;已经持有上述债券的,不得继续增持并应适时减持。上季度末偿付能力处于 120% 和 150% 之间的,应当及时调整投资策略,严格控制投资无担保非金融企业(公司)债券的品种和比例。

(7)保险公司投资或者专业投资管理机构受托投资债券,应当加强债券投资的市场风险和流动性风险管理,定期开展压力测试与情景分析,并根据测试结果适度调整投资策略。

（8）为防范集中度风险,保监会针对保险公司投资单一资产和单一交易对手制定了保险资金运用集中度上限比例：

① 投资单一固定收益类资产不高于本公司上季末总资产的5%。投资境内的中央政府债券、准政府债券、银行存款,重大股权投资和以自有资金投资保险类企业股权,购置自用性不动产,以及集团内购买保险资产管理产品等除外。

单一资产投资是指投资大类资产中的单一具体投资品种。投资品种分期发行的,投资单一资产的账面余额为各分期投资余额合计。

② 投资单一法人主体的余额,合计不高于本公司上季末总资产的20%。投资境内的中央政府债券、准政府债券和以自有资金投资保险类企业股权等除外。

单一法人主体是指保险公司进行投资而与其形成直接债权或直接股权关系的具有法人资格的单一融资主体。

4. 保险资金运用内控指引〔2015〕144号文件对固定收益投资的内控要求要点

（1）授权审批控制

保险机构应当建立明确的决策与授权机制、严谨高效的业务操作流程、完善的风险控制制度、风险处置预案和责任追究制度,明确投资决策、交易执行、投资后管理、信息披露等环节的内部控制要求。

保险机构应当建立固定收益投资业务的岗位责任制,明确相关部门和岗位的职责权限,建立资产托管、集中交易和防火墙机制,严格分离投资前、中、后期的岗位责任,确保固定收益投资业务的不相容岗位相互分离、制约和监督。

保险机构应当配备一定数量具有债券投资经验的人员办理固定收益投资业务,并配备具有债券分析、信用评估、信用分析的专业人员。

保险机构应当建立健全相对集中、分级管理、权责统一的固定收益投资决策和授权制度,以及覆盖投资研究、投资决策、投标报价、合同签署、场内外交易执行、业务资料保管、投后管理等各个业务环节的操作流程及操作细则,明确各个有关环节、岗位的职责要求、衔接方式及操作标准。保险机构应定期检查和评估与固定收益投资相关制度的执行情况。

（2）投研决策控制

保险机构应当建立信用评估模型进行内部信用评级,构建交易对手资料库,收集交易对手的披露信息、外部独立机构信用评级和监管机构评价,评估交易对手及其产品的信用风险,逐步完善评级信息数据库,持续积累信用信息和数据,并根据信用风险程度制定授信额度。

保险机构应当对拟投资的固定收益证券进行充分研究,撰写研究报告,并建立不同层级的固定收益证券池,定期跟踪并分析交易对手信用风险变化,加强固定收益证券池的日常维护和管理,为固定收益投资决策提供依据。

保险机构应当加强债券投资及债券逆回购业务的信用风险、市场风险和流动性风险管理,定期开展压力测试与情景分析,并根据测试结果适度调整投资策略。

保险机构应当在监管要求的范围内开展债券回购业务,需要考虑资产组合的流动性、货币市场的利率水平、金融工具的风险收益等因素,合理确定融入资金利率,明确融资的利率区间。

固定收益投资的计划应当符合监管机构的相关规定、委托方的投资指引以及公司内部的投资政策和资产配置计划,投资过程需要有合理的审议和控制措施,确保各类风险得到有效评估。

固定收益投资决议应按照公司投资决策和授权制度进行审议,决策人员应充分了解固定收益投资的外部信用评级结果、内部信用评级结果、担保效力、发行人还款来源以及交易对手方的相关信息。重大投资应遵循集中决策的要求进行。

(3)投资执行控制

保险机构应当对投资指令进行审核,确认其合法、合规与完整后方可执行。固定收益投资交易的执行,应当建立全面的集中交易管理体系,包括但不限于:

① 实行集中交易制度,严格隔离投资决策与交易执行。

② 设立集中交易室,实行门禁管理,未经批准其他人不得随意进入。安装集中交易监测系统、预警系统和反馈系统,对交易室固定电话、网络通信等实施交易时间内监控,交易机设置交易密码并定期更换,以隔离投资决策与执行。

③ 建立有效的监督和制约机制,密切监控交易过程中的谈判、询价等关键环节,谈判、询价应与交易执行相分离,交易员不得将与投资相关资料带出交

易室。

投资交易指令的下达必须通过公司统一的投资交易管理系统,原则上禁止绕过系统仅以电话方式下达指令。对逐笔交割的场外交易,相关岗位人员应负责办理相关协议的签订和单证用印手续,遵守合同管理相关规定。

受托机构应公平对待受托资金,包括账户设置、研究支持、资源分配、人员管理、系统设置等方面。交易系统应启用公平交易模块,获取公平交易模块参数设置情况。在交易层级,对不同投资账户的同类投资指令,以时间优先、价格优先、比例分配为公平交易执行原则。

保险公司及保险资产管理公司应当明确签订债券买卖合同、分销协议等固定收益投资相关合同协议的审批流程,确保投资业务信息与投资决议一致,合同条款合规合法。

保险机构进行固定收益产品投资,应当书面约定手续费及其他相关费用。保险机构与托管银行间的资金划拨和费用支付及向证券经营机构支付的费用,均应采用透明方式,通过银行转账实现。

每日交易结束后,交易员应当及时整理交易过程中产生的各类交易单据,并按公司制度规定及时进行归档,以便完整保存投资指令、银行划款指令及其他交易文档。

(4) 投后管理

保险机构信用风险管理部门应当持续跟踪交易对手的信用状况,其信用评级发生调整的,应及时告知固定收益投资部门。交易对手发生可能导致其信用恶化的重大事件的,信用风险管理部门应当及时进行风险提示和预警。

保险机构应当明确固定收益投资后的管理岗位职责,跟踪并收集到期日、付息日及利率变动等信息,与前台投资经理密切沟通存量债券是否行权,与中台风控沟通组合久期的变动情况等信息,及时调整或要求托管行调整应收利息数据,确保及时支取本息。

保险机构应当针对交易对手方未能按时全额支付本金或利息的情况制定应对机制,启动催收流程,并在必要时启动重大突发事件应急机制。

保险机构应当明确固定收益投资业务相关文件资料的取得、归档、保管、调阅等各个环节的管理规定及相关人员的职责权限。

按照监管机构对于固定收益投资的有关规定,及时、真实、准确、完整地向监管机构提交报告、报表、文件和资料。

2.3 股票投资及其政策要点

2.3.1 股票投资

1. 股票的定义

股票作为一种有价证券,是投资者向公司提供资本而取得的由股份公司发放的权益凭证(所有权凭证),股东的权益在利润和资产分配上表现为索取公司对债务还本付息后的剩余收益,即剩余索取权。

2. 股票的特征

(1)股票是有价证券。有价证券是财产价值和财产权利的统一表现形式。有价证券持有人既拥有了一定价值量的财产,也可以行使证券所代表的权利。

(2)股票是要式证券。所谓要式证券,是指证券所记载的事项通过法律的形式加以规定,如果缺少规定要件,证券就无法律效力。

(3)股票是证权证券。这是指证券是权力的一种物化外在形式,它作为权力的载体,而权力是已经存在的。股票代表的是股东权利,它在发行时是以股份的存在为条件的,股票中介把已存在的股东权利表现为证券的形式,它的作用不是创造股东的权力,而是证明股东的权力。

(4)股票是资本证券。发行股票是股份公司融资的一种手段,股票是投入股份公司资本份额的证券化,属于资本证券。在二级市场交易的股票,独立于真实资本之外,在股票市场上进行着独立的价值运动,是一种虚拟资本。

(5)股票是综合权利证券。股票持有人作为股份公司的股东,当其将出资交给公司后,其对出资财产的所有权就转化为股东权了。股东权是一种综合权利,股东依法享有资产收益、重大决策、选择公司管理者等权利,但其对于公司的财产不能直接支配处理,所以股票不是物权证券。

股票具有收益性、风险性、流动性、不可偿还性和参与性等特征。

3. 股票的分类

根据不同的分类标准,股票的主要分类有以下三类。

(1) 普通股票。

普通股票即普通股。投资普通股,相对固定收益证券来说风险较大,但其预期收益更高。根据其风险特征,普通股中又有以下几类:

① 蓝筹股,指具备稳定的盈利能力,在所属行业中占有重要支配地位,能定期分派优厚股利的大公司所发行的普通股。“蓝筹”一词来源于西方赌场,赌场中的筹码有三种颜色,其中,以蓝色筹码最值钱,这个说法后来被引申到股市,所以,“蓝筹股”用来代表富有投资价值的股票。

② 成长股,指销售额和利润迅速增长,且发展显著快于同行业其他企业的公司所发行的股票。此类公司一般市盈率较高,支付的红利也较低,投资者主要得益于公司快速成长带来的股票价格上涨。

③ 收入股,也叫高息股,指能支付较高收益的普通股,它的发行公司业绩比较稳定。其代表为一些公益事业股票,比如铁路、水务等行业股票。

④ 周期股,指收益随着经济周期波动的公司所发行的股票,其公司所在行业包括钢铁、有色金属、化工等基础原材料行业,水泥等建筑行业,工程机械、机床、重型卡车、装备制造等资本集约型行业。

⑤ 概念股,指适合某一时代潮流的公司所发行的普通股,一般其股价起伏较大。

⑥ 投机股,指价格极不稳定或公司前景难以确定,具有较大投机潜力的股票。在我国股票市场上,一些 ST 股票(交易所对财务状况或其他状况出现异常的上市公司股票交易进行特别处理的股票)就是投机股的典型代表。

(2) 优先股票。

优先股票,即优先股。它在剩余控制权方面较普通股优先。优先股股东通常没有投票权,只有在某些特殊情况下,比如公司发生财务困难无法支付优先股股息或者当公司发生变更支付股息的次数、公司发行新的优先股等影响优先股股东的利益时,优先股股东才具备投票权,当然这种投票权是有限的,只针对特别事项进行投票。

（3）记名股票与不记名股票。

实践中,根据股票上是否记载股东的姓名或者名称,将股票分为记名股票和不记名股票两种。

① 记名股票。记名股票,是指股东名册上登记了持有人的姓名或名称及住址,并在股票上同时注明持有人姓名或名称的股票。记名股票不仅要求股东在购买股票时需要将姓名或名称在股东名册上进行登记,而且要求股东转让股票时需向公司办理股票过户手续,除了记名股东外,任何人不得凭此对公司行使股东权。

② 不记名股票。不记名股票,是指股票票面和股份公司股东名册上均不记载股东姓名的股票,也称无记名股票。它与记名股票的差别主要在于股票记载方式。不记名股票发行时一般留有存根联,它在形式上分为两部分:一部分是股票的主体。记载有关公司事项,如公司名称、股票所代表的股数等;另一部分是股息股,用于进行股息结算和行使增资权利。无记名股票安全性较差,目前,在我国证券市场上流通的股票基本上都是记名股票,都应该办理过户手续才能生效。

4. 我国各种股票的类型

在我国,按照投资主体的不同性质,可将股票划分为国家股、法人股、社会公众股和外资股等不同类型。

（1）国家股。

国家股是指有权代表国家投资的部门或机构以国有资产向公司投资形成的股份,包括公司现有国有资产折算成的股份。在我国企业的股份改造过程中,原先的一些全民所有制企业改组为股份公司,因为这些企业的资产为国家所有,所以在改组为股份公司时,就折成了国家股。此外,国家对新组建的股份公司进行投资,也构成国家股。国家股由国务院授权的部门或机构持有,或根据国务院决定,由地方人民政府授权的部门或机构持有。国家股和国有法人股是国有股权的组成部分。国有资产管理部门是对国有股权进行行政管理的专职机构。国有股权可由国家授权投资的机构持有。

（2）法人股。

法人股是指企业法人或具有法人资格的事业单位和社会团体以其依法可支

配的资产投入公司形成的股份。法人持股所形成的也是所有权关系,是法人经营自身财产的一种投资行为。法人股票以法人记名。

国有法人股是具有法人资格的国有企业、事业单位及其他国有单位以其依法占有的法人资产向独立于自己的股份公司出资形成或依法定程序取得的股份。国有企业(行业性总公司和具有政府行政管理职能的公司除外)或国有(集团公司)的全资子公司(子企业)和控股子公司(控股子企业),以其依法占有的法人资产直接向新设立股份公司投资入股形成的股份,界定为国有法人股。

(3)社会公众股。

社会公众股是指社会公众依法以其拥有的资产投入公司时形成的可上市流通的股份。在社会募集方式下,股份公司发行的股票,除了由发起人认购的一部分外,其余部分应该向社会公众公开发行。

(4)外资股。

外资股是指股份公司向外国和我国香港、澳门、台湾地区投资者发行的股票。外资股按上市地域,可分为境内上市外资股和境外上市外资股。

境内上市外资股原来是指股份有限公司向境外投资者募集并在我国境内上市的股份,投资者限于:外国的自然人、法人和其他组织;我国香港、澳门、台湾地区的自然人、法人和其他组织;定居在国外的中国公民等。这类股票称之为 B 股,B 股采取记名股票形式,以人民币标明股票价值,以外币认购、买卖,在境内证券交易所上市交易。后经国务院批准,中国证监会决定自 2001 年 2 月起,允许境内居民以合法持有的外汇开立 B 股账户,可以用现汇存款和外币现钞存款以及从境外汇入的外汇资金从事 B 股交易,但不允许使用外币现钞。

境外上市外资股,是指股份有限公司向境外投资者募集并在境外上市的股份。我国境外上市外资股主要采取存托凭证和通过在境外交易所上市的 H 股、N 股、S 股等形式。

境外存股凭证主要有两种形式,美国存托凭证 ADR 和全球存托凭证 GDR。存托凭证这种金融产品的产生是为了方便当地的投资机构购买某种股票而设计的。以 ADR 为例,在美国,由于证券法的限制,不少投资资金不能够直接购买海外上市或者注册的公司,只能购买美国国内的股票或者金融产品。在这种情况下,美国的一些可以直接购买海外上市公司股票的金融机构自己就通过在香港联交所等交易所买入海外上市公司股票,然后专门发行一种存托凭证,将此凭证卖给美国当地的投资者。这样一来,美国投资受限的金融机构就可以变相投资海外股票了。

根据上市地点和面对的投资者不同,境外上市外资股票可分为 H 股、N 股、S 股、L 股等。H 股,是指注册地在我国境内,上市地在我国香港的外资股。因为中国香港的英文是"HONG KONG",取其首字母,所以在中国香港上市的外资股被称为 H 股。同理,在纽约、新加坡、伦敦上市的外资股分别被称为 N 股、S 股、L 股。

在中国香港上市的股票中有不少红筹股,红筹股不属于外资股。红筹股的概念诞生于 20 世纪 90 年代初期,中国香港和国际投资者习惯把那些在中国境外注册,在中国香港上市,但带有中国内地概念的股票称为红筹股。一般,如果某个在海外注册、在中国香港上市的公司的主要业务在中国境内,其大部分盈利也来自该业务,或者该上市公司的大部分股东权益来自中国内地公司,即可判定该股票是红筹股。

2.3.2　保险机构投资股票的政策要点

保险资金投资的股票,主要包括公开发行并上市交易的股票和上市公司向特定对象非公开发行的股票。

1. 保险机构投资股票一般规定要点

保险机构投资者投资股票,应当建立独立的托管机制,遵循审慎、安全、增值的原则,自主经营、自担风险、自负盈亏。

保险资产管理公司接受委托从事股票投资,应当符合下列条件:

(1) 内部管理制度和风险控制制度符合《保险资金运用风险控制指引》的规定;

(2) 设有独立的交易部门;

(3) 相关的高级管理人员和主要业务人员符合《保险机构投资者股票投资

管理暂行办法》规定的条件；

（4）具有专业的投资分析系统和风险控制系统；

（5）中国保监会规定的其他条件。

符合下列条件的保险公司，经中国保监会批准，可以委托符合规定条件的相关保险资产管理公司从事股票投资：

（1）偿付能力额度符合中国保监会的有关规定；

（2）内部管理制度和风险控制制度符合《保险资金运用风险控制指引》的规定；

（3）设有专门负责保险资金委托事务的部门；

（4）相关的高级管理人员和主要业务人员符合《保险机构投资者股票投资管理暂行办法》规定的条件；

（5）建立了股票资产托管机制；

（6）最近 3 年无重大违法、违规投资记录；

（7）中国保监会规定的其他条件。

符合下列条件的保险公司，经中国保监会批准，可以直接从事股票投资：

（1）偿付能力额度符合中国保监会的有关规定；

（2）内部管理制度和风险控制制度符合《保险资金运用风险控制指引》的规定；

（3）设有专业的资金运用部门；

（4）设有独立的交易部门；

（5）建立了股票资产托管机制；

（6）相关的高级管理人员和主要业务人员符合《保险机构投资者股票投资管理暂行办法》规定的条件；

（7）具有专业的投资分析系统和风险控制系统；

（8）最近 3 年无重大违法、违规投资记录；

（9）中国保监会规定的其他条件。

保险公司申请直接或者委托保险资产管理公司从事股票投资，应当向中国保监会提交下列文件和材料：

（1）申请书；

（2）关于股票投资的董事会决议；

（3）内部管理制度、风险控制制度和内部机构设置情况；

（4）股票资产托管人的有关材料和托管协议草案；

（5）相关的高级管理人员和主要业务人员名单及简历；

（6）最近3年经会计师事务所审计的公司财务报表；

（7）现有的交易席位、证券账户及资金账户；

（8）股票投资策略，或至少提供组合方向；

（9）中国保监会规定提供的其他文件和材料。

保险公司申请直接从事股票投资的，还应当提交有关投资分析系统和风险控制系统的说明。

2. 投资限制及禁止行为

保险机构投资者的股票投资可以采用下列方式：一级市场申购，包括市值配售、网上网下申购、以战略投资者身份参与配售等；二级市场交易。

目前保险资产管理公司不得运用自有资金进行股票投资，但可以投资股票型基金。保险机构投资者不得投资下列类型的人民币普通股票：

（1）被交易所实行"特别处理""警示存在终止上市风险的特别处理"或者已终止上市的；

（2）存在被人为操纵嫌疑的；

（3）其上市公司最近一年度内财务报表被会计师事务所出具拒绝表示意见或者保留意见的；

（4）其上市公司已披露正在接受监管部门调查或者最近1年内受到监管部门严重处罚的；

（5）中国保监会规定的其他类型股票。

保险机构投资者为其他保险产品设立的独立核算账户，投资股票的比例，不得超过中国保监会的有关规定。

保险机构投资者为上述保险产品设立的独立核算账户，投资股票的比例，不得超过保险条款具体约定的比例。

保险机构投资者股票投资的范围和比例不得超出中国保监会的有关规定。

保险机构投资者的股票投资决策、研究、交易、清算管理人员及其他相关人员不得从事内幕交易。

保险机构投资者从事股票投资,不得有下列行为:

(1) 在不同性质的保险资金证券账户之间转移利润;

(2) 采用非法手段融资购买股票;

(3) 中国保监会规定的其他行为。

保险机构投资者不得以下列手段获取不正当利益或者转嫁风险:

(1) 通过单独或者合谋,集中资金优势、持股优势或者利用信息优势联合或者连续买卖,操纵证券交易价格;

(2) 与他人串通,以事先约定的时间、价格和方式相互进行证券交易或者相互买卖并不持有的证券,影响证券交易价格或者证券交易量;

(3) 以自己为交易对象,进行不转移所有权的自买自卖,影响证券交易价格或者证券交易量;

(4) 以其他方法操纵证券交易价格。

3. 风险控制要求

保险公司选择股票资产托管人的,应当选择符合《保险公司股票资产托管指引》规定条件的商业银行或者其他专业金融机构。

保险机构投资者应当具备长期投资和价值投资的理念,优化资产配置,分散投资风险。

保险机构投资者应当依据《保险资金运用风险控制指引》,建立完善的股票投资风险控制制度。

保险机构投资者的股票投资风险控制制度至少应当包括下列内容:

(1) 投资决策流程;

(2) 投资授权制度;

(3) 研究报告制度;

(4) 股票范围选择制度;

(5) 风险评估和绩效考核指标体系;

(6) 职业道德操守准则;

(7) 重大突发事件的处理机制。

保险公司委托保险资产管理公司从事股票投资的,其股票投资风险控制制度还至少应当包括股票托管制度。

保险公司直接从事股票投资的,其股票投资风险控制制度还至少应当包括股票托管制度、股票交易管理制度和信息管理制度。

保险资产管理公司的股票投资风险控制制度还至少应当包括股票交易管理制度和信息管理制度。

保险机构投资者投资股票,做出下列重大决策前,必须制作书面研究报告:

(1) 单项投资资金超过保险机构投资者确定的金额上限的;

(2) 涉及可投资股票资产5%以上的;

(3) 投资组合或者投资方向需要重大调整的;

(4) 股票选择范围标准需要重大调整的;

(5) 股票投资风险容忍度需要重大调整的。

保险机构投资者确定可投资的股票范围,应当考虑上市公司的治理结构、收益能力、信息透明度、股票流动性等各项指标。

保险机构投资者必须在可投资的股票范围之内投资股票。

保险机构投资者应当在投资前确定股票投资业绩衡量基准。

保险机构投资者运用下列资金,应当分别开立证券账户和资金账户,分别核算:

(1) 传统保险产品的资金;

(2) 分红保险产品的资金;

(3) 万能保险产品的资金;

(4) 投资连结保险产品的资金;

(5) 中国保监会规定需要独立核算的保险产品资金。

保险资产管理公司和直接从事股票投资的保险公司的股票投资交易指令应当由独立的交易部门和专职交易人员负责执行。

保险资产管理公司和直接从事股票投资的保险公司应当制定防火墙、岗位责任、门禁、安全防护等信息管理制度。

4. 保险机构租用交易席位、交易单元的规定

根据业务发展的需要,保监会保监发〔2011〕77号文件里对保险机构租用、使用交易席位和交易单元也做出了明确规定。

保险集团(控股)公司、保险公司、保险资产管理公司(以下简称保险机构)参与上海证券交易所与深圳证券交易所(以下简称交易所)证券投资,可以采取租用符合条件的证券公司(以下简称服务券商)交易单元模式,也可以参与特殊机构客户模式试点。

这里所称的交易单元模式,是指保险机构与服务券商签订交易单元租用协议,通过自有交易系统直接向交易所发送交易指令,参与交易所市场证券买卖,并由托管银行负责与中国证券登记结算有限责任公司(以下简称登记公司)进行证券与资金结算的行为。

这里所称的特殊机构客户模式,是指保险机构与服务券商签订证券交易委托代理协议,作为服务券商的特殊机构客户开立证券账户,通过服务券商的交易系统发送交易指令,参与交易所市场证券买卖,并由服务券商负责与登记公司进行证券与资金结算,托管银行与服务券商进行二次结算的行为。

保险机构应当加强证券交易管理,制定包括但不限于证券账户管理、服务券商选择和评价、公平交易及交易量分配等制度。保险机构投资证券应当履行严格的决策程序,不得通过过度交易等方式,向服务券商输送利益。保险机构年度分配给有关联关系的服务券商交易佣金,不得超过总交易佣金的30%。

拥有自有交易单元的保险资产管理公司,可以租用交易单元或参与特殊机构客户模式试点,公平对待受托管理的不同资金,合理分配交易量。

保险机构租用交易单元,应当检验交易系统资金头寸管理功能,加强对交易前端系统的控制,设定和分配投资权限,建立投资、交易、流动性管理、风控和清算等岗位的协调机制,防止透支和结算风险。

5. 监管部门对股票投资重点强调的事项

这主要是要求保险机构在市场化改革发展过程中要提高自主配置和投资管理能力,主要内容有:

(1) 改进股票资产配置管理。保险公司应当根据保险资金特性和偿付能力状况,统一配置境内境外股票资产,合理确定股票投资规模和比例。偿付能力充足率达到150%以上的,可以按照规定,正常开展股票投资;偿付能力充足率连续四个季度处于100%到150%之间的,应当调整股票投资策略;偿付能力充足率连续两个季度低于100%的,不得增加股票投资,并及时报告市场风险,采取有效应对和控制措施。

(2)强化股票池制度管理。保险公司和保险资产管理公司应当建立禁选池、备选池和核心池等不同层级的股票池,加强股票池的日常维护和管理,提高研究支持能力,跟踪分析市场状况,密切关注上市公司变化。

(3)建立公平交易制度。保险公司和保险资产管理公司应当规范股票投资公平交易行为,确保各类账户或者投资组合享有研究信息、投资建议和交易执行等的公平机会。保险机构应当根据账户或者组合性质,配备独立的股票投资经理,严防账户之间的高位托盘、反向操作等利益输送。应当加强职业道德教育,建立股票投资相关人员及其直系亲属的股票账户申报制度,防范操作和道德风险。

(4)依规运作控制总体风险。保险公司应当根据新会计准则及有关规定计算总资产基数,严格控制短期融资,规范投资运作行为,防止过度利用杠杆融入资金投资股票。保险公司和保险资产管理公司应当向托管银行提供股票池股票和大盘蓝筹股票明细、关联方股票名单及计算各种比例所需要的总资产和各类保险产品账户规模等数据,支持托管银行履行独立第三方监督义务。

(5)加强市场风险动态监测。保险公司和保险资产管理公司应当加强基础建设,运用在险价值(VAR)等量化分析手段,按季进行股市风险压力测试,分析风险暴露程度,评估潜在风险因素及对整体风险的承受能力,并向监管机构提交《股票投资风险控制报告》。股票市场发生大幅波动等非正常情况时,必须加大测试频率和测试范围,以便及时采取化解措施。保险机构应当按照分散化原则,设置行业和个股集中度指标,规范参与股票申购、增发、配售等,防止出现集中风险及锁定期限可能产生的市场风险。

(6)落实岗位风险责任。保险公司和保险资产管理公司应当落实岗位责任制度,做好有关分析备查工作,加强股票投资制度执行情况的内部稽核,建立异常交易行为日常监控机制,加强对交易独立性、公平性和分配过程的管理控制。保险机构有关高级管理人员及风险控制人员应当切实履行管理职责,如实记录和报告违规事项,严格执行责任追究制度,落实各个环节投资管理人员的职责。

违反法律法规和运作规定的,应追究违规和造成损失的责任。

6. 保险资金举牌上市公司的规定

近年来,保险机构举牌上市公司的情形频繁发生。为了规范保险机构在股票市场的投资行为,维护三公原则,保监会以保监发〔2015〕121 号文(资金运用信息披露准则第 3 号:举牌上市公司股票)的形式对保险机构举牌上市公司进行了规范,其要点如下。

为规范保险公司举牌上市公司股票的信息披露行为,防范投资风险,维护资产安全,根据《保险资金运用管理暂行办法》《保险公司信息披露管理办法》及相关规定,制定该准则。

这里所称保险公司举牌上市公司股票,是指保险公司持有或者与其关联方及一致行动人共同持有一家上市公司已发行股份的 5%,以及之后每增持达到 5% 时,按照相关法律法规规定,在 3 日内通知该上市公司并予以公告的行为。

该准则要求保险公司举牌上市公司股票,应当于上市公司公告之日起 2 个工作日内,在保险公司网站、中国保险行业协会网站,以及中国保监会指定媒体发布信息披露公告,披露下列信息:

(1)被举牌上市公司股票名称、代码、上市公司公告日期及达到举牌标准的交易日期(以下简称交易日);

(2)保险公司、参与举牌的关联方及一致行动人情况;

(3)截至交易日,保险公司投资该上市公司股票的账面余额及占上季末总资产的比例、权益类资产账面余额占上季末总资产的比例;

(4)保险公司举牌该上市公司股票的交易方式(竞价交易、大宗交易、增发、协议转让及其他方式)、资金来源(自有资金、保险责任准备金、其他资金);资金来源于保险责任准备金的,应当按照保险账户和产品,分别说明截至交易日,该账户和产品投资该股票的余额、可运用资金余额、平均持有期,以及最近 4 个季度每季度的现金流入、流出金额;来源于其他资金的,应当说明资金具体来源、投资该股票的余额、资金成本、资金期限等。

(5)保险公司对该股票投资的管理方式(股票或者股权);按照规定符合纳入股权管理条件的,应当说明向中国保监会报送相关材料的情况,列明公司报文

的文件标题、文号和报送日期;

(6) 中国保监会基于审慎监管认为应当披露的其他信息。

保险公司按照本准则规定披露的信息,应当真实、准确、完整、规范,不得存在虚假记载、误导性陈述或者重大遗漏。

保险公司按本准则要求披露信息,因涉及国家秘密等原因,依法不得公开披露的,应当于上市公司公告后 1 个工作日内,向中国保监会书面说明情况,并依法不予披露。

保险公司委托专业资产管理机构投资股票,发生举牌行为的,由保险公司履行信息披露义务。

保险集团(控股)公司举牌上市公司股票,适用本准则。保险公司投资境外市场上市公司股票,达到所在国家或地区法律法规规定举牌标准的,参照适用本准则。

7. 保险资金投资创业板股票的规定

为促进保险业支持经济结构调整和转型升级,支持中小企业发展,优化保险资产配置结构,根据《保险资金运用管理暂行办法》等相关规定,保监会以保监发〔2014〕101 号文对保险资金投资创业板上市公司股票等有关问题进行了明确:保险资金可以投资创业板上市公司股票。

保险集团(控股)公司、保险公司直接投资创业板上市公司股票,应当具备股票投资能力;不具备股票投资能力的公司,应当委托符合条件的专业管理机构(含保险资产管理公司和其他专业管理机构)进行投资。

保险集团(控股)公司、保险公司应将投资创业板上市公司股票的账面余额纳入股票资产统一计算比例。

保险集团(控股)公司、保险公司投资的创业板上市公司股票,不得存在以下情形:

(1) 上市公司已披露正在接受监管部门调查或者最近一年度内受到监管部门处罚的;

(2) 最近一年度内被交易所公开谴责的;

(3) 上市公司最近一年度内财务报表被会计师事务所出具保留意见、否定意见或无法表示意见的;

（4）存在被人为操纵嫌疑的；

（5）中国保监会规定的其他情形。

保险集团（控股）公司、保险公司委托专业管理机构开展创业板及其他股票投资的，同一委托人委托同一专业管理机构管理的多个资产账户应当合并计算同一股票持股比例；同一专业管理机构受托管理不同委托人资产账户的，应当以委托人为主体，分别计算该委托人资产账户的合并持股比例。若合并计算后持股比例达到或超过5％，保险机构和专业管理机构应当及时向中国保监会报告，按照有关规定履行信息披露义务。

保险集团（控股）公司、保险公司应当遵循审慎、安全、增值的原则，优化股票资产配置，建立透明、规范的投资决策程序，制定科学有效的投资风险评估体系，健全投资风险控制制度，完善股票托管制度、股票交易管理制度和信息管理制度等。

保险业相关协会组织对保险资金股票投资行为应当加强行业自律管理。对保险资金违规投资股票，以及股票发行交易中有关当事人不公平对待保险资金等行为，保险业相关协会组织应当实行负面清单管理制度。

8. 保险资金投资优先股的规定

为进一步优化资产配置结构，规范资金运用行为，防范投资风险，根据《保险资金运用管理暂行办法》及相关规定，保监会以保监发〔2014〕80号文的形式对保险资金投资优先股的有关事项进行了明确。

这里所称优先股，是指中国境内依照相关法律法规，在一般规定的普通种类股份之外，另行规定的其他种类股份，其股份持有人优先于普通股股东分配公司利润和剩余财产，但其参与公司决策管理等权利受到限制。包括公开发行的优先股和非公开发行的优先股。

保险资金可以直接投资优先股，也可以委托符合《保险资金委托投资管理暂行办法》规定条件的投资管理人投资优先股。保险机构投资优先股，应当具备相应的投资管理能力。

保险资金投资优先股，应当具备完善的决策流程和内控机制。在一级市场投资优先股，应当由董事会或者董事会授权机构逐项决策，形成书面决议；在二级市场投资优先股，应当制定明确的逐级授权制度。

保险资金投资的优先股,应当具有 A 级或者相当于 A 级以上的长期信用等级。保险资金投资的优先股,应当经中国保监会认可的信用评级机构进行评级;优先股的信用等级,原则上应当低于最近普通债项至少两个等级或者次级债项至少一个等级(两者同时存在的,遵循孰低原则)。发行方最近发行普通债项或者次级债项已经经过前述机构评级并存续的,优先股的信用等级可以按照上述原则由评级机构直接确定。

保险资金投资优先股,应当建立内部信用评估机制,制定授信制度和信用评估方法,明确可投资优先股的内部信用等级。保险资金投资的优先股,应当符合内部信用评估要求。

中国保险资产管理业协会可以制定相关规则,对存在下列因素的优先股,进行行业内部信用评估:即非强制分红;非累积分红;发行方有普通股转换权;投资方无回售权。

保险资金投资的优先股,应当按照发行方对优先股权益融资工具或者债务融资工具的分类,分别确认为权益类资产或者固定收益类资产,纳入权益类或者固定收益类资产进行投资比例管理。

保险资金投资且已经纳入固定收益类资产计算投资比例的优先股,发行方将其调整为权益融资工具,或者累计 3 个会计年度或连续 2 个会计年度未按照规定支付股息的,应当在发行方相关决议发布之日起 20 个工作日内,调整纳入权益类资产,统一计算投资比例。

保险资金投资的优先股,应当按照相关会计准则及监管规定进行估值,在市场交易不活跃且其公允价值无法可靠计量的情况下,可以按照投资成本估值。

保险资金投资的优先股,其资产认可比例由中国保监会根据相关规定,结合市场风险状况确定,必要时可以进行评估调整。

保险资金投资具有普通股转换权的优先股,应当充分关注转股触发条件及转股价格。对于转股条件及转股价格明显不合理的优先股,保险机构应当充分评估其投资风险。

保险资金投资优先股,应当结合保险产品特性,认真评估当前条件下优先股的流动性问题,切实防范流动性风险;应当充分评估发行方盈利能力、信用状况和风险处置能力,关注重点条款,切实防范信用风险;应当建立、完善并严格执行操作程序,防范道德风险。涉及关联交易的,应当按照相关监管规定进行信息披露。

保险资金投资优先股,应当在投资后5个工作日内,通过保险资产管理监管信息系统向中国保监会报送相关信息。

保险资产管理机构的自有资金与发行的资产管理产品,可以按照保监发〔2014〕80号文的规定投资优先股。保险资产管理机构受托管理的非保险资金,依照合同约定确定投资事宜。

9. 保险资金运用内控指引对投资股票及股票基金的要求要点

为促进保险资金运用的规范发展,有效防范和化解风险,维护保险资金运用市场的安全与稳定,依据国家有关法律法规,保监会以保监发〔2015〕114号文件形式下发《保险资金运用内部控制指引》,其中股票及股票基金投资的内控应用指引为3号指引,从2016年1月1日起执行。主要内容有:

该指引所指股票,是指保险机构投资公开发行并上市交易的股票和上市公司向特定对象非公开发行的股票。该指引所称股票型基金是指80%以上的基金资产投资于股票的基金。

保险机构应当建立明确的决策与授权机制、严谨高效的业务操作流程、完善的风险控制制度、风险处置预案和责任追究制度,明确投资决策、交易执行、投资后管理、信息披露等环节的内部控制要求。

保险机构开展股票和股票型基金投资业务,应当遵守《中华人民共和国证券法》《中华人民共和国证券投资基金法》以及国务院证券监督管理部门有关规定,接受国务院证券监督管理部门对其市场交易行为的监管。

保险机构涉及股票和股票型基金投资决策、研究、交易、清算的管理人员以及其他相关人员,不得从事内幕交易和利益输送。

(1)职责分工与授权审批要求。

保险机构应当建立权益投资业务的岗位责任制,明确相关部门和岗位的职责权限,建立资产托管、集中交易和防火墙机制,严格分离投资前、中、后台岗位责任,确保股票投资业务不相容岗位相互分离、制约和监督。

股票及股票型基金投资的不相容岗位至少应当包括:

① 投资指令下达与交易执行；

② 投资前台与中台风控、组合管理以及后台清算、核算。

保险机构应当配备一定数量具有权益投资经验的人员开展股票及股票型基金投资业务，并配备投资分析、权益投资研究方面的人员。从事权益投资的人员应当具备良好的职业道德，掌握金融、投资、财会、法律等方面的专业知识。

保险机构应当建立健全相对集中、分级管理、权责统一的权益投资决策和授权制度，以及覆盖投资研究、投资决策、指令下达、合同签署、交易执行、业务资料保管、投后管理等各个业务环节的操作流程及操作细则，明确各个环节、有关岗位的职责要求、衔接方式及操作标准。保险机构应定期检查和评估权益投资相关制度的执行情况。

（2）投资研究与决策控制要求。

保险机构应当成立股票投资研究部门，及时、准确、全面地向股票投资部门提供宏观情势判断、行业配置策略、行业及上市公司最新信息，为投资决策提供依据。

保险机构应当建立专业的股票投资研究分析平台，充分利用外部研究成果，制定涵盖宏观研究和行业研究的制度和模型。建立禁选池、备选池和核心池等证券池，实时跟踪并分析市场变化，维护证券池的相关信息，确保证券池管理的及时性和有效性。

保险机构应当执行委托人资产配置指引，根据保险资金特性构建投资组合，公平对待不同资金。保险机构应根据委托方的投资指引确定股票投资计划，并按照内部程序进行书面审批和授权。

保险机构开展股票及股票型基金投资，包括新股战略配售、非公开增发、战略股票配售等投资前，应当对拟投资权益资产的基本面情况、行业情况、公司情况、财务状况等方面开展投资研究，并形成正式的投资研究报告。

保险机构应当加强权益投资的市场风险管理，运用在险价值（VAR）等量化分析手段，分析权益投资的价值波动及风险暴露，并定期开展压力测试与情景分析，根据测试结果对偿付能力、资产负债管理影响适度调整投资策略。

保险机构应当针对权益投资设置行业和个别证券的集中度指标，按照资产负债管理和资产配置要求，密切监控相关风险敞口，制定风险控制措施，确保其在自身风险承受能力和资本覆盖能力之内。保险机构应当规范参与股票申购、增发、配售等,防止出现集中风险及锁定期限带来的流动性风险。

股票及股票型基金投资决议应按照公司投资决策和授权制度进行审议,决策人员应充分了解投资研究报告及上市公司相关信息。权益投资决议应符合监管机构规定及公司投资指引,有效评估及控制相关风险,确保投资决策过程的专业性及审慎性。

(3)投资执行控制要求。

保险机构应当对投资指令进行审核,确认其合法、合规与完整后方可执行。股票及股票型基金投资的执行,应当建立全面的集中交易管理体系,包括但不限于:

① 实行集中交易制度,严格隔离投资决策与交易执行。

② 交易指令的接收人员必须具有相应权益投资的交易权限。

③ 设立集中交易室,实行门禁管理,未经批准其他人不得随意进入。安装集中交易监测系统、预警系统和反馈系统,对交易室固定电话、网络通信等实施交易时间内监控,交易机设置交易密码并定期更换,以隔离投资决策与执行。

④ 对交易员建立有效的监督和制约机制,密切监控交易过程中的询价等关键环节,交易员不得将与投资相关的资料带出交易室。

投资指令应当通过公司内部统一的投资交易管理系统下达,且经过系统风险控制规则的检查和指令复核操作。对需要采用人工下达的指令,复核人应确保按照相关检查要求和公司内部的规则对指令进行复核,并保留书面的复核记录,超额度投资指令应获取相应额度授权人的审批和授权。

保险机构放弃配售等交易的,应明确审批授权机制。

保险机构应当公平对待受托资金,包括账户设置、研究支持、资源分配、人员管理、系统设置等方面,确保各类账户或者投资组合享有研究信息、投资建议和交易执行等的公平机会。在交易系统中应启用公平交易模块,获取公平交易模块参数设置情况。在同一交易层级,对不同投资账户的同类投资指令,以价格优先、时间优先、比例分配为公平交易执行原则。保险机构应当根据账户或者组合性质,配备独立的权益投资经理,严防账户之间的高位托盘、反向操作等利益输送。

保险机构应当加强对各类通信工具的管理，对交易期间投资管理人员和交易人员的移动通信工具集中保管。通信资料和数据应当保存五年以上。

对股票及股票型基金投资管理人员，保险机构应当建立股票投资的申报、登记、审查、处置等管理制度，并将上述制度及股票投资相关人员的信息和变动情况报告中国保监会。保险机构应当加强职业道德教育，建立股票投资相关人员及其直系亲属的股票账户备案制度，防范操作风险和道德风险。

保险机构在投资过程中使用的相应投资合同应当由投资部门制作并经过复核，确保投资业务信息与投资决议一致；合同需经过法律及风险部门复核，确保合同条款合法合规，并制度化合同范本的修改和审批流程。

股票及股票型基金的投资合同、新股配售承销合同等文件的制作需经相关部门复核，以确保投资业务信息与投资决议一致且合同条款合法合规，并按照监管要求进行报告。

相关岗位人员应负责办理股票及股票型基金投资相关合同及协议的签订和单证用印手续，严格遵守合同管理相关规定。

每日交易结束后，交易员应当及时整理交易过程中产生的各类交易单据，并按公司制度规定及时进行归档，以便完整保存投资指令、新股申购资料、投资签报、询价单、银行划款指令及其他交易文档。对于申购数量与交易结果不一致的情况，相关岗位人员应及时采取措施与内外部沟通，避免对后续交易产生影响。

（4）投资后管理要求。

保险机构应当持续跟踪持仓股票行情及上市公司行为数据，上市公司发生可能导致股价变动的重大事件时，研究部门应当及时进行风险提示和预警。

针对股票及股票型基金投资，保险机构应当建立包括交易限额、风险限额、止损限额等在内的限额管理体系，制定相关制度并严格执行，将交易风险限制在可控范围内。

保险机构应当建立监测和防控机制，对内幕交易、利益输送和操纵价格等违法违规行为进行重点监控，发现投资同一上市公司股票比例较高、交易价格异常、反向交易频繁或交易数量较大等情形的，应当按规定及时披露和报告相关信息。

保险机构应当明确股票及股票型基金投资后管理岗位职责，跟踪并收集公司行为数据,及时调整交易系统中除权除息日、红利发放日、新股招股公告日等信息。

保险机构应当明确各种与股票及股票型基金投资业务相关文件资料的取得、归档、保管、调阅等各个环节的管理规定及相关人员的职责权限,并按照监管机构对于股票及股票型基金的有关规定,及时、真实、准确、完整地向监管机构提交报告、报表、文件和资料。

2.4 基金投资及其政策要点

2.4.1 证券投资基金

证券投资基金是指通过发售基金份额,将众多投资者的资金集中起来,形成独立财产,由基金托管人托管,基金管理人管理,以投资组合的方式进行证券投资的一种利益共享、风险共担的集合投资方式基金。

1. 证券投资基金的特征

(1) 集合理财、专业管理。基金将众多投资者的资金集中起来,委托基金管理人进行共同投资,表现出一种集合理财的特点。基金管理人一般拥有大量的专业投资研究人员和强大的信息网络,能够更好地对证券市场进行全方位的动态跟踪与深入分析。

(2) 组合投资、分散风险。为降低投资风险,一些国家的法律通常规定基金必须以组合投资的方式进行运作,从而使"组合投资、分散风险"成为基金的一大特色。

(3) 利益共享、风险共担。证券投资基金实行利益共享、风险共担的原则。基金投资者是基金的所有者。基金投资收益在扣除由基金承担的费用后的盈余全部归基金投资者所有,并依据各投资者所持有的基金份额比例进行分配。为基金提供服务的基金托管人、基金管理人只能按规定收取一定比例的托管费、管理费,并不参与基金收益的分配。

(4) 严格监管、信息透明。为切实保护投资者的利益,增强投资者对基金投资的信心,各国(地区)基金监管机构对基金业实行严格监管,对各种有损于投资者利益的行为严厉打击,并强制基金进行及时、准确、充分的信息披露。

(5)独立托管、保障安全。基金管理人负责基金的投资操作,本身并不参与基金财产的保管,基金财产的保管由独立于基金管理人的基金托管人负责,这种相互制约、相互监督的制衡机制保障了投资者的利益。

2. 基金与股票和债券的区别

(1)反映的经济关系不同。股票反映的是一种所有权关系,是一种所有权凭证,投资者购买股票后就成为公司的股东;债券反映的是债权债务关系,是一种债权凭证,投资者购买债券后就成为公司的债权人;基金反映的则是一种信托关系,是一种受益凭证,投资者购买基金份额就成为基金的受益人。

(2)所筹资金的投向不同。股票和债券筹集的资金主要投向实业领域;基金所筹集的资金主要投向有价证券等金融工具或产品。

(3)投资收益与风险大小不同。通常情况下,股票价格的波动性较大,是一种高风险、高收益的投资品种;债券可以给投资者带来较为确定的利息收入,波动性也较股票小,是一种低风险、低收益的投资品种;基金投资于众多金融工具或产品,能有效分散风险,是一个风险相对适中、收益相对稳健的投资品种。

3. 证券投资基金的分类

(1)根据运作方式的不同,可以将基金分为封闭式基金和开放式基金

① 封闭式基金是指经核准的基金份额在基金合同期内固定不变,基金份额可以在依法设立的证券交易场所交易,但基金份额持有人在合同期内不得申请赎回的基金。由于封闭式基金在封闭期内不能追加认购或赎回,投资者只能通过证券经纪商在二级市场进行基金的买卖。封闭式基金的期限是指基金的存续期,即基金从成立起到终止之间的时间。基金期限届满即为基金终止,管理人应组织清算小组对基金资产进行清查核资,并将清产核资后的基金净资产按照投资者的出资比例进行公正合理的分配。

② 开放式基金是指基金份额总额不固定,基金份额可以在基金合同约定的时间和场所申购或者赎回的基金。为了满足投资者赎回资金、实现变现的要求,开放式基金一般都从所筹资金中拨出一定比例,以现金形式保持这部分资产。这虽然会影响基金的盈利水平,但作为开放式基金来说是必须的。

这里所指的开放式基金特指传统的开放式基金,不包括交易型开放式指数基金和上市开放式基金。

封闭式基金与开放式基金不同点如下:

一是期限不同。封闭式基金一般有一个固定的存续期;而开放式基金一般是无期限的。封闭式基金的存续期一般在 5 年以上,封闭式基金期满后可以通过一定的法定程序延期。目前,我国封闭式基金的存续期大多在 15 年左右。

二是份额限制不同。封闭式基金的基金份额是固定的,在封闭期限内未经法定程序认可不能增减;开放式基金规模不固定,投资者可随时提出申购或赎回申请,基金份额会随之增加或减少。

三是交易场所不同。封闭式基金份额固定,在完成募集后,基金份额在证券交易所上市交易。投资者买卖封闭式基金份额,只能委托证券公司在证券交易所按市价买卖,交易在投资者之间完成。开放式基金份额不固定,投资者可以按照基金管理人确定的时间和地点向基金管理人或其销售代理人提出申购、赎回申请,交易在投资者与基金管理人之间完成。

四是价格形成方式不同。封闭式基金的交易价格主要受二级市场供求关系的影响,当需求旺盛时,封闭基金二级市场的交易价格会超过基金份额净值而出现溢价交易现象;反之,当需求低迷时,交易价格会低于基金净值而出现折价交易现象。开放式基金的买卖价格以基金份额为基础,不受市场供求关系的影响。

五是基金份额资产净值公布的时间不同。封闭式基金一般每周或更长时间公布一次,开放式基金一般在每个交易日连续公布。

六是交易费用不同。投资者在买卖封闭式基金时,在基金价格之外要支付手续费;投资者在买卖开放式基金时,则要支付申购费和赎回费。

七是激励约束机制与投资策略不同。封闭式基金份额固定,即使基金表现好,其扩展能力也受到较大的限制。如果表现不尽如人意,由于投资者无法赎回投资,基金经理也不会在经营与流动性管理上面临直接的压力。与此不同,如果开放式基金的业绩表现好,就会吸引到新的投资,基金管理人的管理费收入也会随之增加;如果开放式基金的业绩表现差,则面临来自投资者要求赎回投资的压力。因此,与封闭式基金相比,一般开放式基金向基金管理人提供了更好的激励约束机制。但从另一方面看,由于开放式基金的份额不固定,投资操作常常会受到不可预测的资金流入、流出的影响与干扰,特别是为满足基金赎回的需要,开放式基金必须保留一定的现金资产,并高度重视基金资产的流动性。这会在一定程度上给基金的长期经营业绩带来不利影响。相对而言,由于封闭式基金份额固定,没有赎回压力,基金管理人员完全可以根据预先设定的投资计划进行长期投资和全额投资,并将基金资产投资于流动性相对较弱的证券上,这在一定程度上有利于基金长期业绩的提高。

(2) 根据法律形式划分,可以将基金分为契约型基金、公司型基金等。

① 契约型基金是依据基金合同设立的一类基金,契约型基金又称为单位信托基金,是指将投资者、管理人、托管人三者作为信托关系的当事人,通过签订基金契约的形式发行受益凭证而设立的一种基金。契约型基金是基于信托原理组织起来的代理投资方式,没有基金章程,也没有公司董事会,通过基金契约来规范三方当事人的行为。基金管理人负责基金的管理操作;基金托管人作为基金资产的名义持有人,负责基金资产的保管和处置,对基金管理人的运作实行监督。在我国,契约型基金依据基金托管人之间所签署的基金合同设立;基金投资者自取得基金份额后即成为基金份额的持有人和基金合同的当事人,依法享受权利并承担义务。

② 公司型基金是指在法律上具有独立法人地位的股份投资公司。公司型基金依据基金公司章程设立,基金投资者是基金公司的股东,享有股东权,按所持有的股份承担有限责任,分享投资收益。公司型基金公司设有董事会,代表投资者的利益行使职权。基金的组织结构与一般股份公司类似,设有董事会和股东大会。基金资产归公司所有。虽然公司型基金在形式上类似于一般股份公司,但不同于一般股份公司的是,它委托基金管理公司作为专业的财务顾问来经营与管理基金资产。

③ 契约型基金与公司型基金主要有以下不同:

一是法律主体资格不同。契约型基金不具有法人资格;公司型基金具有法人资格。

二是资金的性质不同。契约型基金的资金是通过发行基金份额筹集起来的信托财产;公司型基金的资金是通过发行普通股票筹集的公司法人的资本。

三是投资者的地位不同。契约型基金的投资者购买基金份额后成为基金契约的当事人之一,投资者既是基金的委托人,又是基金的受益人,即享有基金的受益权。公司型基金的投资者购买基金公司的股票成为该公司的股东,因此,公司型基金的投资者对基金运作的影响比契约型基金的投资者大。

四是基金营运依据不同。契约型基金依据基金合同营运基金;公司型基金依据基金公司章程营运基金。目前我国的基金全部是契约型基金。

(3)根据投资对象划分,可以将基金分为股票基金、债券基金、货币市场基金、混合基金、衍生证券投资基金等。

① 股票基金是指以股票为主要投资对象的基金。股票基金在各类基金中历史最为悠久,也是各国(地区)广泛采用的一种基金类型。股票基金的投资目标侧重于追求资本利得和长期资本增值。基金管理人拟定投资组合,将资金投放到一个或几个国家甚至全球的股票市场,以达到分散投资、降低风险的目的。

股票基金还可以细分为多种类型,其中较有代表性的是按照投资目标不同,分为价值型股票基金、成长型股票基金和平衡型股票基金。价值型股票基金主要投资于收益稳定、价值被低估、安全性较高的股票;成长型股票基金主要投资于收益增长速度快、未来发展潜力大的股票;同时投资于价值型股票和成长型股票的基金,是平衡型股票基金。

在我国,根据《公开募集证券投资基金运作管理办法》的规定,80%以上的基金资产投资于股票的,为股票基金。

② 债券基金是一种以债券为主要投资对象的证券投资基金。由于债券的年利率固定,因而这类基金的风险较低,适合稳定型投资者。债券基金的收益会受市场利率的影响,当市场利率下调时,其收益会上升;反之,当市场利率上调时,其收益下降。

在我国,根据《公开募集证券投资基金运作管理办法》的规定,80%以上的基金资产投资于债券的,为债券基金。

③ 货币市场基金是以货币市场工具为投资对象的一种基金,其投资对象期限较短,一般在1年以内,包括银行短期存款、国库券、公司短期债券、银行承兑票据及商业票据等货币市场工具。根据《公开募集证券投资基金运作管理办法》,仅投资于货币市场工具的,为货币市场基金。

④ 混合基金同时以股票、债券等为投资对象,以期通过在不同资产类别上

的投资实现收益与风险之间的平衡。根据中国证监会对基金类别的分类标准，投资于股票、债券和货币市场工具，但股票投资和债券投资的比例不符合股票基金、债券基金规定的为混合基金。

混合基金可以按其资产配置划分为偏股型基金、偏债型基金、股债平衡型基金和灵活配置型基金等。偏股型基金对股票的配置比例较高，一般为50%—70%，债券的配置比例为20%—40%。偏债型基金对债券的配置比例较高，对股票的配置比例相对较低。股债平衡型基金对股票和债券的配置较为均衡，约为40%—60%左右。灵活配置型基金对股票和债券的配置比例会根据市场状况进行调节。

⑤ 衍生证券投资基金，是一种以衍生证券为对象的基金，包括期货基金、期权基金、认股权证基金等。这种基金风险大，因为衍生证券一般是高风险的投资品种。

（4）根据投资目标的不同，可以将基金分为增长型基金、收入型基金和平衡型基金。

① 增长型基金是指以追求资本增值为基本目标，较少考虑当期收入的基金，主要以具有良好增长潜力的股票为投资对象。

② 收入型基金是指以追求稳定的经常性收入为基金目标的基金，主要以大盘蓝筹、公司债、政府债券等稳定收益证券为投资对象。

③ 平衡型基金是既注重资本增值又注重当期收入的一类基金。一般而言，增长型基金的风险大，收益高；收入型基金的风险小，收益较低；平衡型基金的风险和收益则介于增长型基金与收入型基金之间。

（5）依据投资理念的不同，可以将基金分为主动型基金与被动（指数）型基金。

① 主动型基金。是一类力图取得超越基准组合表现的基金。

② 被动（指数）型基金。与主动型基金不同，被动型基金并不主动寻求取得超越市场的表现，而是试图复制指数的表现。被动型基金一般选取特定的指数作为跟踪的对象，因此通常又被称为指数型基金。由于其投资组合模仿某一股价指数或债券指数，收益随着即期的价格指数上下波动，因此当价格指数上升时，基金收益增加；反之，收益减少，基金因始终保持即期的市场平均收益水平，

因此收益不会太高,也不会太低。

被动(指数)型基金的优点是:费用低廉,风险较小,在以机构投资者为主的市场中,被动(指数)型基金可获得市场平均收益率,可以为股票投资者提供比较稳定的投资回报。它可以作为避险套利的工具。

(6) 根据募集方式的不同,可以将基金分为公募基金和私募基金。

① 公募基金是指可以面向社会公开发售的一类基金。公募基金主要具有如下特征:可以面向社会公众公开发售基金份额和宣传推广,基金募集对象不固定;投资金额要求低,适宜中小投资者参与;必须遵守基金法律和法规的约束,并接受监管部门的严格监管。

② 私募基金是指采取非公开方式,面向特定投资者募集发售的基金,私募基金又称非公开募集基金。

与公募基金相比,私募基金不能进行公开发售和宣传推广,只能采用非公开方式发行。投资金额要求高,风险较大,投资者的资格和人数常常受到严格的限制。如美国相关法律要求,私募基金的投资者人数不得超过 100 人,每个投资者的净资产必须在 100 万美元以上。我国《证券投资基金法》规定,非公开募集基金应当向合格投资者募集,合格投资者累计不得超过 200 人。而所谓的合格投资者,是指达到规定资产规模或者收入水平,并且具备相应的风险识别能力和风险承担能力,其基金份额认购金额不低于规定限额的机构和个人。与公募基金必须遵守基金法律和法规的约束并接受监管部门的严格监管相比,私募基金在运作上具有较大的灵活性,所受到的限制和约束也较少。它既可以投资于衍生金融产品进行买空卖空,也可以进行汇率、商品期货投机交易等。私募基金的投资风险较高,主要以具有较强风险承受能力的富裕阶层为目标客户。

(7) 特殊类型基金。

① 系列基金,又称为伞形基金,是指多个基金共用一个基金合同,子基金独立运作,子基金之间可以进行相互转换的一种基金运作形式。

② 基金中的基金(FOF)。是指以其他证券投资基金为投资对象的基金,其投资组合由其他基金组成。

③ 保本基金。按照中国证监会于 2010 年发布的《关于保本基金的指导意见》,保本基金是指通过一定的保本投资策略进行运作,同时引入保本保障机制,

以保证基金份额持有人在保本周期到期时,可以获得投资本金保证的基金。保本基金的投资目标是在锁定下跌风险的同时力争有机会获得潜在的高回报。

④ 交易所交易的开放式指数基金(ETF)与ETF连接基金。交易所交易的开放式指数基金通常又称为交易所交易基金(Exchange Traded Funds,ETF),上海证券交易所将其定名为"交易型开放式指数基金"ETF是一种在交易所上市交易的、基金份额可变的开放式基金。

ETF是以某一选定的指数所包含的成分证券为投资对象,依据构成指数的证券种类和比例,采用完全复制或抽样复制的方法进行被动投资的指数型基金。根据ETF跟踪的指数不同,可分为股票型ETF、债券型ETF等,并且还可以进一步细分。ETF最大的特点是实物申购、赎回机制,即它的申购是用一篮子股票换取ETF份额,赎回时是以基金份额换回一篮子股票而不是现金。ETF有"最小申购、赎回份额"的规定,通常最小申购、赎回单位是50万份或100万份,申购、赎回必须以最小申购、赎回单位的整数倍进行,一般只有机构投资者才有实力参与一级市场的实物申购与赎回交易。ETF结合了封闭式基金与开放式基金的运作特点,一方面可以像封闭式基金一样在交易所二级市场进行买卖,另一方面又可以像开放式基金一样申购、赎回。ETF实行一级市场和二级市场并存的交易制度。在一级市场,机构投资者可以在交易时间内以ETF指定的一篮子股票申购基金份额或以基金份额赎回一篮子股票。在二级市场,ETF与普通股票一样在证券交易所挂牌交易,基金买入申报数量最多为100份或其整数倍,不足100份的基金可以卖出,机构投资者和中小投资者都可以按市场价格进行ETF份额交易。这种双重交易机制使ETF的二级市场价格不会过度偏离基金份额净值,因为一级、二级市场的价差会产生套利机会,而套利交易会使二级市场价格回复到基金份额净值附近。

⑤ 上市型开放式基金(LOF)。上市型开放式基金是一种既可以在场外市场进行基金份额申购、赎回,又可以在交易所进行基金份额交易和基金份额申购或赎回的开放式基金,它是我国对证券投资基金的一种本土化创新。

LOF结合了银行等代销机构和交易网络两者的销售优势,为开放式基金销售开辟了新的渠道。LOF通过场外市场与场内市场获得的基金份额分别被注册登记在场外系统与场内系统中。但基金份额可以通过跨系统转托管(即跨系统转登记)实现在场外市场与场内市场的转换。LOF 获准交易后,投资者既可以通过银行等场外销售渠道申购和赎回基金份额,也可以在挂牌的交易所买卖该基金或进行基金份额的申购与赎回。

LOF 所具有的转托管机制与可以在交易所进行申购、赎回的制度安排,使 LOF 不会出现封闭式基金的大幅折价交易现象。

LOF 与 ETF 都具备开放式基金可以申购、赎回和场内交易的特点,但两者存在本质区别,主要表现在以下几方面:

一是申购、赎回的标的不同。ETF 与投资者交换的是基金份额与一篮子股票;而 LOF 的申购、赎回是基金份额与现金的对价。

二是申购、赎回的标的场所不同。ETF 的申购、赎回既可以在代销网店进行,也可以在交易所进行。

三是申购、赎回的限制不同。只有资金在一定规模以上的投资者(基金份额通常要求在 50 万份以上)才能参与 ETF 的申购、赎回交易;而 LOF 在申购、赎回上没有特别要求。

四是基金投资策略不同。ETF 通常采用完全被动式管理方法,以拟合某一指数为目标;而 LOF 则相当于普通的开放式基金增加了交易所交易的方式,它可以是指数型基金,也可以是主动管理型基金。

五是在二级市场的净值报价上不同。ETF 每 15 秒提供一个基金参考净值报价;而 LOF 的净值报价频率比 ETF 低,通常 1 天只提供 1 次或几次基金净值报价。

⑥ QDII 基金。QDII 是 Qualified Domestic Institutional Investor(合格的境内机构投资者)的首字缩写。QDII 基金是指在一国境内设立的,经该国有关部门批准从事境外证券市场的股票、债券等有价证券投资的基金。它为国内投资者参与国际市场投资提供了便利。

QDII 制度由我国香港特别行政区政府部门最早提出,与 CDR(预托证券)、QFII(合格的境外机构投资者,即 Qualified Foreign Institutional Investor)一样,是在外汇管制下内地资本市场对外开放的过渡性制度安排。在资本项目未完全开放的情况下,通过 QDII 容许了国内投资者往海外资本市场进行投资。2007 年我国推出了首批 QDII 基金。

⑦ 分级基金,又称为"结构型基金""可分离交易基金",是指在一只基金内部通过结构化的设计或安排,将普通基金份额拆分为具有不同预期收益与风险的两类(级)或多类(级)份额并可分离上市交易的一种基金产品。分级基金通常分为低风险收益端(优先份额)和高风险收益端(进取份额)两类份额。

2.4.2 保险资金投资基金的政策要点

1.《保险公司投资证券投资基金暂行办法》政策要点

保险公司的投资渠道是逐渐开放的。为加强对保险资金运用的管理,防范风险,保障被保险人利益,根据《中华人民共和国保险法》及有关法律法规,保监会在准许投资股票交易前出台了《保险公司投资证券投资基金暂行办法》,要点如下:

保险公司投资基金应当遵守法律、法规以及《保险公司投资证券投资基金暂行办法》,遵守证券业务相关法规以及相关的财务会计制度。

保险公司投资基金,应当遵循安全、增值的原则,谨慎投资、自主经营,自担风险。

从事投资基金业务的保险公司应当满足中国保监会规定的最低偿付能力要求;应具有完善的内部风险管理及财务管理制度;应有专门的投资管理人员;应当设有专门的资金运用管理部门、内控部门、投资决策部门;应当具备必要的信息管理和风险分析系统。

保险公司投资基金的业务应当由总公司统一进行,保险公司分支机构不得买卖基金。保险公司投资基金的业务必须保证基金交易、资金调拨、会计核算及内部稽核岗位的相互独立。

保险公司使用证券交易账户应当遵守《证券法》及中国证券监督管理委员会的有关规定。

保险公司从事投资基金的业务,可按有关规定向证券交易所申办特别席位;也可在具有证券委托代理资格的证券经营机构的席位上进行委托代理交易。

受托的证券经营机构应注册资本在10亿元人民币(含)以上,在证券经纪业务中信誉良好、管理规范的证券经营机构。

保险公司投资基金业务的原始凭证以及有关业务文件、资料、账册、报表和其他必要的材料至少应妥善保存十五年。

2.《保险资金运用管理暂行办法》对投资证券投资基金的规定

保险资金投资证券投资基金的,其基金管理人应当符合下列条件:

(1) 公司治理良好,净资产连续三年保持在人民币一亿元以上;

(2) 依法履行合同,维护投资者合法权益,最近三年没有不良记录;

(3) 已建立有效的证券投资基金和特定客户资产管理业务之间的防火墙机制;

(4) 投资团队稳定,历史投资业绩良好,管理资产规模或者基金份额相对稳定。

2.4.3　保险资金投资创业投资基金的政策要点

为贯彻落实《国务院关于加快发展现代保险服务业的若干意见》(国发〔2014〕29 号)精神,规范保险资金投资创业投资基金行为,支持科技型企业、小微企业、战略性新兴产业发展,防范投资风险,根据《保险资金运用管理暂行办法》等监管规定,保监会以保监发〔2014〕101 号文颁布了保险资金投资创业投资基金的政策,要点如下:

这里所称创业投资基金,是指依法设立并由符合条件的基金管理机构管理,主要投资创业企业普通股或者依法可转换为普通股的优先股、可转换债券等权益的股权投资基金。

这里所称创业企业,是指处于初创期至成长初期,或者所处产业已进入成长初期但尚不具备成熟发展模式的未上市企业。

1. 保险资金投资创业投资基金的基金管理机构应当符合的条件

(1) 依法设立,公司治理机制、内控机制和管理制度健全有效,具有 5 年以上创业投资管理经验,历史业绩优秀,累计管理创业投资资产规模不低于 10 亿元;

(2) 为创业投资基金配备了专属且稳定的管理团队,拥有不少于 5 名专业投资人员,成功退出的创业投资项目合计不少于 10 个,至少 3 名专业投资人员

共同工作满 5 年;投资决策人员具备 5 年以上创业投资管理经验,其中至少 2 人具有 3 年以上企业运营管理经验;

(3) 已建立激励约束机制、跟进投资机制、资产托管机制和风险隔离机制,管理的不同资产之间不存在利益冲突;

(4) 接受中国保监会涉及保险资金投资的质询,并报告有关情况;

(5) 最近三年不存在重大违法违规行为。

2. 保险资金投资的创业投资基金,应当不是基金管理机构管理的首只创业投资基金,且符合如下条件

(1) 所投创业企业在境内依法设立,符合国家产业政策,具有优秀的管理团队和较强的成长潜力,企业及主要管理人员无不良记录;

(2) 单只基金募集规模不超过 5 亿元;

(3) 单只基金投资单一创业企业股权的余额不超过基金募集规模的 10%;

(4) 基金普通合伙人(或基金管理机构)及其关联方、基金主要管理人员投资或认缴基金余额合计不低于基金募集规模的 3%。

保险公司投资创业投资基金,应当具备股权投资能力,投资时上季度末偿付能力充足率不低于 120%,投资规范、风险控制、监督管理等遵循《保险资金投资股权暂行办法》及相关规定。

保险公司应当强化分散投资原则,投资创业投资基金的余额纳入权益类资产比例管理,其合计不应超过保险公司上季度末总资产的 2%,且投资单只创业投资基金的余额不超过基金募集规模的 20%。

保险资金可以通过投资其他股权投资基金间接投资创业企业,或者通过投资股权投资母基金间接投资创业投资基金。投资其他股权投资基金和股权投资母基金的基金管理机构、主要投向、管理运作等应当符合中国保监会关于保险资金间接投资股权的规定。

保险资金投资创业投资基金的基金管理机构可以聘请专业机构提供相关服务,包括托管机构、投资咨询机构、募集代理机构、律师事务所、会计师事务所等,上述机构应当符合相关监管规定,并接受中国保监会涉及保险资金投资的质询,报告有关情况。

保险公司、基金管理机构、托管机构应当按照《保险资金投资股权暂行办法》

及相关规定,向中国保监会报告保险资金投资创业投资基金的资金运作情况。

基金管理机构应当于基金募集保险资金后 20 个工作日内,向中国保监会或其指定的信息登记平台报送基金相关信息。

2.4.4　设立保险私募基金的相关政策要求

为进一步发挥保险资金长期投资的独特优势,支持实体经济发展,防范相关风险,保监会于 2015 年还出台了设立保险私募基金的有关政策,以保监发〔2015〕89 号文的形式就规范设立保险私募基金有关事项做了规定,要点如下:

保险资金可以设立私募基金,范围包括成长基金、并购基金、新兴战略产业基金、夹层基金、不动产基金、创业投资基金和以上述基金为主要投资对象的母基金。

保险资金设立私募基金,投资方向应当是国家重点支持的行业和领域,包括但不限于重大基础设施、棚户区改造、新型城镇化建设等民生工程和国家重大工程;科技型企业、小微企业、战略性新兴产业等国家重点支持企业或产业;养老服务、健康医疗服务、保安服务、互联网金融服务等符合保险产业链延伸方向的产业或业态。

保险资金设立私募基金,应当事先确定发起人和基金管理人。发起人和基金管理人的名称、高级管理人员、主要股东和实际控制人不得随意变更。确需变更的,应当遵循相关规定并履行决策程序。

保险资金设立私募基金,发起人应当由保险资产管理机构的下属机构担任,主要负责发起设立私募基金、确定基金管理人、维护投资者利益并承担法律责任,是通过私募基金开展投资业务的载体。

发起人应当通过制度设计,与相应的保险资产管理机构划清权利责任边界,确保法律意义上的独立运作;应当通过合同约定,与投资人明确权利责任界定,确保投资风险充分披露。

基金管理人可以由发起人担任,也可以由发起人指定保险资产管理机构或保险资产管理机构的其他下属机构担任,主要负责资金募集、投资管理、信息披露、基金退出等事宜,是私募基金的投资管理机构。

保险资金设立私募基金,基金管理人由保险资产管理机构担任的,应当具备相应的投资管理能力,且实际投资的项目不少于3个。

保险资金设立私募基金,基金管理人由保险资产管理机构下属机构担任的,应当符合下列条件:

(1)保险资产管理机构及其关联的保险机构在下属机构的股权占比合计应当高于30%;

(2)具有稳定的管理团队,核心决策人员不少于3名,且具有8年以上相关经验;团队成员已完成退出项目合计不少于3个;

(3)具有独立的、市场化的管理运作机制,包括但不限于股权激励机制、收益分成机制、跟投机制等;

(4)中国保监会规定的其他审慎性条件。

基金管理人可以聘请专业机构提供相关服务,包括托管机构、投资咨询机构、募集代理机构、律师事务所、会计师事务所等,上述机构应当符合《保险资金投资股权暂行办法》的相关规定。

保险资金设立的私募基金,应当符合下列条件:

(1)已完成立项的储备项目预期投资规模应当至少覆盖拟募集规模的20%;

(2)发起人及其关联的保险机构出资或认缴金额不低于拟募集规模的30%;

(3)配备专属投资管理团队,投资期内具有3年以上相关经验的专属投资管理人员不少于3名;

(4)明确约定投资策略、投资方式、投资领域、投资限制、共同投资、投资集中度、投资流程、决策流程、投后管理、退出机制等;

(5)建立由主要投资人组成的投资顾问委员会,重点处理关联交易,利益冲突等事项;

(6)建立托管机制,且托管机构符合规定条件。

保险资产管理机构及其关联的保险机构不得为私募基金提供担保,不得以任何方式为私募基金的投资收益或投资损失补偿向私募基金的投资者做出承诺。

保险资金设立私募基金实行注册制度,设立方案在相应的决策机构审议通过后,由保险资产管理机构或者基金发起人向中国保监会或其指定机构申请办理相关手续;涉及新设发起人或基金管理人的,执行《保险资金投资股权暂行办法》的有关规定。

保险资金设立的私募基金,可以向保险机构和其他合格投资者募集。保险资金投资该类基金,投资比例遵循《中国保监会关于加强和改进保险资金运用比例监管的通知》的相关规定。

保险资金设立的私募基金,其投资业务涉及关联交易的,应当获得决策机构中非关联方表决权的 2/3 以上通过,且投资顾问委员会无异议方可实施,投资规模不得超过基金募集规模的 50%。

保险资金设立的私募基金,其基金管理人应当于基金募集完成后的 5 个工作日、每季度结束后的 20 个工作日和每年 4 月 30 日前,向中国保监会指定的信息登记平台提交募集情况报告、季度报告、年度报告及其他相关信息。

私募基金存续期间内,发起人和基金管理人发生变更、核心决策团队出现变动、基金管理出现重大风险和其他重大突发事件等情况的,基金管理人应当及时向中国保监会报告,并按规定办理注册信息变更事宜。

保险资金设立的私募基金,其发起人、基金管理人以及基金核心团队成员存在下列行为的,中国保监会将其不良行为记入档案:

(1)公司治理、管理制度、决策流程和内控机制运作不规范,存在重大风险隐患;

(2)管理团队未能勤勉尽责,未能依照法律法规和合同约定,履行投资管理职责;

(3)未能妥善处理重大突发事件;

(4)未按照规定真实、准确、完整、及时地向投资人披露投资风险;

(5)未按照规定真实、准确、完整、及时地向监管部门报告有关情况;

(6)其他违反有关法律、行政法规和本通知规定的行为。

保险资金不得投资列入不良记录名单的机构与个人发起设立的私募基金。

保险资金设立的私募基金,应当遵守相关规章制度以及行业自律的规定并接受监管。

保险资金参与发起设立私募基金并投资该基金,保险资产管理机构及其关联保险机构在基金管理人的股权占比合计低于30%的,按照《保险资金投资股权暂行办法》的有关规定执行。

保险资金设立私募基金,募集境内资金投向境外市场,参照上述精神执行,另有规定的从其规定。

2.5 金融(资管)产品投资及其政策要点

2.5.1 保险资金投资金融产品、资管产品的规定要点

近年来,市场上出现可供保险机构投资的金融产品,保险资产管理公司也开始发行资管产品。为进一步优化保险资产配置结构,促进保险业务创新发展,保监会根据《中华人民共和国保险法》《保险资金运用管理暂行办法》及相关规定,以保监发〔2012〕91 号文的形式,就保险资金投资金融产品的问题做了明确规定。

保险资金可以投资境内依法发行的商业银行理财产品、银行业金融机构信贷资产支持证券、信托公司集合资金信托计划、证券公司专项资产管理计划、保险资产管理公司基础设施投资计划、不动产投资计划和项目资产支持计划等金融产品(以下统称金融产品)。

保险资金投资的理财产品,其资产投资范围限于境内市场的信贷资产、存款、货币市场工具及公开发行且评级在投资级以上的债券,且基础资产由发行银行独立负责投资管理,自主风险评级处于风险水平最低的一级至三级。

保险资金投资的理财产品,其发行银行上年末经审计的净资产应当不低于300亿元人民币或者为境内外主板上市商业银行,信用等级不低于国内信用评级机构评定的 A 级或者相当于 A 级的信用级别,境外上市并免于国内信用评级的,信用等级不低于国际信用评级机构评定的 BB 级或者相当于 BB 级的信用级别。

保险资金投资的信贷资产支持证券,入池基础资产限于五级分类为正常类

和关注类的贷款。按照执低原则,产品信用等级不低于国内信用评级机构评定的 A 级或相当于 A 级的信用级别。

保险资金投资的集合资金信托计划,基础资产限于融资类资产和风险可控的非上市权益类资产,且由受托人自主管理,承担产品设计、项目筛选、投资决策及后续管理等实质性责任。其中,固定收益类的集合资金信托计划,信用等级应当不低于国内信用评级机构评定的 A 级或者相当于 A 级的信用级别。

保险资金投资的集合资金信托计划,担任受托人的信托公司应当具有完善的公司治理、良好的市场信誉和稳定的投资业绩,上年末经审计的净资产不低于 30 亿元人民币。

保险资金投资的专项资产管理计划,应当符合证券公司企业资产证券化业务的有关规定,信用等级不低于国内信用评级机构评定的 A 级或者相当于 A 级的信用级别。

保险资金投资的专项资产管理计划,担任计划管理人的证券公司上年末经审计的净资产应当不低于 60 亿元人民币,证券资产管理公司上年末经审计的净资产应当不低于 10 亿元人民币。

保险资金投资的基础设施债权投资计划,应当符合《保险资金间接投资基础设施项目试点管理办法》等有关规定,基础资产限于投向国务院、有关部委或者省级政府部门批准的基础设施项目债权资产。偿债主体最近一个会计年度的资产负债率、经营现金流与负债比率和利息保障倍数,达到同期全国银行间债券市场新发行债券企业行业平均水平。产品信用等级不低于国内信用评级机构评定的 A 级或者相当于 A 级的信用级别。

保险资金投资的基础设施债权投资计划、基础设施股权投资计划和项目资产支持计划,担任受托人的保险资产管理公司等专业管理机构,应当符合《保险资金间接投资基础设施项目试点管理办法》等有关规定。

保险资金投资的不动产投资计划及其受托机构,应当符合《保险资金投资不动产暂行办法》等有关规定。不动产投资计划属于固定收益类的,应当具有合法有效的信用增级安排,信用等级不低于国内信用评级机构评定的 A 级或者相当于 A 级的信用级别;属于权益类的,应当落实风险控制措施,建立相应的投资权益保护机制。

保险资金投资的上述金融产品,募集资金投资方向应当符合国家宏观政策、产业政策和监管政策;产品结构简单,基础资产清晰,信用增级安排确凿,具有稳定可预期的现金流;建立信息披露机制和风险隔离机制,并实行资产托(保)管。保险资金应当优先投资在公开平台登记发行和交易转让的金融产品。

保险公司投资金融产品,应当符合下列条件:

(1) 上季度末偿付能力充足率不低于120%;

(2) 具有公司董事会或者董事会授权机构批准投资的决议;

(3) 具有完善的投资决策与授权机制、风险控制机制、业务操作流程、内部管理制度和责任追究制度;

(4) 资产管理部门合理设置投资金融产品岗位,并配备专职人员;

(5) 已建立资产托管机制,资金管理规范透明;

(6) 信用风险管理能力达到规定标准;

(7) 最近三年未发现重大违法违规行为。

保险公司委托投资的,不受第(4)(6)项的限制。

保险公司应当对有关金融产品风险进行实质性评估,根据负债特性、投资管理能力和风险管理能力,合理制定金融产品配置计划,履行相应的内部审核程序,自主确定投资品种和规模、期限结构、信用分布和流动性安排。

保险公司可以根据投资管理能力和风险管理能力,自行投资有关金融产品,或者委托保险资产管理公司投资有关金融产品。保险公司委托投资的,应当按照《保险资金委托投资管理暂行办法》等规定,与符合条件的保险资产管理公司签订委托投资管理协议,明确双方职责和权利义务。

保险机构投资理财产品,应当充分评估发行银行的信用状况、经营管理能力、投资管理能力和风险处置能力,关注产品资产的投资范围和流动性管理,切实防范合规风险、信用风险和流动性风险。

保险机构投资信贷资产支持证券、集合资金信托计划、专项资产管理计划、基础设施投资计划、不动产投资计划和项目资产支持计划,应当充分关注产品交易结构、基础资产状况和信用增级安排,切实防范信用风险、流动性风险、操作风险和法律风险。

保险机构投资有关金融产品,应当充分发挥投资者监督作用,持续跟踪金融产品管理运作,定期评估投资风险,适时调整投资限额、风险限额和止损限额,维护资产安全。金融产品发生违约等重大投资风险的,保险机构应当采取有效措施,控制相关风险,并及时向中国保监会报告。

保险机构投资有关金融产品,不得与当事人发生涉及利益输送、利益转移等不当交易行为,不得通过关联交易或者其他方式侵害公司或者被保险人利益。

保险公司投资有关金融产品,应当于每季度结束后30个工作日内和每年4月30日前,分别向中国保监会提交季度报告和年度报告,并附以下书面材料:

(1) 投资及合规情况;

(2) 风险管理状况;

(3) 涉及的关联交易情况;

(4) 中国保监会规定的其他审慎性内容。

保险公司委托保险资产管理公司投资有关金融产品的,可将前款报告纳入《保险资金委托投资管理暂行办法》规定的定期报告中。

这里所指信用增级安排,其中保证担保的,应当为本息全额无条件不可撤销连带责任保证担保,且担保人信用等级不低于被担保人信用等级;抵押或质押担保的,担保财产应当权属清晰,未被设定其他担保或者采取保全措施,经评估的担保财产价值不低于待偿还本息,且担保行为已经履行必要法律程序。

2.5.2 关于规范金融机构资产管理业务指导意见的政策要点

为规范金融机构资产管理业务,统一同类资产管理产品的监管标准,中国人民银行、银监会、证监会、保监会和外汇局于2017年11月17日联合发布了《关于规范金融机构资产管理业务的指导意见(征求意见稿)》,要点如下:

(1) 打破刚性兑付。出现兑付困难时,金融机构不得以任何形式垫资兑付。金融机构不得开展表内资产管理业务。

(2) 产品分类。明确了固定收益类产品投资于债权类资产的比例、权益类产品投资于股票及未上市股权等权益类资产的比例、商品及金融衍生品类产品投资于商品及金融衍生品的比例要求。

(3) 统一负债要求。规定了每只开放式公募产品的总资产不得超过该产品净资产的具体倍数；每只封闭式公募产品、每只私募产品的总资产不得超过该产品净资产的具体倍数。

（4）规范资金池。金融机构应当做到每只资产管理产品的资金单独管理、单独建账、单独核算，不得开展或者参与具有滚动发行、集合运作、分离定价特征的资金池业务。

同一金融机构发行多只资产管理产品投资同一资产的，为防止同一资产发生风险波及多只资产管理产品，多只资产管理产品投资该资产的资金总规模合计不得超过一定的限额。如果超出该规模，需经相关金融监督管理部门批准。

（5）消除多层嵌套和通道。金融机构不得为其他金融机构的资产管理产品提供规避投资范围、杠杆约束等监管要求的通道服务。

（6）资产管理组合。对资产组合的集中度进行明确规定。单只公募资产管理产品投资单只证券或者单只证券投资基金的市值不得超过该资产管理产品净资产的一定比例；同一金融机构发行的全部公募资产管理产品投资单只证券或者单只证券投资基金的市值不得超过该证券市值或者证券投资基金市值的一定比例；全部开放式公募资产管理产品投资单一上市公司发行的股票不得超过该上市公司可流通股票的一定比例；全部资产管理产品投资单一上市公司发行的股票不得超过该上市公司可流通股票的一定比例。

（7）强化资本和准备金的计提要求。金融机构应当按照资产管理产品管理费收入的一定比例计提风险准备金，或者按照规定计提操作风险资本或相应风险资本准备。风险准备金余额达到产品余额的一定比例时可以不再提取。

（8）净值管理。金融机构对资产管理产品应当实行净值化管理，净值产生应当符合公允价值原则，及时反映基础资产的收益和风险。按照公允价值原则确定净值的具体规则另行制定。

（9）分级产品设计。分级私募产品的总资产不得超过该产品净资产的一定比例。分级私募产品应当根据所投资资产的风险程度设定分级比例（优先级份额/劣后级份额，中间级份额计入优先级份额）。明确规定了固定收益类产品的分级比例、权益类产品的分级比例、商品及金融衍生品类产品和混合类产品的分级比例。

（10）智能投顾。金融机构运用人工智能技术或采用机器人投资顾问开展资产管理业务应当经金融监督管理部门许可,取得相应的投资顾问资质,充分披露信息,报备智能投顾模型的主要参数以及资产配置的主要逻辑。

（11）监管原则。机构监管与功能监管相结合,按照产品类型而不是机构类型实施功能监管,同一类型的资产管理产品适用同一监管标准,减少监管真空和套利。

2.5.3　保险资管公司开展产品业务的政策要点

（1）保险资管产品业务的含义。保险资产管理产品业务,是指由保险资产管理机构为发行人和管理人,向保险集团（控股）公司、保险公司以及保险资产管理机构等投资人发售产品份额,募集资金,并选聘商业银行等专业机构为托管人,为投资人利益开展的投资管理活动。

（2）产品的投资限制。保险资管产品限于向境内保险集团（控股）公司、保险公司、保险资产管理公司等具有风险识别和承受能力的合格投资人发行,包括向单一投资人发行的定向产品和向多个投资人发行的集合产品。

（3）产品的托管。保险资管产品的资产应当实施托管。托管人需具备保险资金托管人资格,履行保管产品资产、监督产品投资行为、复核产品净值、披露托管信息、参与产品资产清算等职责。

（4）产品的核准和报告。保险资产管理公司发行产品实行初次申报核准,后续产品事后报告。保险资产管理公司初次发行产品,应当在发行前向中国保监会报送相关材料。

2.5.4　加强组合类保险资管产品监管的政策要点

为加强保险资产管理产品业务监管,规范市场行为,强化风险管控,保监会根据《保险资金运用管理暂行办法》《关于保险资产管理公司开展资产管理产品业务试点有关问题的通知》（保监资金〔2013〕124 号,以下简称《试点通知》）等规定,又以保监资金〔2016〕104 号文的形式对组合类保险资产管理产品业务进行

了规范,要点如下:

1. 管理人规范要求

申请开展产品业务的管理人,除具备《试点通知》规定的条件外,还应符合以下规范要求:

(1) 取得保险资金受托管理资质一年以上;

(2) 已设立专门的产品业务管理部门,且该部门需配备不少于 5 名具有产品研发设计、投资管理、法律合规、风险管理等相关经验的专业人员;

(3) 管理人发行产品,保监会对其产品投资的基础资产有投资管理能力要求的,应当具备相应能力;

(4) 管理人需按监管要求提交上年度保险资金运用内部控制第三方专项审计报告,如审计报告揭示相关问题的,应一并提交整改报告;

(5) 没有因违法违规行为正在被监管机构立案调查、司法机关立案侦查,或者正处于整改期间;且最近三年内没有因重大违法违规行为、重大失信行为受到行政处罚或刑事处罚。

2. 基础资产范围

产品投资的基础资产范围应当严格按照《试点通知》执行。产品为集合产品或产品资金涉及保险资金的,产品具体投资品种应当遵循保险资金运用相关规定,且限于以下投资范围:

(1) 境内流动性资产,主要包括现金、货币市场基金、银行活期存款、银行通知存款和剩余期限不超过 1 年的政府债券、准政府债券、逆回购协议;

(2) 境内固定收益类资产,主要包括银行定期存款、银行协议存款、债券型基金、金融企业(公司)债券、非金融企业(公司)债券和剩余期限在 1 年以上的政府债券、准政府债券;

(3) 境内权益类资产,主要包括公开发行并上市的股票(不含新三板股票)、股票型基金、混合型基金;

(4) 保险资产管理公司发行的基础设施投资计划、股权投资计划、资产支持计划等。

产品为定向产品且产品投资人为非保险机构的,产品的投资品种可以按照与投资人约定的产品契约及相关法律文件执行。

3. 发行与登记

管理人发行产品,应当通过中国保监会指定的资产交易平台办理产品涉及的登记、发行、申购和赎回以及信息披露等事宜。

4. 监管要求

(1)管理人应当对产品进行明确分类,并在产品合同和产品募集说明书等产品发行材料中载明相应类型。根据产品投资的基础资产类别和规模比例,产品可分为单一型、固定收益类、权益类、另类以及混合类等类型。

(2)管理人开展产品业务,禁止出现以下情形:

① 发行具有"资金池"性质的产品,主要是指投资于非公开市场的投资品种,且具有滚动募集、混合运作、期限错配、分离定价、未单独建账或未独立核算等特征的产品;

② 发行具有"嵌套"交易结构的产品,包括产品主要投资于单只非公开市场投资品种,或产品定向投资于另类资产管理产品,或产品定向投资于同一管理人设立的产品等情形;

③ 向非机构投资者发行分级产品;

④ 向机构投资者发行分级产品的,权益类、混合类分级产品及其他类型分级产品杠杆不遵守监管要求,超过一定倍数;

⑤ 在产品下设立子账户形式进行运作;

⑥ 未明确产品投资的基础资产具体种类和比例,笼统规定相关资产的投资比例为 0 至 100%;

⑦ 以外部投资顾问形式将产品转委托;

⑧ 委托托管银行分支机构作为产品托管人(该机构已获得托管银行总行授权除外)。

2.5.5 保险资金间接投资基础设施项目的政策要点

为了加强对保险资金间接投资基础设施项目的管理,防范和控制管理运营风险,确保保险资金安全,维护保险人、被保险人和各方当事人的合法权益,促进保险业稳定健康发展,保监会根据《中华人民共和国保险法》《中华人民共和国信托法》《中华人民共和国合同法》等法律、行政法规,以保监会令 2006 年第 1 号的形式,明确了保险资金间接投资基础设施项目的有关政策。

1. 总体原则

这里所称保险资金间接投资基础设施项目,是指委托人将其保险资金委托给受托人,由受托人按委托人意愿以自己的名义设立投资计划,投资基础设施项目,为受益人利益或者特定目的,进行管理或者处分的行为。

委托人投资受托人设立的投资计划,应当聘请托管人托管投资计划的财产。受益人应当聘请独立监督人监督投资计划管理运营的情况。

委托人、受托人、受益人、托管人、独立监督人以及参与投资计划的其他当事人应当依法从事相关业务活动,并按照《保险资金间接投资基础设施项目试点管理办法》规定,签订书面合同,载明各方的权利和义务。

保险资金间接投资基础设施项目,应当遵循安全性、收益性、流动性和资产负债匹配原则。委托人应当审慎投资,防范风险。受托人、托管人、独立监督人及其他为投资计划管理提供服务的自然人、法人或者组织,应当恪尽职守,履行诚实、信用、谨慎、勤勉的义务。

2. 投资计划

这里所称投资计划,是指各方当事人以合同形式约定各自权利义务关系,确定投资份额、金额、币种、期限或者投资退出方式、资金用途、收益支付和受益凭证转让等内容的金融工具。

投资计划可以采取债权、股权、物权及其他可行方式投资基础设施项目。

投资计划采取债权方式投资基础设施项目的,应当具有明确的还款安排。采取股权、政府和社会资本合作模式投资基础设施项目的,应当选择收费定价机制透明、具有预期稳定现金流或者具有明确退出安排的项目。

投资计划投资的基础设施项目应当符合保监会规定的设立条件:

(1) 符合国家产业政策和有关政策;

(2) 项目立项、开发、建设、运营等履行法定程序;

(3) 融资主体最近 2 年无不良信用记录;

(4) 中国保监会规定的其他条件。

投资计划不得投资有下列情形之一的基础设施项目:

（1）国家明令禁止或者限制投资的；

（2）国家规定应当取得但尚未取得合法有效许可的；

（3）主体不确定或者权属不明确等存在法律风险的；

（4）融资主体不符合融资的法定条件的；

（5）中国保监会规定的其他情形。

投资计划至少应当包括下列法律文书：

（1）投资计划募集说明书；

（2）委托人与受托人签订的受托合同，合同至少应当包括投资计划名称、管理方式、各方当事人权利义务、期限或者投资退出方式、金额、投资计划财产的收益分配和支付、管理费用和报酬、投资计划财产损失后的承担主体和承担方式、违约赔偿责任和纠纷解决方式等内容；

（3）委托人与托管人签订的托管合同，合同至少应当包括托管财产范围、投资计划财产的收益划拨、资金清算、会计核算及估值、费用计提、违约赔偿责任等内容；

（4）受托人与融资主体签订的投资合同或者相关协议，合同或协议至少应当包括投资金额、期限或者投资退出方式、资金用途及划拨方式、项目管理方式、运营管理、违约赔偿责任等内容；

（5）受益人与独立监督人签订的监督合同，合同至少应当包括独立监督人的监督范围，超过限额的资金划拨确认以及资金划拨方式、项目管理运营、建设质量监督、违约赔偿责任等内容；

（6）受益人大会章程；

（7）投资计划具有信用增级安排的，应当包括信用增级的法律文件。

投资计划募集说明书至少应当载明下列事项：

（1）投资和管理风险；

（2）投资计划目的和基础设施项目基本情况；

（3）各方当事人基本情况；

（4）投资可行性分析；

（5）投资计划业务流程；

（6）投资计划的设立和终止；

（7）投资计划的纳税情况；

（8）投资计划约定或者法律、行政法规以及中国保监会规定的其他内容。

投资和管理风险应当在投资计划募集说明书的显著位置加以提示。

投资计划各方当事人应当在投资计划中书面约定受托管理费、托管费、监督费和其他报酬的计提标准、计算方法、支付方式、保证履约条款以及违约责任等内容。

各方当事人应当按照市场公允原则，综合考虑运营成本、履职需要等因素合理确定相关费率水平。有关当事人经协商同意，可以增减约定报酬的数额，修改有关报酬的约定。

投资计划的受益权应当分为金额相等的份额。受益人通过受益凭证表明受益权。受益人可以转让受益凭证。

受益凭证的受让方应当是具有风险识别和承受能力的合格投资者。受益凭证转让的，受让人承继原受益人的权利义务，投资计划其他各方当事人的权利义务不因转让发生变化。

投资计划受益凭证转让规则，由中国保监会另行制定。有下列情形之一的，投资计划终止：

（1）发生投资计划约定的终止事由；

（2）投资计划的存续违反投资计划目的；

（3）投资计划目的已经实现或者不能实现；

（4）投资计划被撤销或者解除；

（5）投资计划当事人协商同意；

（6）投资计划约定或者法律、行政法规以及中国保监会规定的其他情形。

投资计划终止后，受托人应当在终止之日起 90 日内，完成投资计划清算工作，并向有关当事人和监管部门出具经审计的清算报告。

投资计划的各方当事人应当严格按照投资计划约定的时间和程序，分配投资计划收益和有关财产。

受托人、托管人、独立监督人违反《保险资金间接投资基础设施项目试点管理办法》规定或者投资计划约定，造成投资计划财产损失的，应当依法承担相应赔偿责任。

3. 委托人

这里所称委托人,是指在中华人民共和国境内,经中国保监会批准设立的保险公司、保险集团公司和保险控股公司以及其他具有风险识别和承受能力的合格投资者。

一个或者多个委托人可以投资一个投资计划,一个委托人可以投资多个投资计划。

委托人应当履行下列职责:

(1) 评估投资计划的投资可行性;

(2) 测试投资计划风险及承受能力,制定风险防范措施和预案;

(3) 选择受托人和托管人,约定受益人权利;

(4) 与受托人签订受托合同,确定投资计划管理方式,约定受托人管理、运用及处分权限,监督受托人履行职责的情况;

(5) 监督托管人履行职责的情况;

(6) 约定有关当事人报酬的计提方法和支付方式;

(7) 定期向有关当事人了解投资计划财产的管理、运用、收支和处分情况及项目建设和管理运营信息,并要求其作出具体说明;

(8) 根据有关法律、行政法规规定以及投资计划的约定或者因未能预见的特别事由致使投资计划不符合受益人利益的,要求受托人调整投资计划财产的管理方法;

(9) 受托人违反有关法律规定和投资计划约定,造成投资计划财产损失的,要求受托人恢复投资计划财产原状、给予赔偿;

(10) 受托人、托管人违反投资计划目的处分投资计划财产或者管理、运用、处分投资计划财产有重大过失的,根据投资计划的约定和《保险资金间接投资基础设施项目试点管理办法》的规定解任受托人、托管人;

(11) 保存投资计划投资会计账册、报表等;

(12) 接受中国保监会的监督管理,及时报送相关文件及材料;

(13) 投资计划约定或者法律、行政法规以及中国保监会规定的其他职责。

委托人不得有下列行为:

(1) 投资未依照有关规定注册的投资计划;

(2) 利用投资计划违法转移保险资金、向关联方输送不正当利益；

(3) 妨碍相关当事人履行投资计划约定的职责；

(4) 投资计划约定或者法律、行政法规以及中国保监会禁止的行为。

4. 受托人

这里所称受托人，是指根据投资计划约定，按照委托人意愿，为受益人利益，以自己的名义投资基础设施项目的信托公司、保险资产管理公司、产业投资基金管理公司或者其他专业管理机构。

受托人应当履行下列职责：

(1) 调查投资项目情况，出具尽职调查报告；

(2) 选择基础设施项目，评估项目投资价值及管理运营风险；

(3) 设立投资计划，与委托人签订受托合同；

(4) 与融资主体签订投资合同或者相关协议，约定融资主体书面承诺接受独立监督人的监督并为独立监督人实施监督提供便利；

(5) 代表委托人与托管人签订托管合同，为每个投资计划开立一个独立的投资计划财产银行账户；

(6) 代表受益人与独立监督人签订独立监督合同，为受益人最大利益，谨慎处理投资计划事务，保障投资计划财产安全；

(7) 在投资计划授权额度内，及时向托管人下达项目资金划拨指令；

(8) 及时向受益人分配并支付投资计划收益，将到期投资计划财产归还受益人；

(9) 协助受益人办理受益凭证转让事宜；

(10) 及时披露投资计划信息，接受有关当事人查询，如实提供相关材料，报告项目管理运营情况；

(11) 持续管理和跟踪监测基础设施项目建设或者运营情况，要求融资主体履行相关信息披露义务；

(12) 编制投资计划管理及财务会计报告；

(13) 聘请会计师事务所等中介机构审计投资计划管理和投资项目运营情况；

(14) 保存处理投资计划事务的完整记录及投资项目的会计账册、报表等；

（15）依法保守投资计划的商业机密；

（16）受益人大会实质性变更投资计划的，及时将有关投资计划变更的文件资料报送监管部门；

（17）遇有突发紧急事件，及时向有关当事人、中国保监会和有关监管部门报告。

受托人不得有下列行为：

（1）挪用投资计划财产；

（2）将投资计划财产用于信用交易；

（3）以投资计划财产为他人提供担保或者向融资主体之外的人提供贷款；

（4）将投资计划财产与其固有财产、他人财产混合管理；

（5）将不同投资计划财产混合管理；

（6）利用投资计划财产牟取约定报酬以外的利益，或者为他人牟取不正当利益；

（7）以任何方式提供保本或者最低投资收益承诺；

（8）不公平管理不同投资计划财产；

（9）将受托人的固有财产与投资计划财产进行交易或者将不同投资计划的财产相互交易；

（10）从事导致投资计划财产承担无限责任的投资。

5. 受益人

这里所称受益人，是指持有投资计划受益凭证，享有投资计划受益权的人。投资计划受益人可以为委托人。受益人可以兼任独立监督人。委托人是唯一受益人的，委托人可以要求解除投资计划。投资计划另有约定的，从其约定。

保险机构受让投资计划的受益凭证，应当符合相应规定条件。

投资计划生效后，受益人依法享有下列权利：

（1）分享投资计划财产收益；

（2）参与分配清算后的剩余投资计划财产；

（3）依法转让其持有的投资计划受益凭证；

（4）按规定要求召开或者召集受益人大会，按其持有投资计划受益凭证份额或者投资计划约定行使表决权；

（5）向投资计划有关当事人了解投资计划管理及项目建设和运营信息，监督有关当事人履职情况。

受益人为两人以上的，应当设立受益人大会。

受益人大会依法行使下列职权：

（1）审议受益人大会章程和独立监督合同；

（2）决定提前终止受托合同或者延长投资计划期限；

（3）决定改变投资计划的财产投资方式；

（4）决定更换受托人、托管人、独立监督人；

（5）决定调整受托人、托管人以及投资计划其他当事人的报酬标准；

（6）受益人大会由持有投资计划 1/3 以上受益凭证份额的受益人或者受托人提议召开。除突发紧急事件外，召集人应当至少提前 10 日通知受益人大会的召开时间。

受益人不得有下列行为：

（1）授意受托人违法违规投资；

（2）损害其他受益人利益；

（3）妨碍其他当事人依法履行职责。

6. 信息披露

各方当事人应当根据投资计划约定或者法律、行政法规、中国保监会及有关部门的规定，完整保存投资计划相关资料，履行信息披露义务，保证有关当事人可以查阅或者复制。

各方当事人应当按照投资计划约定的时间和方式，准确、及时、规范报送有关投资计划运营管理、监督情况的文件资料，并对其真实性和完整性负责。

受托人应当按照规定，向委托人提供投资计划法律文书和法律意见书等书面文件，充分披露相关信息，明示投资计划要素，揭示并以醒目方式提示各类风险以及风险承担原则。

受托人应当按照投资计划约定向委托人、受益人、托管人和独立监督人披露下列信息：

（1）投资计划设立情况，包括委托人和受益人的范围和数量、资金总额等；

（2）投资计划运作管理情况，包括受托人、项目、融资主体、信用增级最新情况、收益和本金支付情况、投资管理情况、投资计划终止以及财产的归属和分配情况等；

（3）重大事项、突发紧急事件和拟采取的措施；

（4）投资计划季度、半年、年度管理报告，其中年度管理报告应当附经会计师事务所审计的财务会计报告。

受托人向中国保监会提交的年度管理报告还应当包括下列信息：

（1）相关子公司或者事业部的运营状况；

（2）相关管理人员履职情况。

托管人、独立监督人应当向委托人、受益人以及中国保监会和有关监管部门披露、报告下列信息和事项：

（1）受托人履行职责情况；

（2）投资计划收益及财产现状；

（3）托管报告及监督报告；

（4）其他需要披露及报告的事项。

受托人、独立监督人应当采取必要措施，促使融资主体详尽充分披露有关信息。

凡有可能对委托人、受益人的决策或者利益产生实质性影响的信息，各方当事人均有义务履行披露职责。

7. 风险管理

委托人、受益人应当对投资计划风险进行实质性评估，根据资金性质、投资管理能力和风险管理能力，合理制定投资方案，履行相应的内部审核程序，自主投资、自担风险。

受托人应当建立有效的风险控制体系，覆盖项目开发、项目评审、审批决策、风险监控等关键环节。受托人董事会负责定期审查和评价业务开展情况，并承担风险管理的最终责任。

受托人应当健全投资问责制度，建立风险责任人机制，切实发挥风险责任人对业务运作的监督作用。受托人向委托人、受益人和中国保监会提交相关报告，须由风险责任人签字确认。

受托人应当建立相应的净资本管理机制和风险准备金机制，确保能满足抵御业务不可预期损失的需要。风险准备金从投资计划管理费收入中计提,计提比例不低于10%,主要用于赔偿受托人因违法违规、违反受托合同、未尽责履职等给投资计划财产造成的损失。不足以赔偿上述损失的,受托人应当使用其固有财产进行赔偿。

受托人应当恪尽职守,勤勉尽职,加强对融资主体、信用增级、投资项目等的跟踪管理和持续监测,及时掌握资金使用及投资项目运营情况,根据投资计划投资方式制定相应的风险控制措施,切实履行受托职责。

委托人、受益人应当充分发挥投资者监督作用,及时与受托人、托管人、独立监督人通报相关信息,跟踪监测投资计划的执行和具体管理情况。

委托人、受益人应当每年对受托人、托管人和独立监督人进行尽职评估,必要时按照投资计划约定予以更换。

该计划存续期间发生异常、重大或者突发等风险事件的,各方当事人应当采取积极措施,尽可能降低投资计划财产损失。

8. 监督管理

委托人、受益人的高级管理人员和主要业务人员离任后,发现其在该机构工作期间违反有关法律、行政法规和《保险资金间接投资基础设施项目试点管理办法》规定的,应当依法追究责任。

受托人、托管人、独立监督人违反有关法律、行政法规和该办法规定的,中国保监会将记录其不良行为。情节严重的,中国保监会可以依法暂停其从事保险资金间接投资基础设施项目的业务,并会同有关监管部门依法给予行政处罚。

中国保监会可以限制、禁止委托人、受益人投资有不良记录的受托人、托管人和独立监督人参与的投资计划。

保险资金以投资计划形式间接投资非基础设施类不动产等项目,参照上述政策执行。

2.5.6 保险资金投资集合资金信托计划的特别规定要点

我国的信托产品种类较多,有些产品交易结构复杂,有些基础资产风险良莠不齐。为了进一步加强保险集团(控股)公司、保险公司、保险资产管理公司投资集合资金信托计划业务管理,规范投资行为,防范资金运用风险,保监会以保监发〔2014〕38号文的形式明确相关规定,要点如下:

(1) 保险机构投资集合资金信托计划,应当按照监管规定和内控要求,完善决策程序和授权机制,确定董事会或董事会授权机构的决策权限及批准权限。各项投资由董事会或者董事会授权机构逐项决策,并形成书面决议。

(2) 保险机构投资集合资金信托计划,应当配备独立的信托投资专业责任人,完善可追溯的责任追究机制,并向中国保监会报告。信托投资专业责任人比照专业责任人,纳入风险责任人体系进行监管,对其资质条件、权利义务和风险责任等要求,执行《中国保监会关于保险机构投资风险责任人有关事项的通知》相关规定。

(3) 保险机构应当明确信托公司选择标准,完善持续评价机制,并将执行情况纳入年度内控审计。

担任受托人的信托公司应当具备以下条件:

① 近三年公司及高级管理人员未发生重大刑事案件且未受监管机构行政处罚;

② 承诺向保险业相关行业组织报送相关信息;

③ 上年末经审计的净资产不低于30亿元人民币。

保险公司委托保险资产管理公司投资的,由保险资产管理公司制定相关标准、制度和机制。

(4) 保险资金投资的集合资金信托计划,基础资产限于融资类资产和风险可控的非上市权益类资产。其中固定收益类的集合资金信托计划,信用等级不得低于国内信用评级机构评定的A级或者相当于A级的信用级别。不得投资单一信托,不得投资基础资产属于国家明令禁止行业或产业的信托计划。

(5) 保险机构投资集合资金信托计划,应当加强法律风险管理,应就投资行为合法合规性以及投资者权益保护等内容,由专业律师出具相关意见。

保险机构应当加强投后管理,制定后续管理制度和兑付风险处理预案;定期监测融资主体和项目的经营等情况;定期开展压力测试和情景分析;形成内部定期报告机制,全程跟踪信托投资风险。

(6) 保险机构投资集合资金信托计划,应当按有关规定向中国保监会指定的信息登记平台报送信息。

保险机构投资集合资金信托计划,存在以下情形之一的,应当于投资后 15 个工作日内向中国保监会报告:

① 信托公司募集的资金未直接投向具体基础资产,存在两层或多层嵌套;

② 基础资产涉及的不动产等项目不在直辖市、省会城市、计划单列市等具有明显区位优势的地域,且融资主体或者担保主体信用等级低于 AAA 级;

③ 基础资产所属融资主体为县级政府融资平台,且融资主体或者担保主体信用等级低于 AAA 级;

④ 信托公司或基础资产所属融资主体与保险机构存在关联关系;

⑤ 投资结构化集合资金信托计划的劣后级受益权;

⑥ 中国保监会认定的其他情形。

中国保监会审核有关报告,认为报告信息披露不完整、外部信用评级风险揭示不充分的,可指定保险业相关行业组织对外部评级结果进行行业内部评估。保险业相关行业组织评估后,认为外部信用评级结果不能客观反映投资资产风险的,依据《保险公司偿付能力报告编报规则——问题解答第 15 号:信用风险评估方法和信用评级》,中国保监会可根据外部评级结果和行业内部评估结果,审慎要求保险机构调整投资资产的认可价值或指定该项投资资产的认可比例。行业内部评估规则另行制定。

(7) 保险业相关行业组织应当制定相关规则,对投资涉及的信托公司、律师事务所、信用评级机构等机构定期开展评估,对未能尽职履责且情节严重的,列入行业警示名单。

2.5.7 保险资金投资资产支持计划的政策要点

为促进资产支持计划的业务创新,规范管理行为,加强风险控制,维护投资者合法权益,保监会以保监发〔2015〕85 号文的形式下发了《资产支持计划业务管理暂行办法》,明确了保险资金投资资产支持计划的政策要求,要点如下:

这里所称资产支持计划(以下简称支持计划)业务,是指保险资产管理公司等专业管理机构作为受托人设立支持计划,以基础资产产生的现金流为偿付支持,面向保险机构等合格投资者发行受益凭证的业务活动。

1. 总体要求

支持计划业务应当建立托管机制。

支持计划作为特殊目的载体,其资产独立于基础资产原始权益人、受托人、托管人及其他为支持计划提供服务的机构(以下简称其他服务机构)的固有财产。原始权益人、受托人、托管人及其他服务机构因依法解散、被依法撤销或者被依法宣告破产等原因进行清算的,支持计划资产不纳入清算范围。

受托人因管理、运用或者处置支持计划资产取得的财产和收益,应当归入支持计划资产;因处理支持计划事务所支出的费用和对第三人所负债务,以支持计划资产承担。

受托人管理、运用和处分支持计划资产所产生的债权,不得与原始权益人、受托人、托管人及其他服务机构的固有财产产生的债务相抵消。受托人管理、运用和处分不同支持计划资产所产生的债权债务,不得相互抵消。

保险机构投资支持计划受益凭证,应当遵循稳健性及安全性原则,加强资产负债匹配。受托人、托管人及其他服务机构应当遵守相关法律法规的规定及支持计划的约定,履行诚实信用、谨慎勤勉的义务,切实维护受益凭证持有人的合法利益。

2. 基础资产

这里所称基础资产,是指符合法律法规规定,能够直接产生独立、可持续现金流的财产、财产权利或者财产与财产权利构成的资产组合。

基础资产应当满足以下要求:

(1)可特定化,权属清晰、明确;

(2)交易基础真实,交易对价公允,符合法律法规及国家政策规定;

(3)没有附带抵押、质押等担保责任或者其他权利限制,或者能够通过相关安排解除基础资产的相关担保责任和其他权利限制。

基础资产依据穿透原则确定。

支持计划存续期间,基础资产预期产生的现金流,应当覆盖支持计划预期投资收益和投资本金。国家政策支持的基础设施项目、保障房和城镇化建设等领域的基础资产除外。这里所指的基础资产现金流不包括回购等增信方式产生的现金流。

基础资产的规模和存续期限应当与支持计划的规模和存续期限相匹配。

法律法规规定基础资产转让应当办理批准、登记手续的,应当依法办理。法律法规没有要求办理登记或者暂时不具备办理登记条件的,受托人应当采取其他措施,有效维护基础资产安全。

3. 交易结构

受托人为受益凭证持有人的利益,设立支持计划并进行管理。受托人应当符合下列能力标准:

(1) 具有基础设施投资计划或者不动产投资计划运作管理经验;

(2) 建立相关投资决策机制、风险控制机制、内部管理制度和业务操作流程;

(3) 合理设置相关部门或者岗位,并配备专职人员;

(4) 信用风险管理能力达到监管标准;

(5) 最近一年未因重大违法违规行为受到行政处罚;

(6) 中国保监会规定的其他条件。

受托人应当在首单支持计划设立时向中国保监会报告其能力建设情况。受托人能力下降,不再符合监管规定的,应当及时整改,并报告中国保监会。

受托人应当履行下列职责:

(1) 设立、发行、管理支持计划;

(2) 按照支持计划约定,向受益凭证持有人分配收益;

(3) 协助受益凭证持有人办理受益凭证转让、协议回购等事宜;

(4) 持续披露支持计划信息;

(5) 法律法规、《资产支持计划业务管理暂行办法》规定及支持计划约定的其他职责。

原始权益人依照约定将基础资产移交给支持计划。原始权益人应当符合下列条件:

(1) 具备持续经营能力,无重大经营风险、财务风险和法律风险;

(2) 生产经营符合法律法规和公司章程的规定,符合国家产业政策;

(3) 最近三年未发生重大违约或者重大违法违规行为;

（4）法律法规和中国保监会规定的其他条件。

4. 发行、登记和转让

受托人发起设立支持计划，实行初次申报核准，同类产品事后报告。中国保监会依规对初次申报的支持计划实施合规性、程序性审核。支持计划交易结构复杂的，中国保监会可以建立外部专家评估机制，向投资者提示投资风险。

这里所称同类产品，是指支持计划的基础资产类别、交易结构等核心要素基本一致。

受托人发行受益凭证，应当向投资者提供认购风险申明书、募集说明书、受托合同等支持计划法律文件、信用评级报告及跟踪评级安排、法律意见书等书面文件，明示支持计划要素，充分披露相关信息，揭示并以醒目方式提示各类风险和风险承担原则。

募集说明书应当充分披露基础资产的构成和运营、基础资产现金流预测分析、回款机制、分配方式的相关情况、受托人与原始权益人存在的关联关系、可能存在的风险以及防范措施等。

受托人披露的信息应当真实、准确、完整，不得存在应披露而未披露的内容。

受益凭证发行可以采取一次足额发行，也可以在募集规模确定且交易结构一致的前提下，采用限额内分期发行的方式。分期发行的，末期发行距首期发行时间一般不超过 12 个月。

受益凭证可按规定在保险资产登记交易平台发行、登记和转让，实现受益凭证的登记存管和交易流通。

受益凭证仅限于向保险机构以及其他具有风险识别和承受能力的合格投资者发行，并在合格投资者范围内转让。中国保监会根据市场情况制定投资者适当性管理标准。

受益凭证是持有人享有支持计划权益的证明。同一支持计划的受益凭证按照风险和收益特征的不同，可以划分为不同种类。同一种类的受益凭证持有人，享有同等权益，承担同等风险。

受益凭证持有人享有以下权利：

（1）依法继承、转让或者质押受益凭证；

（2）按照支持计划约定，享有支持计划投资收益以及参与分配清算后的支持计划剩余财产；

(3) 获得支持计划信息披露资料；

(4) 参加受益凭证持有人会议；

(5) 法律法规、《资产支持计划业务管理暂行办法》规定及支持计划约定的其他权利。

受益凭证持有人可以根据中国保监会和保险资产登记交易平台的有关规定开展受益凭证协议回购。回购双方需审慎评估风险，通过协商约定进行回购融资。

5. 运作管理

支持计划存续期间，受托人应当按照《资产支持计划业务管理暂行办法》的要求和支持计划的约定，对原始权益人的经营状况、基础资产现金流以及增信安排效力等进行跟踪管理和持续监测评估，保障支持计划的正常运作。

受托人对原始权益人、基础资产以及增信安排的跟踪信用风险评估每年不少于一次。

支持计划存续期间，受托人应当按照支持计划的约定归集基础资产现金流，并向受益凭证持有人支付投资收益，支持计划资产无法按时支付投资收益的，受托人应当按照支持计划约定启动增信机制或者其他措施。

受托人应当为支持计划单独记账、独立核算，不同的支持计划在账户设置、资金划拨、账簿记录等方面应当相互独立。

受托人管理支持计划，不得以任何方式侵占、挪用支持计划资产，不得将支持计划资产和其他资产混同，不得以支持计划资产设定担保或者形成其他或有负债。

受益凭证持有人通过持有人会议对影响其利益的重大事项进行决策。

6. 风险控制

受托人应当建立支持计划业务风险责任人机制，加强业务风险管理，针对支持计划存续期间可能出现的重大风险进行审慎、适当的评估和管理，制定相应风控措施和风险处置预案，并协调、督促原始权益人、托管人及其他服务机构按照约定执行。

在风险发生时，受托人应当勤勉尽责地执行风险处置预案，保护受益凭证持有人利益。

受托人应当通过尽职调查等方式,对基础资产及交易结构的法律风险进行充分识别、评估和防范,保障基础资产合法有效,防范基础资产及相关权益被第三方主张权利的风险。

受托人应当审慎评估原始权益人的资信状况,合理测算基础资产现金流,采取相应增信安排。基础资产现金流测算应当以历史数据为依据,并充分考虑影响未来现金流的因素。

受托人应当建立相对封闭、独立的现金流归集机制,明确基础资产现金流转付环节和时限。受托人聘请资产服务机构的,应当要求资产服务机构为基础资产单独设账,单独管理,并定期披露现金流的归集情况,披露频率不少于支持计划投资收益支付频率。

受托人应当制定有效方案,明确在原始权益人或资产服务机构运营情况发生重大负面变化时增强现金流归集的方式和相关触发机制,防范资金混同风险。

支持计划以沉淀的基础资产现金流进行再投资的,仅限于投资安全性高的流动性资产。受托人应当确保再投资在支持计划约定的投资范围内进行,并充分考虑相关风险。

支持计划以基础资产现金流循环购买新的同类基础资产的,受托人应当在募集说明书中明确入池标准,并对后续购买的基础资产进行事前审查和确认。

受托人与原始权益人存在关联关系,或者受托人以其自有资金、管理的其他客户资产认购受益凭证的,应当采取有效措施,防范可能产生的利益冲突。

7. 信息披露

受托人、托管人、原始权益人和其他服务机构应当按照有关规定和支持计划的约定,以适当的方式及时披露信息,并保证所披露信息真实、准确、完整。受托人作为信息披露的责任主体,应当加强存续期内的信息披露管理,督促其他当事人及时披露相关信息。

受托人应当在每年 6 月 30 日和 8 月 31 日前,向受益凭证持有人分别披露支持计划年度和半年度受托管理报告,同时报送中国保监会。受托管理报告的内容包括但不限于基础资产运行状况、相关当事人的履约情况、支持计划资金的收支、受益凭证投资收益的分配等。发生可能对受益凭证投资价值或者价格有

实质性影响的重大事件时,受托人应当及时向受益凭证持有人披露相关信息,并向中国保监会报告。重大事件包括但不限于:

(1) 未按支持计划约定分配收益;

(2) 受益凭证信用评级发生不利调整;

(3) 原始权益人、受托人、托管人发生重大变化;

(4) 基础资产的运行情况或产生现金流的能力发生重大变化;

(5) 其他可能对支持计划产生重大影响的事项。

2.6 股指期货、利率互换投资及其政策要点

2.6.1 股指期货业务

1. 股指期货的概念

股指期货,就是以股市指数为标的物的期货。双方交易的是一定期限后的股市指数价格水平,通过现金结算差价来进行交割。股票指数期货是指以股票价格指数作为标的物的金融期货合约。在具体交易时,股票指数期货合约的价值是用指数的点数乘以事先规定的单位金额来加以计算的,如标准普尔指数规定每点代表 250 美元、香港恒生指数每点为 50 港元等。股票指数合约交易一般以 3 月、6 月、9 月、12 月为循环月份,也有全年各月都进行交易的,通常以最后交易日的收盘指数为准进行结算。

股票指数期货交易的实质是投资者将其对整个股票市场价格指数的预期风险转移至期货市场的过程,其风险是通过对股市走势持不同判断的投资者的买卖操作来相互抵消的。它与股票期货交易一样都属于期货交易,只是股票指数期货交易的对象是股票指数,是以股票指数的变动为标准,以现金结算的一种期货交易。交易双方都没有现实的股票,买卖的只是股票指数期货合约,而且在任何时候都可以买进卖出。

总体而言,股指期货包括两方面的特性:一是股票特性,二是期货特性。从股票特征上看,由于影响股指现货与商品现货的因素不一样,两种期货的研究方

法有很大的差异。为了分析商品期货的走势,投资者需要对影响商品现货走势的供求状况进行深入的调查,选择好的投资平台是非常重要的。而对股指期货来说,投资者需要更多地关注宏观经济、行业动态以及对股指现货走势有较大影响的权重股的走势。从期货特性上讲,股指期货同商品期货的主要区别,在于到期日结算方法的不同。商品期货合约持有到期时必须进行实物交割,一方给付货款,另一方交付货物。由于股指"现货"——股票指数的特殊性,世界各国推出的股指期货均是采用现金交割方式的。一般的做法是以最后交易日收盘前一段时间指数现货价格的加权作为未平仓指数期货合约的结算价格。

2. 股指期货的特点

(1)跨期性。股指期货是交易双方通过对股票指数变动趋势的预测,约定在未来某一时间按照一定条件进行交易的合约。

(2)杠杆性。参与股指期货交易不需要全额支付合约价值的资金,只需要支付一定比例的保证金就可以签订较大价值的合约。

(3)联动性。股指期货的价格与其标的资产——股票指数的变动联系极为紧密。股票指数是股指期货的基础资产,对股指期货价格的变动具有很大影响。

(4)多样性。股指期货的杠杆性决定了它具有比股票市场更高的风险性。此外,股指期货还存在着特定的市场风险、操作风险、现金流风险等。

(5)股指期货交易由于具有 T＋0 的即时操作特点以及保证金杠杆交易的特点,所以比普通股票交易更具有风险,具体来说:

① 期货合约有到期日,不能无限期持有。股票买入后可以一直持有,正常情况下股票数量不会减少。但股指期货都有固定的到期日,到期就要进行平仓或者交割。因此交易股指期货不能像买卖股票一样,交易后就不管了,必须注意合约到期日,以决定是平仓,还是等待合约到期进行现金结算交割。

② 期货合约是保证金交易,必须每日结算。股指期货合约采用保证金交易,一般只要付出合约面值约 10％—15％ 的资金就可以买卖一张合约,这一方面提高了盈利的空间,但另一方面也带来了风险,因此必须每日结算盈亏。买入股票后在卖出以前,账面盈亏都是不结算的。但股指期货不同,交易后每天要按照结算价对持有在手的合约进行结算,账面盈利可以提走,但账面亏损第二天开盘前必须补足(即追加保证金)。而且由于是保证金交易,亏损额甚至可能超过

你的投资本金,这一点和股票交易不同。

③ 期货合约可以卖空。股指期货合约可以十分方便地卖空,等价格回落后再买回。当然一旦卖空后价格不跌反涨,投资者会面临损失。股票融券交易也可以卖空,但难度相对较大。

④ 市场的流动性较高。有研究表明,指数期货市场的流动性明显高于股票现货市场。比如 2013 年,中国金融期货交易所沪深 300 股指期货的交易额达到 140.7 万亿元,同比增长 85%,是同期 GDP 规模的 2.5 倍,而 2013 年沪深 300 股票成交额为 16.6 万亿元。

⑤ 股指期货实行现金交割方式。期指市场虽然是建立在股票市场基础之上的衍生市场,但期指交割以现金形式进行,即在交割时只计算盈亏而不转移实物,在期指合约的交割期投资者完全不必购买或者抛出相应的股票来履行合约义务,这就避免了在交割期股票市场出现"挤市"的现象。

⑥ 股指期货关注宏观经济。一般说来,股指期货市场是专注于根据宏观经济数据进行的买卖,而现货市场则是专注于根据个别公司状况进行的买卖。

⑦ 股指期货实行 T+0 交易,而股票实行 T+1 交易。T+0 即当日买进当日卖出,没有时间和次数限制;而 T+1 即当日买进,次日卖出,买进的当日不能当日卖出。当前期货交易一律实行 T+0 交易,大部分国家的股票交易也是 T+0 的,我国的股票市场由于历史原因而实行 T+1 交易制度。

2.6.2 利率互换业务

利率互换是指两笔货币相同、债务额相同(本金相同)、期限相同的资金,作固定利率与浮动利率的调换。交易双方以一定的名义本金为基础,将该本金产生的以一种利率计算的利息收入(支出)流与对方的以另一种利率计算的利息收入(支出)流相交换,交换的只是不同特征的利息,没有实质本金的互换。利率互换可以有多种形式,最常见的利率互换是在固定利率与浮动利率之间进行转换。利率互换可以改变利率风险。

利率互换具有风险较小、影响性微、成本较低、手续较简等交易优点。从交易的功能作用看:

（1）利率互换可以降低融资成本。出于各种原因，对于同种货币，不同的投资者在不同的金融市场的资信等级不同，因此融资的利率也不同，存在着相对的比较优势。利率互换可以利用这种相对比较优势进行互换套利以降低融资成本。

（2）利率互换可以应用于资产负债管理。利率互换可将固定利率债权（债务）换成浮动利率债券（债务）。根据保险资金负债的特点及产品期限、定价的特点在资产负债管理上加以应用。

（3）利率互换可以对利率风险保值。对于一种货币来说，无论是固定利率还是浮动利率的持有者，都面临着利率变化的影响。对固定利率的债务人来说，如果利率的走势上升，其债务负担相对较高；对于浮动利率的债务人来说，如果利率的走势上升，则成本会增大。

2.6.3 保险资金参与股指期货交易的政策要点

为规范保险资金参与股指期货交易，有效防范风险，根据《中华人民共和国保险法》等法律法规及《保险资金运用管理暂行办法》《保险资金参与金融衍生产品交易暂行办法》（以下简称《衍生品办法》）等规定，保监会以保监发〔2012〕95号文的形式对保险资金参与股指期货交易的相关问题予以了明确。

这里所称股指期货，是指经中国证券监督管理机构批准，在中国金融期货交易所上市的以股票价格指数为标的的金融期货合约。

在中国境内依法设立的保险集团（控股）公司、保险公司、保险资产管理公司参与股指期货交易，应当根据衍生品办法的规定，以对冲风险为目的，做好制度、岗位、人员及信息系统安排，遵守管理规范，强化风险管理。

保险机构参与股指期货交易，应当以确定的资产组合（以下简称资产组合）为基础，分别开立股指期货交易账户，实行账户、资产、交易、核算和风险的独立管理。

保险机构参与股指期货交易，应当根据资产配置和风险管理要求，制定合理的交易策略，并履行内部决策程序。

保险机构参与股指期货交易，应当根据《衍生品办法》规定，制定风险对冲方案,明确对冲工具、对象、规模、期限以及有效性等内容,并履行内部审批程序。内部审批应当包括风险管理部门意见。

保险机构参与股指期货交易,任一资产组合在任何交易日日终,所持有的卖出股指期货合约价值,不得超过其对冲标的股票及股票型基金资产的账面价值。

保险机构在任何交易日日终,持有的买入股指期货合约价值,与股票及股票型基金资产的账面价值,合计不得超过规定的投资比例上限。

这里所指卖出股指期货合约价值与买入股指期货合约价值,不得合并轧差计算。

保险机构参与股指期货交易,任一资产组合在任何交易日结算后,扣除股指期货合约需缴纳的交易保证金,应当保持不低于交易保证金一倍的现金、中央银行票据、货币市场基金或到期日在一年以内的政府债券及政策性银行债券,有效防范强制平仓风险。

保险机构参与股指期货交易,应当根据公司及资产组合实际情况,明确设定股指期货风险敞口、风险对冲比例、风险对冲有效性、保证金管理等风险控制指标。

保险机构参与股指期货交易,应当制定风险对冲有效性预警机制,并利用相关指标,持续评估对冲有效性。

保险机构参与股指期货交易,除符合《衍生品办法》规定外,信息系统还应当符合下列要求:

(1)股指期货交易管理系统和估值系统稳定高效,且能够满足交易和估值需求;

(2)风险管理系统能够实现对股指期货交易的实时监控,各项风险管理指标固化在系统中,并能够及时预警;

(3)能够与合作的交易结算机构信息系统对接,并建立相应的备份通道。

保险机构参与股指期货交易,其专业管理人员应当符合保监会规定的相关要求。

保险机构参与股指期货交易,应当根据相关规定,与交易结算机构确定股指期货业务交易、保证金管理结算、风险控制及数据传输等事项,通过协议明确双方的权利和义务。

保险机构与资产托管机构应当根据相关规定,确定股指期货业务的资金划拨、清算、估值等事项,并在托管协议中明确双方的权利和义务。

保险机构可以根据业务需要,与期货交易结算机构、资产托管机构签订多方合作协议。

保险机构参与股指期货交易,所选期货公司应当符合下列条件:

(1) 成立 5 年以上,上季末净资本达到人民币 3 亿元(含)以上,且不低于客户权益总额的 8%;

(2) 通信条件和交易设施高效安全,符合期货交易要求,信息服务全面;

(3) 公司或股东具有较强的金融市场研究及服务能力;

(4) 具有完整的风险管理架构,最近两年未发生风险事件;最近三年无重大违法和违规记录,且未处于立案调查过程中;

(5) 书面承诺接受中国保监会的质询检查,并向中国保监会如实提供保险机构参与股指期货交易涉及的各种资料。

保险机构参与股指期货交易,应当向中国保监会报送以下文件:

(1) 衍生品办法规定的材料,其中专业人员证明材料,应当符合本规定要求;

(2) 与期货交易结算、资产托管等机构签署的协议文件;

(3) 中国保监会要求的其他文件。

保险机构参与股指期货交易,持仓比例因市场波动等外部原因,不再符合本规定的,应当在 5 个交易日内调整完毕,并在月度报告中向中国保监会报告,列明事件发生的原因及处理过程。

保险机构参与股指期货交易,应当根据有关法律法规要求,规范业务运作,不得从事内幕交易、操纵证券及期货价格、利益输送等活动。

2.6.4 保险机构开展利率互换业务的政策要点

为规范保险集团(控股)公司、保险公司和保险资产管理公司开展利率互换业务行为,防范投资管理风险,提高保险资产质量,保监会根据《中华人民共和国保险法》及相关法规,以保监发〔2010〕56 号文的形式将保险机构开展利率互换业务有关事项予以了明确。

这里所称利率互换,又称利率掉期,是指交易双方约定在未来一定期限内,根据约定的本金和利率计算利息并进行利息交换的金融合约。

开展利率互换业务的保险机构,应当达到有关风险管理的能力标准,必须符合分类监管的指标规定;具有健全的风险管理制度;建立投资资产的托管机制;具备相应的业务处理和风险管控系统;配备相应的专业人员;符合市场的业务规定;并满足中国保监会规定的其他条件。

保险机构开展利率互换业务,应经董事会批准,受托管理的资产管理公司,应与委托人签订开展利率互换业务的授权书,明确双方的权利义务关系。

保险机构开展利率互换业务,应当以避险保值为目的,不得用于投机或放大交易,其交易对手应当符合保险机构交易对手的监管规定。

保险机构开展利率互换业务的名义本金额不得超过该机构上季末固定收益资产的10%,与同一交易对手进行利率互换的名义本金额,不得超过该机构上季末固定收益资产的3%。这里所称固定收益资产,包括银行存款、债券和其他债权类投资工具。

保险机构开展利率互换业务,应当实时监测利率互换交易情况,定期评估相关风险。每月15日前向保监会报告评估结果。违反本通知及有关规定参与利率互换的,将依法给予行政处罚。

2.7 股权、不动产投资及其政策要点

2.7.1 股权投资

股权投资(Equity Investment),是指企业(或者个人)购买其他企业(准备上市、未上市公司)的股票,或以货币资金、无形资产和其他实物资产直接投资于其他单位,其最终目的是为了获得较大的经济利益,这种经济利益可以通过分得利润或股利获取,也可以通过其他方式取得。

股权投资通常是为长期(至少在一年以上)持有一个公司的股票或长期地投

资一个公司,以期达到控制被投资单位,或对被投资单位施加重大影响,或为了与被投资单位建立密切关系,以分散经营风险的目的。如被投资单位生产的产品为投资企业生产所需的原材料,在市场上这种原材料的价格波动较大,且不能保证供应,在这种情况下,投资企业通过所持股份,达到控制或对被投资单位施加重大影响,使其生产所需的原材料能够直接从被投资单位取得,而且价格比较稳定,保证其生产经营的顺利进行。

但是,如果被投资单位经营状况不佳,或者进行破产清算时,投资企业作为股东,也需要承担相应的投资损失。股权投资通常具有投资大、投资期限长、风险大以及能为企业带来较大的利益等特点。股权投资的利润空间相当广阔,一是企业的分红,二是一旦企业上市则会有更为丰厚的回报。同时还可享受企业的配股、送股等一系列优惠措施。

1. 股权投资的类型

(1) 控制,是指有权决定一个企业的财务和经营政策,并能据以从该企业的经营活动中获取利益;

(2) 共同控制,是指按合同约定对某项经济活动所共有的控制;

(3) 重大影响,是指对一个企业的财务和经营政策有参与决策的权力,但并不决定这些政策;

(4) 无控制,无共同控制且无重大影响。

2. 股权投资与债权投资的区别

股权投资是作为股东,有参与决策投票的权利,按照企业实现的利润享有红利;债权投资,是债主,相当于借钱给对方,没有投票权,只是按照债权的约定定期收取利息,并且这个利息一般是固定的,并且跟企业的经营情况没有直接关系。

把股权投资和债权投资这些长期投资与前面讲述的短期投资相比,二者的差别为:投资期限不同;投资方式不同;投资目的不同。

3. 股权的法律含义

股权就是指投资人由于向公民合伙和向企业法人投资而享有的权利。向合伙组织投资,股东承担的是无限责任;向法人投资,股东承担的是有限责任。所以二者虽然都是股权,但两者之间仍有区别。

向法人投资者股权的内容主要有:股东有只以投资额为限承担民事责任的权利;股东有参与制定和修改法人章程的权利;股东有自己出任法人管理者或决定法人管理者人选的权利;有参与股东大会、决定法人重大事宜的权利;有从企业法人那里分取红利的权利;股东有依法转让股权的权利;有在法人终止后收回剩余财产等权利。而这些权利都是源于股东向法人投资而享有的权利。

向合伙组织投资者的股权,除不享有上述股权中的第一项外,其他相应的权利完全相同。

股权和法人财产权及合伙组织财产权,均来源于投资财产的所有权。投资人向被投资人投资的目的是营利,是将财产交给被投资人经营和承担民事责任,而不是将财产拱手送给了被投资人。所以法人财产权和合伙组织的财产权是有限授权性质的权利。授予出的权利是被投资人财产权,没有授出的,保留在自己手中的权利和由此派生出的权利就是股权。两者都是不完整的所有权。被投资人的财产权主要体现投资财产所有权的外在形式,股权则主要代表投资财产所有权的核心内容。

4. 法人财产权和股权的相互关系

(1) 股权与法人财产权同时产生,它们都是投资产生的法律后果。

(2) 从总体上说股权决定法人财产权,但也有特殊和例外。因为股东大会是企业法人的权利机构,它作出的决议决定法人必需执行。而这些决议、决定正是投资人行使股权的集中体现。所以通常情况下,股权决定法人财产权。股权是法人财产权的内核,股权是法人财产权的灵魂。但在承担民事责任时法人却无需经过股东大会的批准、认可。这是法人财产权不受股权辖制的一个例外。这也是法人制度的必然要求。

(3) 股权从某种意义上说也可以说是对法人的控制权,取得了企业法人百分之百的股权,也就取得了对企业法人百分之百的控制权。股权掌握在国家手中,企业法人最终就要受国家的控制;股权掌握在公民手中,企业法人最终就要受公民的控制;股权掌握在母公司手中,企业法人最终就要受母公司的控制。

(4) 股权转让会导致法人财产的所有权整体转移,但却与法人财产权毫不相干。企业及其财产整体转让的形式就是企业股权的全部转让。全部股权的转让意味着股东大会成员的大换血,企业财产的易主。但股权全部转让不会影响企业注册资本的变化,不会影响企业使用的固定资产和流动资金;不会妨碍法人以其财产承担民事责任。所以法人财产权不会因为股权转让而发生改变。

股权与合伙组织财产权的相互关系与以上情况类似。股权虽然不能完全等同于所有权,但它是所有权的核心内容。享有股权的投资人是财产的所有者。股权不能离开法人财产权而单独存在,法人财产权也不能离开股权而单独存在。

5. 私募股权投资

私募股权(Private Equity)投资是指通过私募形式对私有企业,即非上市企业进行的权益性投资,在交易实施过程中附带考虑了将来的退出机制,即通过上市、并购或管理层回购等方式,出售持股获利。

在结构设计上,PE 一般涉及两层实体,一层是作为管理人的基金管理公司,一层则是基金本身。有限合伙制是国际最为常见的 PE 组织形式。一般情况下,基金投资者作为有限合伙人(Limited Partner,LP)不参与管理、承担有限责任;基金管理公司作为普通合伙人(General Partner,GP)投入少量资金,掌握管理和投资等各项决策,承担无限责任。

私募股权基金的运作方式是股权投资,即通过增资扩股或股份转让的方式,获得非上市公司股份,并通过股份增值转让获利。股权投资特点主要有:

(1) 股权投资的收益有时十分丰厚。股权投资以出资比例获取公司收益的分红,一旦被投资公司成功上市,私募股权投资基金的获利可能是几倍或几十倍。

(2) 股权投资伴随着高风险。股权投资通常需要经历若干年的投资周期,而因为投资于发展期或成长期的企业,被投资企业的发展本身有很大风险,如果被投资企业最后以破产惨淡收场,私募股权基金也可能血本无归。

(3) 股权投资可以提供全方位的增值服务。私募股权投资在向目标企业注入资本的时候,也注入了先进的管理经验和各种增值服务,这也是其吸引企业的关键因素。在满足企业融资需求的同时,私募股权投资基金能够帮助企业提升经营管理能力,拓展采购或销售渠道,融通企业与地方政府的关系,协调企业与行业内其他企业的关系。全方位的增值服务是私募股权投资基金的亮点和竞争力所在。

6. 股权投资原则

(1) 要端正投资态度。股权投资如同与他人合伙做生意,追求的是本金的安全和持续、稳定的投资回报,不论投资的公司能否在证券市场上市,只要它能给投资人带来可观的投资回报,即为理想的投资对象。由于公司上市能够带来股权价格的大幅上升,一些投资者急功近利的心态使其过于关注"企业上市"概念,以至于忽略了对企业本身的了解,这样就放大了投资风险,也给一些骗子带来了可乘之机。事实证明,很多以"海外上市"、暴利等为名义的投资诱惑,往往以骗局告终。毕竟,能上市的公司总是少数,寻找优质公司才是投资的正道。

(2) 要了解自己所投资的公司。要想投资成功,投资者一定要对自己的投资对象有一定程度的了解。例如公司管理人的经营能力、品质以及能否为股东着想,公司的资产状况、盈利水平、竞争优势如何等信息。由于大部分投资人的信息搜集能力有限,因此,投资者最好投资本地的优质企业。投资者可以通过在该企业或在银行、税务、工商部门工作的亲朋好友对其经营情况进行跟踪观察,也可通过一些渠道与企业高管进行沟通。

(3) 要知道控制投资成本。即使是优质公司,假如买入股权价格过高,也还是会导致投资回收期过长、投资回报率下降,算不得是一笔好的投资。因此,投资股权时一定要计算好按公司正常盈利水平收回投资成本的时间。通常情况下,时间要控制在 10 年之内。但有的投资者在买入股权时,总是拿股权上市后的价格与买入成本比较,很少考虑如果公司不能上市,何时才能收回成本,这种追求暴利的心态往往会使投资风险骤然加大。

7. 股权评估方法

对于股权投资,其评估方法一般都应用收益法。直接投资由于投资比重不同,可以分为全资投资、控股投资和非控股投资。

对全资企业和控股企业的直接投资,用整体企业评估方式评估确定其净资产额。对控股企业,应按投资股权比例计算应分得的净资产额,即对该企业直接投资的评估值。如果被投资企业经过评估,净资产额为零或为负值时,对该企业的直接投资的评估值为零。

对非控股的直接投资,一般应采用收益法进行评估。对投资份额很小,可根据被评估企业经过注册会计师审计的资产负债表上的净资产数额,再根据投资方应占的份额确定评估值。

2.7.2 不动产投资

不动产投资,是指投资者为了获取预期不确定的效益而将一定的现金收入转为不动产的经营行为。

不动产是指土地和土地上的定着物,包括各种建筑物,如房屋、桥梁、电视塔、地下排水设施、桥梁等;生长在土地上的各类植物,如树木、农作物、花草等。需要说明的是,植物的果实尚未采摘、收割之前,树木尚未砍伐之前,都是地上的定着物,属于不动产,一旦采摘、收割、砍伐下来,脱离了土地,则属于动产。

1. 不动产投资特征

(1)巨额性

不动产投资一般投资金额较大。

(2)长期性

不动产投资一般投资期限较长。

(3)风险性

一般不动产投资的收益具有不确定性。

(4)金融依赖性

不动产投资有较强的金融依赖性,往往依赖或有融资需求。

(5)专业性

不动产投资有较强的专业性,需要相关专业知识。

(6)高度关联性

不动产投资与相关产业关联度大。

2. 不动产投资的形式

(1)不动产投资按投资主体的不同,有国家不动产投资、企业不动产投资和个人不动产投资；

（2）不动产投资按投资方式不同，分为直接投资和间接投资；

（3）不动产投资按投资项目不同，分为地产投资、住宅房地产投资、商业房地产投资、工业房地产投资。

3. 保险机构投资的不动产

保险机构的不动产投资是指保险资金用于购买土地、建筑物、商业建筑等投资。这里保险公司所持有的不动产可分为营业用不动产与投资用不动产两类。保险资金投资不动产，有利于保证长期安全收益；有利于回避通货膨胀；也有利于实现保险投资的社会性。

2.7.3 保险资金投资股权、不动产的政策要点

1.《关于保险资金投资股权和不动产有关问题的通知》中的政策要点

为进一步规范保险资金投资股权和不动产行为，增强投资政策的可行性和有效性，防范投资风险，保障资产安全，根据《保险资金运用管理暂行办法》《保险资金投资股权暂行办法》（以下简称《股权办法》）和《保险资金投资不动产暂行办法》（以下简称《不动产办法》），保监会以保监发〔2012〕59 号文的形式下发了《关于保险资金投资股权和不动产有关问题的通知》，就有关事项予以了调整、明确，主要内容如下：

（1）调整事项

① 保险公司投资股权或者不动产，不再执行上一会计年度盈利的规定；上一会计年度净资产的基本要求均调整为 1 亿元人民币；偿付能力充足率的基本要求调整为上季度末偿付能力充足率不低于 120％；开展投资后，偿付能力充足率低于 120％的，应当及时调整投资策略，采取有效措施，控制相关风险。

② 保险公司投资自用性不动产，其专业人员的基本要求，调整为资产管理部门应当配备具有不动产投资和相关经验的专业人员。

③ 保险资金直接投资股权的范围，增加了能源企业、资源企业和与保险业务相关的现代农业企业、新型商贸流通企业的股权，且该股权指向的标的企业应当符合国家宏观政策和产业政策，具有稳定的现金流和良好的经济效益。

④ 保险资金投资股权投资基金,发起设立并管理该基金投资机构的资本要求调整为注册资本或者认缴资本不低于 1 亿元人民币。

⑤ 保险资金投资的股权投资基金,包括成长基金、并购基金、新兴战略产业基金和以以上股权投资基金为投资标的的母基金。其中,并购基金的投资标的,可以包括公开上市交易的股票,但仅限于采取战略投资、定向增发、大宗交易等非交易过户方式,且投资规模不高于该基金资产余额的 20%。新兴战略产业基金的投资标的,可以包括金融服务企业股权、养老企业股权、医疗企业股权、现代农业企业股权以及投资建设和管理运营公共租赁住房或者廉租住房的企业股权。母基金的交易结构应当简单明晰,不得包括其他母基金。

⑥ 保险资金投资的股权投资基金,非保险类金融机构及其子公司不得实际控制该基金的管理运营,或者不得持有该基金的普通合伙权益。

⑦ 保险公司重大股权投资和购置自用性不动产,除使用资本金外,还可以使用资本公积金、未分配利润等自有资金。保险公司非重大股权投资和非自用性不动产投资,可以运用自有资金、责任准备金及其他资金。

⑧ 保险公司投资未上市企业股权、股权投资基金等相关金融产品,可以自主确定投资方式,两项合计的账面余额所占公司资产比例有所上调。

(2) 明确事项

① 保险集团(控股)公司及其保险子公司投资股权和不动产,可以整合集团内部资源,在保险机构建立股权和不动产投资专业团队,由该专业团队统一提供咨询服务和技术支持。该专业团队所在的保险机构,应当分别符合《股权办法》有关专业机构、《不动产办法》有关投资机构的规定。不动产投资机构仅为保险公司投资不动产提供咨询服务和技术支持的,应当具有 10 名以上不动产投资和相关经验的专业人员,其中具有 5 年以上相关经验的不少于 2 名,具有 3 年以上相关经验的不少于 3 名。

保险公司投资股权和不动产,聘请专业机构或者投资机构提供投资咨询服务和技术支持的,该保险公司资产管理部门应当配备不少于 2 名具有 3 年以上股权投资和相关经验的专业人员,以及不少于 2 名具有 3 年以上不动产投资和相关经验的专业人员。保险公司间接投资股权或者不动产相关金融产品的,专业人员的基本要求不变。

② 保险资金投资的股权投资基金,发起设立并管理该基金的投资机构,其退出项目的最低要求,是指该机构专业人员作为投资主导人员,合计退出的项目数量;其管理资产的余额,是指在中国境内以人民币计价的实际到账资产和资金的余额。

③ 保险资金以间接方式投资公共租赁住房和廉租住房项目,该类项目应当经政府审定,权证齐全合法有效,地处经济实力较强、财政状况良好、人口增长速度较为稳定的大城市。

④ 保险公司不得用其投资的不动产提供抵押担保。保险公司以项目公司股权方式投资不动产的,该项目公司可用自身资产抵押担保,通过向其保险公司股东借款等方式融资,融资规模不超过项目投资总额的40%。

⑤ 保险公司根据业务发展需求,可以自主调整权属证明清晰的不动产项目属性,自用性不动产转换为投资性不动产的,应当符合投资性不动产的相关规定,并在完成转换后30个工作日内,向中国保监会报告。

（3）其他事项

① 保险公司投资股权和不动产,应当制定完善的管理制度、操作流程、内部控制及稽核规定,防范操作风险、道德风险和利益输送行为,杜绝不正当关联交易和他项交易。保险公司高级管理人员和相关投资人员,不得以个人名义或假借他人名义,投资该公司所投资股权或不动产项目。

② 保险公司以股权方式投资不动产,应当严格规范项目公司名称,限定其经营范围。项目公司不得对外进行股权投资。

③ 保险公司投资不动产项目,应当明确投资人定位,委托具备相应资质的开发机构代为建设,不得自行开发建设投资项目,不得将保险资金挪做他用。

④ 保险公司投资不动产,不得以投资性不动产为目的,运用自用性不动产的名义,变相参与土地一级开发。保险公司转换自用性不动产和投资性不动产属性时,应当充分论证转换方案的合理性和必要性,确保转换价值公允,不得利用资产转换进行利益输送或者损害投保人利益。

⑤ 保险公司以外币形式出资,投资中国境内未上市企业股权或者不动产,纳入《保险资金境外投资管理暂行办法实施细则》管理。

2.《股权办法》中的政策要点

保监会在上述政策调整通知下发前,以保监发〔2010〕79号文件形式对保险资金投资股权进行规范的《股权办法》中的政策要点依然部分适用,主要包括:

保险公司直接投资股权,应当符合下列条件:

(1) 具有完善的公司治理、管理制度、决策流程和内控机制;

(2) 具有清晰的发展战略和市场定位,开展重大股权投资的,应当具有较强的并购整合能力和跨业管理能力;

(3) 建立资产托管机制,资产运作规范透明;

(4) 资产管理部门拥有不少于5名具有3年以上股权投资和相关经验的专业人员,开展重大股权投资的,应当拥有熟悉企业经营管理的专业人员;

(5) 最近三年未发现重大违法违规行为。

保险公司投资保险类企业股权,可不受前款第(2)(4)项的限制。

这里所称重大股权投资,是指拟投资非保险类金融企业或者对与保险业务相关企业实施控制的投资行为。

保险公司投资股权投资基金的,发起设立并管理该基金的投资机构,应当符合监管相应规定条件。

保险资金投资企业股权,应聘请专业机构提供有关服务。专业机构应符合相应资质条件。

为保险资金提供资产托管服务的商业银行,应当接受中国保监会涉及保险资金投资的质询,并报告有关情况。

保险资金直接或者间接投资股权,该股权所指向的企业,应当符合下列条件:

(1) 依法登记设立,具有法人资格;

(2) 符合国家产业政策,具备国家有关部门规定的资质条件;

(3) 股东及高级管理人员诚信记录和商业信誉良好;

(4) 产业处于成长期、成熟期或者是战略新型产业,或者具有明确的上市意向及较高的并购价值;

(5) 具有市场、技术、资源、竞争优势和价值提升空间,预期能够产生良好的现金回报,并有确定的分红制度;

（6）管理团队的专业知识、行业经验和管理能力与其履行的职责相适应；

（7）未涉及重大法律纠纷，资产产权完整清晰，股权或者所有权不存在法律瑕疵；

（8）与保险公司、投资机构和专业机构不存在关联关系，监管规定允许且事先报告和披露的除外；

（9）中国监管部门规定的其他审慎性条件。

保险资金不得投资不符合国家产业政策、不具有稳定现金流回报预期或者资产增值价值、高污染、高耗能、未达到国家节能和环保标准、技术附加值较低等企业的股权。

保险机构不得运用以借贷、发债、回购、拆借等方式筹措的资金投资企业股权，中国保监会对发债另有规定的除外。

保险资金投资股权涉及关联关系的，其投资决策和具体执行过程，应当按照关联交易的规定，采取有效措施，防止股东、董事、监事、高级管理人员及其他关联方，利用其特殊地位，通过关联交易或者其他方式侵害保险公司和被保险人利益，不得进行内幕交易和利益输送。

保险资金直接投资股权，应当聘请符合规定要求的专业机构提供尽职调查、投资咨询及法律咨询等专业服务。

保险资金间接投资股权，应当对投资机构的投资管理能力及其发行的投资基金进行投资管理能力评估。

保险资金间接投资股权，还应当要求投资机构提供投资基金募集说明书等文件，或者依据协议约定，提供有关论证报告或者尽职调查报告。

保险资金投资企业股权，应当充分行使法律规定的权利，通过合法有效的方式，维护保险当事人的合法权益。

重大股权投资，应当通过任命或者委派董事、监事、经营管理层或者关键岗位人选，确保对企业的控股权或者控制力，维护投资决策和经营管理的有效性；其他直接股权投资，应当通过对制度安排、合同约定、交易结构、交易流程的参与和影响，维护保险当事人的知情权、收益权等各项合法权益。

保险资金间接投资股权，应当与投资机构签订投资合同或者协议，载明管理费率、业绩报酬、管理团队关键人员变动、投资机构撤换、利益冲突处理、异常情况处置等事项;还应当与投资基金的其他投资人交流信息,分析所投基金和基金行业的相关报告,比较不同投资机构的管理状况,通过与投资机构沟通交流及考察投资基金所投资企业等方式,监督投资基金的投资行为。

投资基金采取公司型的,应当建立独立董事制度,完善治理结构;采取契约型的,应当建立受益人大会;采取合伙型的,应当建立投资顾问委员会。保险资金间接投资股权,可以要求投资机构按照约定比例跟进投资,并在投资合同或者发起设立协议中载明。

保险资金投资企业股权,应当加强投资期内投资项目的后续管理,建立资产增值和风险控制为主导的全程管理制度。

保险资金投资企业股权,应当参照国际惯例,依据市场原则,协商确定投资管理费率和业绩报酬水平,并在投资合同中载明。投资机构应当综合考虑资产质量、投资风险与收益等因素,确定投资管理费率,兑现业绩报酬水平,倡导正向激励和引导,防范逆向选择和道德风险。

保险资金投资企业股权,应当聘请符合规定的专业机构,采用两种以上国际通用的估值评估方法,持续对所投股权资产进行估值和压力测试,得出审慎合理的估值结果,并向中国保监会报告。估值方法包括但不限于基于资产的账面价值法、重置成本法、市场比较法、现金流量折现法以及倍数法等。

保险资金投资企业股权,应当遵守《股权办法》及相关规定,承担社会责任,恪守道德规范,充分保护环境,做负责任的机构投资者。

保险资金投资企业股权,应当注重投资管理制度、风险控制机制、投资行为规范和激励约束安排等基础建设,建立项目评审、投资决策、风险控制、资产托管、后续管理、应急处置等业务流程,制定风险预算管理政策及危机解决方案,实行全面风险管理和持续风险监控,防范操作风险和道德风险。

保险资金投资企业股权,应根据保险产品特点、资金结构、负债匹配管理需要及有关监管规定,合理运用资金,多元配置资产,分散投资风险。

保险资金投资企业股权,应当遵守《股权办法》及有关规定,确保投资项目和运作方式合法合规。所投企业应当符合国家法律法规和《股权办法》规定,具有完备的经营要件。

保险资金投资企业股权,应当建立重大突发事件应急处理机制和责任追究制度。

保险资金投资企业股权,应当建立有效的退出机制。退出方式包括但不限于企业股权的上市、回购、协议转让及投资基金的买卖或者清算等。

保险资金投资企业股权,可以采取债权转股权的方式进入,也可以采取股权转债权的方式退出。

保险公司投资企业股权,应当要求投资机构按照有关规定和合同约定,向本公司及相关当事人履行信息披露义务。信息披露至少包括投资团队、投资运作、项目运营、资产价值、后续管理、关键人员变动,以及已投资企业的经营管理、主要风险及重大事项等内容,重大事项包括但不限于股权纠纷、债务纠纷、司法诉讼等。

保险公司进行重大股权投资,应当向中国保监会申请核准,提交以下书面材料:

(1) 股东(大)会或者董事会投资决议;

(2) 主营业务规划、投资规模及业务相关度说明;

(3) 专业机构提供的财务顾问报告、尽职调查报告和法律意见书;

(4) 投资可行性报告、合规报告、关联交易说明、后续管理规划及业务整合方案;

(5) 有关监管部门审核或者主管机关认可的股东资格说明;

(6) 投资团队及其管理经验说明;

(7) 附生效条件的投资协议,特别注明经有关监管机构或者部门核准后生效;

(8) 中国保监会规定的其他审慎性内容。

中国保监会审核期间,拟投资企业出现下列情形之一的,可以要求保险公司停止该项股权投资:

(1) 出现或者面临巨额亏损、巨额民事赔偿、税收政策调整等重大不利财务事项;

(2) 出现或者面临核心业务人员大量流失、目标市场或者核心业务竞争力丧失等重大不利变化;

(3) 有关部门对其实施重大惩罚性监管措施;

（4）中国保监会认为可能对投资产生重大影响的其他不利事项。

重大股权投资的股权转让或者退出，应当向中国保监会报告，说明转让或者退出的理由和方案，并附股东（大）会或者董事会相关决议。保险公司进行非重大股权投资和投资基金投资的，应当在签署投资协议后 5 个工作日内，向中国保监会报告。

保险公司投资企业股权，应当于每季度结束后 15 个工作日内和每年 3 月 31 日前分别向中国保监会提交季度报告和年度报告，并附以下书面材料：

（1）投资情况；

（2）资本金运用；

（3）资产管理及运作；

（4）资产估值；

（5）资产质量及主要风险；

（6）重大突发事件及处置；

（7）中国保监会规定的其他审慎性内容。

除上述内容外，年度报告还应当说明投资收益及分配、资产认可及偿付能力、投资能力变化等情况，并附经专业机构审计的相关报告。

保险公司投资企业股权，出现偿付能力不足、重大经营问题、存在重大投资风险，或者可能对金融体系、金融行业和金融市场产生不利影响的，中国保监会应当采取有关法律法规规定的停止投资业务、限制投资比例、调整投资人员、责令处置股权资产、限制股东分红和高管薪酬等监管措施。保险公司投资企业股权后，不能持续符合关键规定的，中国保监会应当责令予以改正。

违规投资的企业股权资产，中国保监会按照有关规定不计入认可资产范围。突发事件或者市场变化等非主观因素，造成企业股权投资比例超过《股权办法》规定的，保险公司应当在 3 个月内，按照规定调整投资比例。保险资金投资企业股权的资产评估标准、方法及风险因子的规则，由中国保监会另行规定。

保险公司不得与列入不良记录名单的投资机构和专业机构发生业务往来。

符合保监会规定，且上一会计年度盈利，净资产不低于 5 亿元的保险资产管理机构，可以运用资本金直接投资非保险类金融企业股权。

保险资金投资基础设施类企业股权，按照《股权办法》有关规定执行。

3.《不动产办法》中的政策要点

保监会在〔2012〕59号文下发前,以保监发〔2010〕80号文件形式对保险资金投资不动产进行规范的政策仍然有效,其内容要点如下:

保险资金投资的不动产,是指土地、建筑物及其他附着于土地上的定着物。保险资金可以投资基础设施类不动产、非基础设施类不动产及不动产相关金融产品。其中,保险资金投资基础设施类不动产,另有其他相关规定;投资非基础设施类不动产及相关金融产品的遵照《不动产办法》。

保险公司投资不动产,应当符合下列条件:

(1) 具有完善的公司治理、管理制度、决策流程和内控机制;

(2) 实行资产托管机制,资产运作规范透明;

(3) 资产管理部门拥有的人员符合监管部门规定;

(4) 偿付能力及净资产符合监管规定;

(5) 具有与所投资不动产及不动产相关金融产品匹配的资金,且来源充足稳定;

(6) 最近三年未发现重大违法违规行为。

保险公司聘请投资机构提供不动产投资管理服务的,可以适当放宽专业人员的数量要求。

为保险资金投资不动产提供投资管理服务的投资机构,应当符合下列条件:

(1) 在中国境内依法注册登记,具有国家有关部门认可的业务资质;

(2) 具有完善的公司治理,市场信誉良好,管理科学高效,投资业绩稳定;

(3) 具有健全的操作流程和风险管理、内部控制及稽核制度,且执行有效;

(4) 注册资本不低于1亿元;

(5) 管理资产余额不低于50亿元,具有丰富的不动产投资管理和相关经验;

(6) 拥有不少于15名具有不动产投资和相关经验的专业人员,其中具有5年以上相关经验的不少于3名,具有3年以上相关经验的不少于4名;

(7) 接受中国保监会涉及保险资金投资的质询,并报告有关情况;

(8) 最近三年未发现重大违法违规行为;

(9) 中国保监会规定的其他审慎性条件。

符合上述条件的投资机构,可以为保险资金投资不动产提供有关专业服务,发起设立或者发行不动产相关金融产品。

为保险资金投资不动产提供有关服务的专业机构,应当符合下列条件:

(1) 具有经国家有关部门认可的业务资质;

(2) 具有完善的管理制度、业务流程和内控机制;

(3) 熟悉保险资金不动产投资的法律法规、政策规定、业务流程和交易结构,具有承办投资不动产相关服务的经验和能力,且商业信誉良好;

(4) 与保险资金投资不动产的相关当事人不存在关联关系;

(5) 接受中国保监会涉及保险资金投资的质询,并报告有关情况;

(6) 最近三年未发现重大违法违规行为;

(7) 中国保监会规定的其他审慎性条件。

为保险资金投资不动产提供资产托管服务的商业银行,应当接受中国保监会涉及保险资金投资的质询,并报告有关情况。

保险资金可以投资符合下列条件的不动产:

(1) 已经取得国有土地使用权证和建设用地规划许可证的项目;

(2) 已经取得国有土地使用权证、建设用地规划许可证、建设工程规划许可证、施工许可证的在建项目;

(3) 取得国有土地使用权证、建设用地规划许可证、建设工程规划许可证、施工许可证及预售许可证或者销售许可证的可转让项目;

(4) 取得产权证或者他项权证的项目;

(5) 符合条件的政府土地储备项目。

保险资金投资的不动产,应当产权清晰,无权属争议,相应权证齐全合法有效;地处直辖市、省会城市或者计划单列市等具有明显区位优势的城市;管理权属相对集中,能够满足保险资产配置和风险控制要求。

保险资金可以投资符合下列条件的不动产相关金融产品:

(1) 投资机构符合相关规定;

(2) 经国家有关部门认可,在中国境内发起设立或者发行,由专业团队负责管理;

(3) 基础资产或者投资的不动产位于中国境内,符合相关投资要求;

（4）实行资产托管制度，建立风险隔离机制；

（5）具有明确的投资目标、投资方案、后续管理规划、收益分配制度、流动性及清算安排；

（6）交易结构清晰，风险提示充分，信息披露真实完整；

（7）具有登记或者簿记安排，能够满足市场交易或者协议转让需要。

不动产相关金融产品属于固定收益类的，应当具有中国保监会认可的国内信用评级机构评定的 AA 级或者相当于 AA 级以上的长期信用级别，以及合法有效的信用增级安排；属于权益类的，应当建立相应的投资权益保护机制。

保险资金投资不动产，应当合理安排持有不动产的方式、种类和期限。以债权、股权、物权方式投资的不动产，其剩余土地使用年限不得低于 15 年，且自投资协议签署之日起 5 年内不得转让。保险公司内部转让自用性不动产，或者委托投资机构以所持有的不动产为基础资产，发起设立或者发行不动产相关金融产品的除外。

保险公司投资不动产，不得有下列行为：

（1）提供无担保债权融资；

（2）以所投资的不动产提供抵押担保；

（3）投资开发或者销售商业住宅；

（4）直接从事房地产开发建设（包括一级土地开发）。

保险资金投资不动产，应当建立规范有效的业务流程和风控机制，涵盖项目评审、投资决策、合规审查、投资操作、管理运营、资产估值、财务分析、风险监测等关键环节，形成风险识别、预警、控制和处置的全程管理体系，并定期或者不定期进行压力测试，全面防范和管理不动产投资风险。

保险资金投资不动产，应当按照监管规定和内控要求，规范完善决策程序和授权机制，确定股东（大）会、董事会和经营管理层的决策权限及批准权限。

决策层和执行层应当各司其职，谨慎决策，勤勉尽责，充分考虑不动产投资风险，按照资产认可标准和资本约束，审慎评估不动产投资对偿付能力和收益水平的影响，严格履行相关程序，并对决策和操作行为负责。保险资金投资不动产不得采用非现场表决方式。

保险资金投资不动产，应当聘请符条规定条件的专业机构，提供尽职调查报告和法律意见书,制定有效的投资方案、经营计划和财务预算,并通过科学的交易结构和完善的合约安排,控制投资管理和运营风险。

保险资金以股权方式投资不动产,拟投资的项目公司应当为不动产的直接所有权人,且该不动产为项目公司的主要资产。项目公司应当无重大法律诉讼,且股权未因不动产的抵押设限等落空或者受损。

以股权方式投资不动产,应当向项目公司派驻董事、高级管理人员及关键岗位人员,并对项目公司的股权转让、资产出售、担保抵押、资金融通等重大事项发表意见,维护各项合法权益。

保险资金以债权方式投资不动产,应当在合同中载明还款来源及方式、担保方式及利率水平、提前或者延迟还款处置等内容。债务人应当具有良好的财务能力和偿债能力,无重大违法违规行为和不良信用记录。

保险资金以物权方式投资不动产,应当及时完成不动产物权的设立、限制、变更和注销等权属登记,防止因漏登、错登造成权属争议或者法律风险。对权证手续设限的不动产,应当通过书面合同,约定解限条件、操作程序、合同对价支付方式等事项,防范和控制交易风险。

保险资金投资不动产相关金融产品,应当对该产品的合法合规性、基础资产的可靠性和充分性,及投资策略和投资方案的可行性,进行尽职调查和分析评估。持有产品期间,应当要求投资机构按照投资合同或者募集说明书的约定,严格履行职责,有效防范风险,维护投资人权益。

保险资金投资不动产,应当实行资金专户管理,督促开户银行实行全程监控,严格审查资金支付及相关对价取得等事项。

保险资金投资不动产,应当合理确定交易价格。保险公司、投资机构与托管机构、专业机构不得存在关联交易。保险公司与投资机构存在关联交易的,不得偏离市场独立第三方的价格或者收费标准,不得通过关联交易或者其他方式侵害保险公司利益。

保险资金投资不动产,应当加强资产后续管理,建立和完善管理制度,设置专门岗位,配置管理人员,监测不动产市场情况,评估不动产资产价值和质量,适时调整不动产投资策略和业态组合,防范投资风险、经营风险和市场风险。出现重大投资风险的,应当及时启动应急预案,并向中国保监会报告风险原因、损失状况、处置措施及后续影响等情况。

保险资金投资不动产,应当明确相关人员的风险责任和岗位职责,并建立责任追究制度。

保险资金投资不动产,应当要求投资机构按照法律法规、有关规定及合同约定,履行信息披露义务。

保险公司投资不动产,投资余额超过 20 亿元或者超过可投资额度 20% 的,应当在投资协议签署后 5 个工作日内,向中国保监会报告;对已投资不动产项目追加投资的,应当经董事会审议,并在投资协议签署后 5 个工作日内,向中国保监会报告。

报告的内容,应当至少包括董事会或者其授权机构决议、可行性研究报告、资产配置计划、合法合规报告、资产评估报告、风险评估报告、关联交易说明、偿付能力分析、后续管理方案、法律意见书、投资协议书等。

保险公司投资不动产,应当在每季度结束后的 15 个工作日内和每年 3 月 31 日前,向中国保监会提交季度报告和年度报告,至少包括以下内容:

(1) 投资总体情况;

(2) 资本金运用情况;

(3) 资产管理及运作情况;

(4) 资产估值;

(5) 资产风险及质量;

(6) 重大突发事件及处置情况;

(7) 中国保监会规定的其他审慎性内容。

除上述内容外,年度报告还应当说明投资收益及分配、资产认可及偿付能力、投资能力变化等情况,并附经专业机构审计的相关报告。

中国保监会依法对保险公司投资不动产进行现场监管和非现场监管,必要时可以聘请专业机构协助检查。

保险公司投资不动产,出现偿付能力不足、重大经营问题、存在重大投资风险,或者可能对金融体系、金融行业和金融市场产生不利影响的,中国保监会应当采取有关法律法规规定的停止投资业务、限制投资比例、调整投资人员、责令处置不动产资产、限制股东分红和高管薪酬等监管措施。

2.8　海外投资及其政策要点

2.8.1　保险资金境外投资新规

为加强保险资金境外投资监管,进一步扩大保险资产的国际配置空间,优化配置结构,防范资金运用风险,同时为适应相关保险业务外汇管理政策的变化,保监会以保监发〔2015〕33 号文的形式下发了《中国保监会关于调整保险资金境外投资有关政策的通知》(以下简称《通知》),对保险资金境外投资政策予以进一步调整、细化和明确,要点如下。

(1) 对保险集团(控股)公司、保险公司开展境外投资的专业人员数量和资质的要求,调整为应当配备至少 2 名境外投资风险责任人,风险责任人包括行政责任人和专业责任人,其责任内容、资质条件、履职和培训要求、信息报告和处罚事项等参照《关于保险机构投资风险责任人有关事项的通知》(保监发〔2013〕28号)及相关规定执行。

(2) 保险资产管理公司、保险机构或保险资产管理公司在香港设立的资产管理机构受托管理集团内保险机构的保险资金开展境外投资时,投资市场由香港市场扩展至《保险资金境外投资管理暂行办法实施细则》(保监发〔2012〕93号)附件(见本章附件)所列的国家或者地区金融市场。

(3) 保险资金投资境外政府债券、政府支持性债券、国际金融组织债券、公司债券和可转换债券等固定收益类产品时,计价货币不限于国际主要流通货币,应具备的信用评级由"发行人和债项均获得国际公认评级机构 BBB 级或者相当于 BBB 级以上的评级"调整为"债项获得国际公认评级机构 BBB－级或者相当于 BBB－级以上的评级"。

(4) 保险机构投资境外的股票由本章附件所列国家或者地区证券交易所主板市场挂牌交易的股票扩展为上述主板市场和香港创业板市场挂牌交易的股票。

(5) 保险机构申请境外投资委托人资格应当具备的"具有经营外汇业务许

可证"条件,调整为"具有经营外汇保险业务的相关资格";申请境外投资委托人资格需要提交的"经营外汇业务许可证复印件"相关材料,调整为"经营外汇保险业务的相关证明材料"。

(6)保险资产管理公司的自有资金开展境外投资参照《保险资金境外投资管理暂行办法》和《通知》的相关规定执行。

2.8.2 保险资金境外投资管理暂行办法实施细则政策要点

为规范保险资金境外投资运作行为,防范投资管理风险,实现保险资产保值增值,根据《保险资金境外投资管理暂行办法》(以下简称《办法》)保监会以保监发〔2012〕93号文的形式制定了《保险资金境外投资管理暂行办法实施细则》(以下简称《细则》)。要点如下:

保险资金境外投资当事人,应当根据《办法》和《细则》规定,充分研判拟投资国家或者地区的政治、经济和法律等风险,审慎开展境外投资。

1. 资质条件

委托人应当满足下列条件:

(1)建立健全的法人治理结构和完善的资产管理体制,内部管理制度和风险控制制度符合《保险资金运用风险控制指引》的规定;

(2)具有较强的投资管理能力、风险评估能力和投资绩效考核能力;

(3)具有明确的资产配置政策和策略,实行严格的资产负债匹配管理;

(4)投资管理团队运作行为规范,主管投资的公司高级管理人员从事金融或者其他经济工作10年以上;

(5)财务稳健,资信良好,偿付能力充足率和风险监控指标符合中国保监会有关规定,近3年没有重大违法、违规记录;

(6)具有经营外汇业务许可证;

(7)设置境外投资相关岗位,境外投资专业人员不少于3人,其中具有3年以上境外证券市场投资管理经验人员不少于2人;

(8)投资时上季度末偿付能力充足率不低于120%;

(9)投资境外未上市企业股权、不动产及相关金融产品,投资管理能力应当符合有关规定。

境内受托人应当满足下列条件：

（1）具有从事保险资产管理业务的相关资格；

（2）建立健全的法人治理结构和有效的内部管理制度；

（3）建立严密的风险控制机制，具有良好的境外投资风险管理能力、安全高效的交易管理系统和财务管理系统；

（4）具有经验丰富的管理团队，擅长境外投资和保险资产管理业务，配备一定数量的投资专业人员，主管该投资的公司高级管理人员从事金融或者其他经济工作10年以上；

（5）实收资本和净资产均不低于人民币1亿元或者等值的自由兑换货币，资本规模和受托管理的资产管理规模符合中国保监会规定；

（6）财务稳健，资信良好，风险监控指标符合中国保监会的有关规定，近3年没有重大违法、违规记录；

（7）具有3年以上保险资产管理经验；

（8）最近一个会计年度受托管理资产规模不低于人民币100亿元；

（9）境外投资专业人员不少于5人，其中具有5年以上境外证券市场投资管理经验人员不少于3人，3年以上境外证券市场投资管理经验人员不少于2人。

境外受托人除符合《办法》中对公司治理、内控、人员要求规定外，还应当满足下列条件：

（1）具有5年以上国际资产管理经验，以及3年以上养老金或者保险资产管理经验；

（2）最近一个会计年度实收资本或者净资产不低于3 000万美元或者等值可自由兑换货币；

（3）最近一年平均管理资产规模不低于300亿美元或者等值可自由兑换货币；管理非关联方资产不低于管理资产总规模的50%，或者不低于300亿美元或者等值可自由兑换货币；

（4）投资团队符合所在国家或地区从业资格要求，且平均从业经验5年以上，其中主要投资管理人员从业经验8年以上；

(5) 具有良好的过往投资业绩。

受托人母公司或者其集团内所属资产管理机构管理的资产规模可以合并计算，但不包括投资顾问、投资银行等管理或者涉及的资产。

保险资金投资股权投资基金，发起并管理该基金的股权投资机构，应当符合下列条件：

(1) 实收(缴)资本或者净资产不低于 1 500 万美元或者等值可自由兑换货币；

(2) 累计管理资产规模不低于 10 亿美元或者等值可自由兑换货币，且过往业绩优秀，商业信誉良好。

2. 投资规范

保险资金境外投资应当选择本章附件所列国家或者地区的金融市场，且投资下列品种：

(1) 货币市场类。包括期限不超过 1 年的商业票据、银行票据、大额可转让存单、逆回购协议、短期政府债券和隔夜拆出等货币市场工具或者产品。

货币市场类工具(包括逆回购协议用于抵押的证券)的发行主体应当获得 A 级或者相当于 A 级以上的信用评级。

(2) 固定收益类。包括银行存款、政府债券、政府支持性债券、国际金融组织债券、公司债券、可转换债券等固定收益产品。

(3) 权益类。包括普通股、优先股、全球存托凭证、美国存托凭证、未上市企业股权等权益类工具或者产品。

股票以及存托凭证应当在本章附件所列国家或者地区证券交易所主板市场挂牌交易。

直接投资的未上市企业股权，限于金融、养老、医疗、能源、资源、汽车服务和现代农业等企业股权。

(4) 不动产。直接投资的不动产，限于位于本章附件所列发达市场主要城市的核心地段，且具有稳定收益的成熟商业不动产和办公不动产。

保险资金投资的境外基金，应当满足下列条件：

(1) 证券投资基金。经本章附件所列国家或者地区证券监督管理机构认可，或者登记注册；基金管理人符合前述规定；可供追溯的过往业绩不少于 3 年；

结构简单明确,基础资产清晰;货币市场基金还应当获得 AAA 级或者相当于 AAA 级的评级;

(2) 股权投资基金。投资标的处于成长期、成熟期或者具有较高并购价值,不受本章附件所列国家和地区的限制;认缴资金规模不低于 3 亿美元或者等值可自由兑换货币,且实缴资金按认缴规模配比到位;

基金管理人拥有 10 名以上具有股权投资和相关经验的专业人员;高级管理人员中,具有 8 年以上相关经验的不少于 2 名,且具有完整的基金募集、管理和退出经验,主导并退出的项目不少于 5 个(母基金除外);至少有 3 名主要专业人员共同工作满 3 年;具有完善的治理结构、有效的激励约束机制和利益保护机制;设定关键人条款,能够确保管理团队的专属性。

保险资金可以投资以符合前款规定的股权投资基金为标的的母基金。母基金的交易结构应当简单明晰,不得包括其他母基金。

保险资金投资的股权投资基金,金融机构及其子公司不得实际控制该基金的管理运营,不得持有该基金的普通合伙权益。

(3) 房地产信托投资基金(REITs)。基金在本章附件所列国家或者地区交易所挂牌交易。

保险资金境外投资不得有下列行为:

(1) 投资实物商品、贵重金属或者代表贵重金属的凭证和商品类衍生工具;

(2) 利用证券经营机构融资,购买证券及参与未持有基础资产的卖空交易;

(3) 除为交易清算目的拆入资金外,以其他任何形式借入资金。

3. 监督管理

委托人应当按照规定,向中国保监会报告下列事项:

(1) 重大报告。签订资产委托管理协议和托管协议,签订和调整投资指引,应当在 5 个工作日内报告;受托人和托管人发生重大突发事件,或者投资市场发生影响保险资产安全和投资业绩的重大突发事件,应当在 3 个工作日内报告,报告事项应当至少包括资产保全和风险防范措施;

(2) 季度报告。每季度结束后 30 个工作日内,报告境外投资情况、风险评估报告、境外投资结算账户余额和收支情况及关联交易;

(3) 年度报告。每年 4 月 30 日前,报告上一年度受托人和托管人管理保险资金的评估报告。

保险机构开展境外股权和不动产投资,应当参照境内相关规定,履行核准或者报告义务。

附件:可投资国家或地区

一、发达市场		
澳大利亚	中国香港	葡萄牙
奥地利	爱尔兰	新加坡
比利时	以色列	西班牙
加拿大	意大利	瑞 典
丹 麦	日 本	瑞 士
芬 兰	荷 兰	英 国
法 国	卢森堡	美 国
德 国	新西兰	
希 腊	挪 威	
二、新兴市场		
巴 西	印度尼西亚	波 兰
智 利	韩 国	俄罗斯
哥伦比亚	马来西亚	南 非
捷克共和国	墨西哥	中国台湾
埃 及	摩洛哥	泰 国
匈牙利	秘 鲁	土耳其
印 度	菲律宾	

3

保险资金运用的内控管理

3.1 企业内控管理要求总论

无论国内还是国外,很多企业失败或倒闭是由于其内部控制出现严重问题而导致的。例如,公司治理存在问题;重大资金或项目内部授权或审批存在问题;业务流程、关联交易及风险管理存在问题等,并由此导致投资决策出现重大失误等。有时一个重大决策失误或风险事件会对企业造成致命的伤害。因此可以看出加强企业内控管理是多么重要。

内部控制是由企业董事会(决策、治理机构)、管理层和全体员工共同实施的,旨在合理保证企业战略,经营的效率和效果,财务报告及管理信息的真实、可靠和完整,资产的安全完整,遵循国家法律法规和有关监管要求的一系列控制活动。

财政部、证监会、审计署、银监会和保监会(简称五部委)于 2008 年 6 月 28 日联合发布了《企业内部控制基本规范》,并附有应用指引,适用于境内设立的大中型企业。要求上市公司于 2009 年 7 月 1 日起开始实施,对公司内部控制的有效性进行自我评价,披露年度自我评价报告。要求上市公司聘请具有证券、期货业务资格的中介机构对内部控制的有效性进行审计。鼓励非上市的大中型企业执行,小企业和其他单位可以参照本规范建立与实施内部控制。

3.1.1 内部控制的理念、原则、方法

内部控制是一个不断发展、变化、完善的过程，它持续地流动于组织之中，并随着企业经营管理的新情况、新要求适时改进。

内部控制由组织中各个层级的人员共同实施，从企业负责人，到各个业务分部、职能部门的负责人，直至企业每一个普通员工，都对实施内部控制负有责任。内部控制制度设计原则：

1. 全面性原则

内部控制在层次上应当涵盖企业董事会、管理层和全体员工，在对象上应当覆盖企业各项业务和管理活动，在流程上应当渗透到决策、执行、监督、反馈等各个环节，避免内部控制出现空白和漏洞。

2. 重要性原则

内部控制应当在兼顾全面的基础上突出重点，针对重要业务与事项、高风险领域与环节采取更为严格的控制措施，确保不存在重大缺陷。

3. 制衡性原则

企业的机构、岗位设置和权责分配应当科学合理并符合内部控制的基本要求，确保不同部门或岗位之间权责分明并有利于相互制约、相互监督。履行内部控制监督检查职责的部门应当具有良好的独立性。任何人不得拥有凌驾于内部控制之上的特殊权力。

4. 适应性原则

内部控制应当合理体现企业在经营规模、业务范围、业务特点、风险状况以及所处具体环境等方面的要求，并随着企业外部环境的变化、经营业务的调整、管理要求的提高等不断改进和完善。

5. 成本效益原则

内部控制应当在保证内部控制有效性的前提下，合理权衡成本与效益的关系，争取以合理的成本实现更为有效的控制。

内部控制在形式上表现为一整套相互监督、相互制约、彼此联结的控制方法、措施和程序，这些方法、措施和程序有助于及时识别和处理风险，促进企业实

现战略发展目标,提高经营管理水平、信息报告质量、资产管理水平和法律遵循能力。

内部控制能够为企业管理层实现前述目标提供合理保证,但由于内部控制的固有局限、管理层的践踏和串通舞弊等原因,难以确保一个企业必定成功。

3.1.2　内控标准的原则与目标

内控标准的原则是立足国情,实行创新;突出重点,解决问题;降低成本,稳步推进。企业内部控制的目标包括:

1. 战略目标

战略目标要求企业将近期利益与长远利益结合起来,在企业经营管理中努力做出符合战略要求、有利于提升可持续发展能力和创造长久价值的选择。

2. 营运目标

运营目标要求企业结合自身所处的特定的经营、行业和经济环境,通过健全有效的内部控制,不断提高劳动活动的盈利能力和管理效率。

3. 报告目标

可靠的信息报告为企业管理层提供适合其既定目的的准确而完整的信息,支持管理层的决策和对营运活动及业绩的监控;同时,保证对外披露的信息报告的真实、完整,有利于提升企业的诚信度和公信力,维护企业良好的声誉和形象。报告目标要求企业通过内部控制,保证信息报告的真实、完整、可靠。

4. 资产目标

资产安全完整是投资者、债权人和其他利益相关者普遍关注的重大问题,是企业可持续发展的物质基础。良好的内部控制,应当为资产安全完整提供扎实的制度保障。

5. 合规目标

守法和诚信是企业健康发展的基石。逾越法律的短期发展终将付出沉重代价。合规性目标要求企业必须将发展置于国家法律法规允许的基本框架之下,在守法的基础上实现自身的发展。

3.1.3　企业内部控制五大要素

1. 企业内部控制要素之一——内部环境

内部环境是影响或制约企业内部控制建立与执行的各种内部因素的总称，是实施内部控制的基础。规范企业内部环境主要从治理结构、组织机构设置与权责分配，企业文化，人力资源政策，内部审计机构设置和反舞弊机制等方面入手。

（1）治理结构、内部机构设置与权责分配。

① 建立规范的治理结构，即要科学界定决策、管理、执行监督各层面的地位、职责与任务，形成有效的分工和制衡机制。

② 设置科学的内部组织机构，即要避免机构重叠和效率低下，减少管理层级和提高管理效能。

③ 建立合理的权责分配体系，即要明确高级管理人员、各职能部门和分支机构以及基层作业单位的职责权限，将权利与责任分解到具体岗位。

规范企业治理结构、内部机构设置与权责分配的方法之一是通过制定一些制度性文件，常见的文件有：公司章程、内部管理制度汇编、员工手册、组织结构图、业务流程图、岗位描述、权限指引等。

（2）企业文化。

① 企业整体价值观。高级管理人员有责任培育积极向上的整体价值观，培养社会感和遵纪守法意识，倡导爱岗敬业、进取创新、团队协作和遵规守纪精神。

② 高级管理人员的管理理念和经营风格。高级管理人员应当强化风险意识，避免因个人风险偏好可能给企业带来的不利影响和损失。

③ 高级管理人员的职业操守。高级管理人员有责任制定并完善信息披露管理制度，不断强化为投资者、债权人和社会公众提供真实、可靠、完整的会计信息及依法应当披露的其他信息的法制意识和责任意识。

④ 员工行为守则。高级管理人员有责任加强员工职业道德宣传引导、教育培训和监督检查；企业员工应当加强职业道德修养和业务学习，自觉遵守与企业内部控制有关的各项规定，勤勉尽责。

（3）人力资源政策。

人力资源政策的内容，至少应包括：

① 员工的聘退与培训；

② 员工的薪酬、考核、晋升与奖惩；

③ 财会等关键岗位员工的轮岗制衡要求；

④ 对掌握重要商业秘密或核心技术等信息的关键岗位员工离岗的限制性规定。

员工的选拔和聘用，应当将职业道德素养和专业胜任能力作为重要标准，并适当关注应聘者的价值取向和行为特征是否与本企业的企业文化和内部控制的有关要求相适应。

重视并加强员工培训，制定科学、合理的培训计划，提高培训的针对性和实效性，不断提升员工的道德素养和业务素质。

建立和完善员工激励约束机制，通过制定合理的目标、建立明确的标准、执行严格的考核和落实配套的奖惩，促进员工责、权、利的有机统一和企业内部控制的有效执行。

（4）内部审计机构设置。

① 审计委员会：

有条件的企业应当在董事会下设审计委员会，并保证审计委员会及其成员的独立性。审计委员会在企业内部控制设计和实施中承担的职责一般包括：

a. 审核企业内部控制及其实施情况，并向董事会做出报告；

b. 指导企业内部审计机构的工作，监督检查企业的内部审计制度及其实施情况；

c. 处理有关投诉与举报，督促企业建立畅通的投诉与举报途径；

d. 审核企业的财务报告及有关信息披露内容；

e. 负责内部审计与外部审计之间的沟通协调。

未设立审计委员会的企业，应当由董事会授权或者企业章程规定的有关机构承担上述职责。

② 内部审计机构：

设立专门的内部审计机构的企业，应当保证内部审计机构具有相应的独立性,并配备与履行内部审计职能相适应的人员和工作条件。未设立内部审计机构的企业,应当由董事会授权或者企业章程规定的有关机构承担上述职责。内部审计机构原则上不得置于财会机构的领导之下或者与财会机构合署办公。

内部审计机构依照法律规定和企业授权开展审计监督工作,其工作范围不应受到人为限制。内部审计机构对审计过程中发现的重大问题,视具体情况,可以直接向审计委员会或者董事会报告。

内部审计人员应当具备内审人员从业资格,拥有与工作职责相匹配的道德操守和专业胜任能力。

(5) 反舞弊机制

企业反舞弊工作至少应当关注以下内容:

① 在财务报告和信息披露方面弄虚作假;

② 未经授权、滥用职权或者采取其他不法方式侵占、挪用企业资产;

③ 在开展业务活动中非法使用企业资产牟取不当利益;

④ 企业高级管理人员舞弊可能给企业内部控制和经营管理带来的重大影响;

⑤ 员工单独或者串通舞弊给企业造成损失。

另外,企业应完善投诉、举报管理制度。企业可以设置舞弊举报热线,明确投诉和举报的处理程序、办理时限和办理要求,确保投诉、举报成为企业反舞弊和加强内部控制的重要途径。

2. 企业内部控制要素之二——风险识别

风险识别是指企业管理层从影响目标实现的内部或外部原因中识别潜在的风险事项。

(1) 在进行风险识别时,应当全盘考虑可能带来风险的内部和外部因素。

内部风险因素包括:

① 高级管理人员的职业操守、员工专业胜任能力、团队精神等人员素质因素;

② 经营方式、资产管理、业务流程设计、财务报告编制与信息披露等管理因素;

③ 财务状况、经营成果、现金流量等基础实力因素;

④ 研究开发、技术投入、信息技术运用等技术因素；

⑤ 营运安全、员工健康、环境污染等安全环保因素。

外部风险因素包括：

① 经济形势、产业政策、资源供给、利率调整、汇率变动、融资环境、市场竞争等经济因素；

② 法律法规、监管要求等法律因素；

③ 文化传统、社会信用、教育基础、消费者行为等社会因素；

④ 技术进步、工艺改进、电子商务等科技因素；

⑤ 自然灾害、环境状况等自然环境因素。

（2）风险识别方法

企业可以采取座谈讨论、问卷调查、案例分析、咨询专业机构意见等方法识别相关的风险因素。特别应注意总结、吸取企业过去的经验教训和同行业的经验教训，加强对高危性、多发性风险因素的关注。

（3）风险分析

风险分析是指分析和辨认实现有关目标可能发生的风险，以便形成确定应该如何对它们进行管理的依据。

企业应设立风险分析标准。企业应当针对已识别的风险因素，从风险发生的可能性和影响程度两个方面进行分析，并确定科学合理的定性、定量分析标准。

企业应对风险进行排序。企业应当根据风险分析的结果，依据风险的重要性水平，运用专业判断，按照风险发生的可能性大小及其对企业影响的严重程度进行风险排序，确定应当重点关注的重要风险。

（4）风险应对

风险应对是指企业管理层在评估了相关风险的可能性、后果以及成本效益之后，选择一系列措施使剩余风险处于期望的风险容限以内。风险应对的方法包括：

① 风险回避。企业对超出整体风险承受能力或者具体业务层次上的可接受风险水平的风险，应当实行风险回避。

② 风险承担。企业对在整体风险承受能力和具体业务层次上的可接受风

险水平之内的风险,在权衡成本效益之后无意采取进一步控制措施的,可以实行风险承担。

③ 风险降低。企业对在整体风险承受能力和具体业务层次上的可接受风险水平之内的风险,在权衡成本效益之后愿意单独采取进一步的控制措施以降低风险、提高收益或者减轻损失的,可以实行风险降低。

④ 风险分担。企业对在整体风险承受能力和具体业务层次上的可接受风险水平之内的风险,在权衡成本效益之后愿意借助他们力量,采取包括业务分包、购买保险等进一步的控制措施以降低风险、提高收益或者减轻损失的,可以实行风险分担。

3. 企业内部控制要素之三——控制活动

控制活动是根据风险评估结果,结合风险应对策略所采取的确保企业内部控制目标得以实现的方法和手段,是实施内部控制的具体方式。

控制措施结合企业具体业务和事项的特点与要求制定,主要包括职责控制、受权控制、审核批准控制、预算控制、财产保护控制、会计系统控制、内部报告控制、经济活动分析控制、绩效考评控制、信息技术控制等。

(1) 职责分工控制

职责分工控制的总体要求是根据企业目标和职能任务,按照科学、精简、高效的原则,合理设置职能部门和工作岗位,明确各部门、各岗位的职责权限,形成各司其职、各负其责、便于考核和相互制约的工作机制。

① 不相容职务分离制度。企业应当根据各项经济业务与事项的流程和特点,系统、完整地分析和梳理执行该经济业务或事项涉及的不相容职务,并结合岗位职责分工采取分离措施。不相容职务通常包括:授权、批准、业务经办、会计记录、财产保管、稽核检查等。

② 关键岗位轮换制度。企业应当结合岗位特点及其重要程度,明确财会等关键岗位员工轮岗的期限和有关要求,建立规范的岗位轮换制度,对关键岗位的员工,可以实行强制休假制度,并确保在最长不超过 5 年的时间内进行岗位轮换。

(2) 授权控制

授权控制的总体要求是企业根据职责分工,明确各部门、各岗位办理经济业务与事项的权限范围、审批程序和相应责任等内容。企业内部各级管理人员必须在授权范围内行使职权和承担责任,业务经办人员必须在授权范围内办理业务。

① 常规性授权控制。常规性授权是指企业在日常经营管理活动中按照既定的职责和程序进行的授权。企业可以根据常规性授权编制权限指引并以适当形式予以公布,以提高权限的透明度,加强对权限行使的监督和管理。

② 临时性授权控制。临时性授权是指企业在特殊情况或特定条件下进行的应急性授权。企业应当加强对临时性授权的管理,规范临时性授权的范围、权限、程序、责任和相关的记录措施。有条件的企业,可以采用远程办公等方式逐步减少临时性授权。

③ 集体审议或联签制度。企业对于金额重大、重要性高、技术性强、影响范围广的经济业务与事项,应当实行集体决策审批或者联签制度,任何个人不得单独进行决策或者擅自改变集体决策意见。

(3) 审核批准控制

审核批准控制是指企业各部门、各岗位按照规定的授权和程序,对相关经济业务和事项的事实性、例规性、合理性以有关资料的完整性进行复核与审查,通过签署意见并签字或者签章,做出批准、不予批准或者作其他处理的决定。

(4) 预算控制

企业应当加强对预算编制、执行、分析、考核等各环节的管理,明确预算项目,建立预算标准,规范预算的编制、审定、下达和执行程序,及时分析和控制预算差异,采取改进措施,确保预算的执行。

(5) 财产保护控制

企业应当限制未经授权的人员对财产的直接接触和处置,采取财产记录、实物保管、定期盘点、账实核对、财产保险等措施,确保财产的安全完整。

(6) 会计系统控制

企业应当依据《中华人民共和国会计法》及国家统一的会计制度,制定适合本企业的会计制度,明确会计凭证、会计账簿和财务报告以及相关信息披露的处理程序,规范会计政策的选用标准和审批程序,建立、完善会计档案保管和会计工作交接办法,实行会计人员岗位责任制,充分发挥会计的监督职能,确保企业财务报告真实、可靠和完整。

(7) 内部报告控制

企业应当建立和完善内部报告制度,明确相关信息的收集、分析、报告和处理程序,及时提供业务流动中的重要信息,全面反映经济活动情况,增强内部管理的时效性和针对性。内部报告方式通常包括例行报告、实时报告、专题报告、综合报告等。

(8) 经济活动分析控制

企业应当综合运用生产、购销、投资、财务等方面的信息,利用比较分析、比率分析、因素分析、趋势分析等方法,定期对企业经营管理活动进行分析,发现存在的问题,查找原因,并提出改进意见和应对措施。

(9) 绩效考评控制

企业应当科学设置业绩考核指标体系,对照预算指标、盈利水平、投资回报率、安全生产目标等方面的业绩指标,对各部门和员工当期业绩进行考核和评价,兑现奖惩,强化对各部门和员工的激励与约束。

(10) 信息技术控制

企业应当结合实际情况和计算机信息技术应用程度,建立与本企业经营管理业务相适应的信息化控制流程,提高业务处理效率,减少和消除人为操纵因素,同时加强对计算机信息系统开发与维护、访问与变更、数据输入与输出、文件储存与保管、网络安全等方面的控制,保证信息系统安全、有效运行。

4. 企业内部控制要素之四——信息与沟通

信息与沟通是及时、准确、完整地收集与企业经营管理相关的各种信息,并使这些信息以适当的方式在企业有关层级之间进行及时传递、有效沟通和正确应用的过程,是实施内部控制的重要条件。

信息与沟通主要包括信息的收集机制以及企业内部和外部有关方面的沟通机制等。

(1) 信息收集机制,包括内部信息和外部信息的收集两个方面

内部信息主要包括:会计信息、生产经营信息、资本运作信息、人员变动信息、技术创新信息、综合管理信息等。

对所要的内部信息,企业可以通过会计资料、经营管理资料、调查研究报告、

会议记录纪要、专项信息反馈、内部报刊网络等渠道和方式获取。

外部信息主要包括：政策法规信息、经济形势信息、监管要求信息、市场竞争信息、行业动态信息、客户信用信息、社会文化信息、科技进步信息等。

对所需的外部信息，企业可以通过立法监管部门、社会中介机构、行业协会组织、业务往来单位、市场调查研究、外部来信来访、新闻传播媒体等渠道和方式获取。

（2）信息沟通机制也可分为内部沟通机制与外部沟通机制

企业的内部沟通可采取互联网、电子邮件、电话传真、信息快报、例行会议、专题报告、调查研究、员工手册、教育培训、内部刊物等多种方式，实现所需的内、外部信息在企业内部准确、及时地共享和传递，确保董事会、管理层和企业员工之间的有效沟通。

外部沟通又包含与不同对象的沟通：

① 与投资者和债权人的沟通。企业应当根据《中华人民共和国公司法》《中华人民共和国证券法》等法律法规、企业章程的规定，通过股东大会、投资者会议、定向信息报告等方式，及时向投资者报告企业的战略规划、经营方针、投融资计划、年度预算、经营成果、财务状况、利润分配方案以及重大担保、合并分立、资产重组等方面的信息，听取投资者的意见和要求，妥善处理企业与投资者之间的关系。

② 与客户的沟通。企业可以通过客户座谈会、走访客户等多种形式，定期听取客户对消费偏好、销售政策、产品质量、售后服务、货款结算等方面的意见和建议，收集客户的需求和意见，妥善解决可能存在的控制不当问题。

③ 与供应商的沟通。企业可以通过供需见面会、订货会、业务洽谈会等多种形式与供应商就供货渠道、产品质量、技术性能、交易价格、信用政策、结算方式等问题进行沟通，及时发现可能存在的控制不当问题。

④ 与监管机构的沟通。企业应当及时向监管机构了解政策和监管要求及其变化，并相应完善自身的管理制度；同时，认真了解自身存在的问题，积极反映诉求和建议，努力加强与监管机构的协调。

⑤ 与外部审计师的沟通。企业应当定期与外部审计师进行会晤，听取外部审计师对财务报表审计、内部控制等方面的建议，以保证内部控制的有效运行以及双方工作的协调。

⑥ 与律师的沟通。企业可以根据法定要求和实际需要,聘请律师参与有关重大业务、项目和法律纠纷的处理,并保持与律师的有效沟通。

5. 企业内部控制要素之五——监督检查

监督检查是企业对其内部控制的健全性、合理性和有效性进行监督检查与评估,形成书面报告并做出相应处理的过程,是实施内部控制的重要保证。

监督检查主要包括对建立并执行内部控制的整体情况进行持续性监督检查,对内部控制的某一方面或者某些方面进行专项监督检查,以及提交相应的检查报告、提出有针对性的改进措施等。

(1) 监督检查的方式

① 持续性监督检查。持续性监督检查是指企业对建立和实施内部控制的整体情况所进行的连续、全面、系统、动态的监督检查。

② 专项监督检查。专项监督检查是指企业对内部控制建立或实施的某一方面或者某些方面情况所进行的不定期的、有针对性的监督检查。

③ 监督检查机构。企业董事会所属审计委员会、内部审计机构或者实际履行内部控制监督职责的其他有关机构应当根据国家法律法规要求和企业授权,采取适当的程序和方法,对内部控制的建立与实施情况进行监督检查,形成检查结论并出具书面检查报告。

(2) 监督检查的责任处理

对在监督检查中发现的违反内部控制规定的行为,应当及时通报情况和反馈信息,并严格追究相关责任人的责任,维护内部控制的严肃性和权威性。

(3) 内部控制缺陷

① 内部控制缺陷的概念。内部控制缺陷是指监督检查过程中发现的内部控制的设计存在漏洞、不能有效防范错误与舞弊,或者内部控制的运行存在弱点和偏差、不能及时发现并纠正错误与舞弊的情形。

② 重大缺陷,是指业已发现的内部控制缺陷可能严重影响财务报告的真实可靠和资产的安全完整。

③ 内部控制缺陷的报告。企业对在监督检查过程中发现的内部控制缺陷,应当采取适当的形式及时进行报告。对于监督检查中发现的重大缺陷或者重大风险,应当及时向董事会、审计委员会和总经理汇报。

④ 内部控制缺陷的改进。企业应当分析内部控制缺陷产生的原因,并有针对性地提出和实施改进方案。

（4）各管理层的内控职责

董事会

董事会直接影响内部环境控制基础,其在内部控制中的重要职责表现为:①科学选择恰当的管理层并对其进行监督;②清晰了解管理层实施的有效风险管理和内部控制的范围;③知道并同意企业的最大风险承受能力;及时知悉最重大的风险以及管理层是否恰当地予以应对。

管理层

管理层直接对一个企业的经营管理活动负责。企业总经理(首席执行官)尤其承担重要责任,其职责包括:为高级管理人员提供领导和指引;定期与主要职能部门(营销、生产、采购、财务、人力资源等)的高级管理人员进行会谈,以便对他们的职责,包括他们如何管理风险,进行核查。

风险管理人员

风险管理人员的职责包括:

① 建立风险管理政策;

② 确定各业务单元对于风险管理的权利和义务;

③ 提高整个企业的风险管理能力;

④ 指导风险管理与其他经营计划和管理活动的整合;

⑤ 建立一套通用的风险管理语言;

⑥ 帮助管理人员制订报告规程;

⑦ 向总经理(首席执行官)报告进展和暴露的问题。

财务负责人

财务负责人的活动应当贯穿企业经营管理全过程,而不仅仅是财务活动。其在制订目标、确定战略、分析风险和做出管理决策等时应扮演一个关键的角色。管理层应当赋予财务负责人参与决策的权力,并支持其关注经营管理的更广范畴。局限财务负责人的关注领域和知悉范围,会削弱、制约企业的管理能力。

内部审计人员

内部审计人员在评价内部控制的有效性,以及提出改进建议方面起着关键

作用。为保障内部审计人员在内部控制中的作用,企业应当注重以下几点:

①企业应当授予内部审计部门适当的权力以确保其审计职责的履行;②对内部审计部门负责人的任免应当慎重;③内部审计部门负责人与董事会或审计委员会应保持畅通沟通;④应当赋予内部审计部门追查异常情况的权力和提出处理处罚建议的权力。

企业员工

所有员工都在实现内部控制中承担相应职责并发挥积极作用。管理层应当重视员工的作用,并为员工反映诉求提供信息通道。

3.2 保险资金运用与内控要求

保险资金运用与管理的好坏,与公司治理密切相关。国家相关部委出台企业内控管理规范及指引,是借鉴了国际上先进国家的企业管理经验和准则并结合我国的实际情况而制定颁布的。保险机构的资金大多来源于保户或投保人的保费及自有资金,涉及千家万户,因此须要求保险机构运用好、管理好这些资金,不能出现大的风险与损失。于是,内控管理就显得尤为重要。

关于保险资金的内控管理,每家机构做法不尽相同,但总体上又是有章可循的。保监会在要求保险机构加强内控管理方面颁布过许多政策,并随着不同时期的经济形势、市场及保监会机构的变化而不断地加强完善。特别是 2016 年 1 月 1 日起实施的由保监会颁布的《保险资金运用内部控制指引》(以下简称《指引》)对相关要求予以了明确。

3.2.1 总则

1. 保险资金运用内部控制的目标

(1)行为合规性。内部控制应当保证保险机构的经营管理行为遵守法律法规、监管规定、行业规范、公司内部管理制度和诚信准则。

（2）经营有效性。内部控制应当提高保险资金运用的效率和效果，保障保险资金和公司资产的安全可靠。

（3）信息真实性。内部控制应当保证保险资金运用的财务报告及业务、财务管理信息的真实性、准确性和完整性。

2. 保险资金运用内部控制应当遵循的原则

（1）安全性原则。保险资金运用必须稳健，符合偿付能力监管要求，根据保险资金性质实行资产负债管理和全面风险管理，实现集约化、专业化、规范化和市场化。

（2）健全性原则。内部控制应当包括保险资金运用的各类业务、各个部门或机构和各级人员，并涵盖决策、执行、监督、反馈等各个环节，避免管理漏洞的存在。

（3）有效性原则。保险机构应通过科学的内部控制制度和方法，建立合理的内部控制程序，以确保保险资金运用内部控制各项制度的有效执行。

（4）独立性原则。保险机构参与资金运用和管理的所有总分机构、部门和岗位职责应当保持相对独立，权责分明，相互制衡。

（5）成本效益原则。保险机构应当根据自身风险状况，采取合适的内部控制措施来应对资金运用过程中的风险，并在有效控制的前提下降低内部控制成本。

3. 保险资金运用内部控制的五要素

（1）控制环境。控制环境是保险资金运用内部控制的基础，一般包括治理结构、机构设置及权责分配、人力资源政策、企业文化等。

（2）风险评估。风险评估是指保险机构及时识别和系统分析保险资金运用活动中与实现内部控制目标相关的风险并合理确定风险应对策略。

（3）控制活动。控制活动是指保险机构根据风险评估结果，采用相应的控制措施，将相关的资金运用风险控制在可承受度之内。

（4）信息与沟通。信息与沟通是指保险机构及时、准确地收集和传递与保险资金运用相关的内部控制的信息，确保信息在机构内、外部之间进行有效沟通。

（5）内部监督。内部监督是指保险机构对内部控制的建立与实施情况进行监督检查,评价内部控制的有效性,发现内部控制缺陷并及时加以改进。

4. 其他

保险机构应当根据《指引》及配套应用指引的要求,制定公司的资金运用内部控制制度并组织实施。

保险机构应当建立资金运用内部控制实施的激励约束机制,将各责任单位和资金运用相关工作人员实施保险资金运用内部控制的情况纳入绩效考评体系,促进内部控制的有效实施。

3.2.2 环境控制要求

保险机构应当建立由董事会负最终责任、管理层直接领导、风险管理或内部控制职能部门统筹协调、内部审计部门检查监督、业务单位负首要责任的分工明确、路线清晰、相互协作、高效执行的内部控制组织体系。

保险机构应当建立健全公司治理结构,建立架构清晰、控制有效的内部控制机制,制定全面系统、切实可行的内部控制制度,明确规定股东大会、董事会及其专业委员会、监事会和经营管理层的保险资金运用职责,充分发挥独立董事和监事会的监督职能,禁止不正当关联交易、利益输送和内部人控制现象的发生,保护投资者利益和机构合法权益。

保险机构应当结合保险资金运用的特点和内部控制要求设置内部机构及岗位,明确保险资金运用各个环节、有关岗位的衔接方式及操作标准,严格分离前、中、后台岗位责任,做到权责分明、相对独立和相互制衡。重要业务部门和岗位应当进行有效隔离。

保险机构开展相关投资管理业务,应当加强投资管理能力建设,并按规定配备符合条件的风险责任人。

风险责任人包括行政责任人和专业责任人。行政责任人应对投资能力和具体投资业务的合法合规性承担主要责任;专业责任人对投资能力的有效性、具体投资业务风险揭示的及时性和充分性承担主要责任。

保险机构应当依据自身资金运用特点设立顺序递进、权责统一、严密有效的三道监控防线:

（1）建立一线部门及岗位人员自我控制、自我管理、自我约束为基础的第一道监控防线。对操作风险较高的业务环节实施双人、双职、双责的复核制度。属于单人单岗处理的业务，必须有相应的后续监督机制。

（2）建立相关部门、相关岗位之间相互监督制衡的第二道监控防线，发挥法律、合规、风险管理、财务等部门对保险资金投资全流程的风险监控职能。保险机构必须在相关部门和岗位之间建立重要业务处理凭据顺畅传递的渠道，各部门和岗位分别在自己的授权范围内承担各自职责。

（3）建立以内部审计部门对各岗位、部门、机构和业务实施监督反馈的第三道监控防线。内部审计部门独立于其他部门和业务活动，并对内部控制制度的执行情况实行严格的检查和反馈。

保险机构应当建立有效的人力资源管理制度，健全激励约束机制，对机构人员是否具备与岗位要求相适应的职业操守和专业胜任能力进行综合考量。

保险机构管理层应当树立内控优先和风险管理的理念，培养保险资金运用相关人员的风险防范意识，营造内控文化氛围。保险机构应定期开展保险资金运用风险管理、内部控制及经营合规方面的培训，保证保险资金运用相关人员及时了解国家法律法规和机构规章制度，使风险意识贯穿到机构各部门、岗位和环节。

保险机构应当建立健全保险资金运用管理制度，对保险资金运用各流程进行规范管理，包括资产配置、投资研究、决策和授权、交易和结算管理、投资后管理、风险控制、信息披露、绩效评估和考核、信息系统管理、行政管理等保险资金运用相关工作，并定期检查和评估制度执行情况。

保险机构应当从业务、合规和风险等方面全面、科学设置具有保险资金运用职能的非保险子公司考核目标，加强对子公司及其高管人员的监督，严格执行机构问责制度，确保依法合规经营。

3.2.3　风险评估要求

保险机构应当完善以"风险管理委员会或相应职能专业委员会——风险管理部门——风险管理岗位"为主体的垂直管理体系，建立与保险资金运用各方之间的风险管控架构,明确各方沟通机制及监督管理机制。风险管理部门履职应当保持独立性,不受投资管理及投资决策部门干预。

保险机构应当建立全面风险管理政策,明确公司的风险偏好,在公司风险偏好范围内规范资金运用各个业务流程,有效防范资产负债管理风险、市场风险、信用风险、操作风险、战略风险、声誉风险及流动性风险等风险。

保险机构应当根据资产的风险状况对保险资产进行分类,揭示保险资产的实际价值和风险程度,全面、真实、动态地反映资产质量,加强保险资金运用风险管理。

保险机构应当针对风险的特性,多层次、多角度识别、评估与量化投资运作过程中面临的各种风险,包括内部风险和外部风险、固有风险和剩余风险,对已识别风险进行分析和评价,评估各种风险发生的可能性以及对公司经营目标的影响程度,形成风险管理及应对的依据。

保险机构应当根据投资品种的不同类型,建立完善的风险预警体系,围绕风险容忍度,通过风险限额及关键风险指标体系监控风险变化和开展持续的风险管理。风险指标可以包括定性指标和定量指标。

保险机构应当建立资产配置压力测试模型,实施敏感性测试和情景测试,测试特定情景和各种不利情景下资产、收益和偿付能力变化,评估潜在风险因素和整体风险承受能力。保险机构相关部门应当根据测试结果提出资产配置管理意见,反馈相关部门并向经营管理层和专业委员会报告。

保险机构应当建立重大突发事件应急处理机制。应急处理机制包括但不限于风险情形、应急预案、工作目标、报告路线、操作流程、处理措施等。必要时应当及时启动应急处理机制,尽可能控制并减少损失。

保险机构应当根据自身业务性质、规模和复杂程度开发相适应的风险量化技术,完善风险量化模型及风险指标体系,应用先进成熟的风险管理经验,实现定量与定性方法的有机结合,将风险管理与偿付能力管理及资本管理有效连接。

3.2.4 控制活动要求

保险机构应当针对不同投资业务类型,准确识别各投资业务流程与资金运用目标相关的风险,通过手工控制与自动控制、预防性控制与发现性控制相结合的方法,运用相应的控制措施,将风险控制在可承受度之内。

1. 委托、受托关系管理及控制

保险机构根据投资管理能力和风险管理能力,可以自行投资或者委托给符合条件的保险资金投资管理人进行投资。开展保险资金委托投资的情况下,保险机构为委托人,保险资金投资管理人为受托人,托管机构为托管人。

保险机构开展保险资金委托投资,应当建立资产托管机制和委托投资管理制度,形成健全的资产管理体制和明确的资产配置计划,并综合考虑风险、成本和收益等因素,通过市场化方式合理确定投资管理人数量,开展审慎尽职调查。

保险资金委托投资范围和方式应当符合中国保监会相关规定。投资连结保险产品和非寿险非预定收益投资型保险产品的资金运用,应当在资产隔离、资产配置和投资管理等环节,独立于其他保险产品资金。

保险机构应当建立投资管理人选聘、监督、评价、考核等制度,并覆盖委托投资全部过程。受托的投资管理人应当具有国家有关部门认可的资产管理业务资质;具有健全的操作流程、内控机制、风险管理及稽核制度,建立公平交易和风险隔离机制;设置与受托管理业务相适应的专业部门或岗位。

作为委托人,保险资金运用应实行董事会负责制:

(1) 作为委托人的保险机构董事会或董事会授权的专业委员会应当主要履行下述职责:审定保险资金运用管理制度;确定保险资金运用的管理方式;审定资产战略配置规划、年度投资计划和投资指引及相关调整方案;决定重大投资事项;建立资金运用绩效考核制度等。

(2) 保险机构决定委托投资,以及投资无担保债券、股票、股权、不动产、其他金融产品、金融衍生品及境外投资等重大保险资金运用事项,应当依照相关规定,经董事会或董事会授权的专业委员会审议通过,由董事会承担委托投资的最终责任。

(3) 委托人应当设立资产负债管理委员会或有相应职能的委员会(如投资决策委员会),在董事会授权下,根据公司整体风险状况和各类风险敞口累计水平,协助董事会审议资产配置政策,并提出调整及指导意见。

保险机构委托投资资金及其运用形成的财产,应当独立于投资管理人、托管人的固有财产及其管理的其他财产。

保险机构应当建立完善的资产隔离制度,保险公司不同账户、保险资金受托管理机构的受托管理资产与自有资金、保险资金受托管理机构的不同委托人的资产要实行独立运作,分别核算。

作为委托方的保险机构应当设置专门的保险资产管理部门:

(1)保险资产管理部门应当独立于财务、精算、风险控制等其他业务部门。

(2)保险资产管理部门履行委托人职责,监督投资行为和评估投资业绩等职责,包括:拟定保险资金运用管理制度,拟定资产战略配置规划和年度资产配置策略,拟定资产战略配置调整方案,执行年度资产配置计划,实施保险资金运用风险管理措施及其他职责。

(3)保险资产管理部门应当在投资研究、资产清算、风险控制、业绩评估、相关保障等环节设置岗位,建立防火墙体系,实现专业化、规范化、程序化运作。

保险机构开展委托投资,应当与投资管理人签订委托投资管理协议,载明当事人权利义务、关键人员变动、利益冲突处理、风险防范、信息披露、异常情况处置、资产退出安排以及责任追究等事项。

保险机构应当按照市场化原则,根据资产规模、投资目标、投资策略、投资绩效等因素,协商确定管理费率定价机制,动态调整管理费率水平,并在委托投资管理协议中载明。

保险机构应当根据保险资金风险收益特征,审慎制定委托投资指引,合理确定投资范围、投资目标、投资期限和投资限制等要素,定期或者不定期审核委托投资指引,并做出适当调整。

投资管理人应当执行保险机构资产配置指引,根据保险资金特性构建投资组合,公平对待不同资金。

作为受托方的投资管理人的运作应当符合监管规定及合同约定。

(1)投资管理人在各受托账户之间、受托账户与自有账户之间设立防火墙,建立防范账户间利益输送的制度规范;

(2)投资管理人指定账户投资经理,确定账户管理方式与流程,拟订投资计划,开展具体投资业务;

(3)投资管理人存在利益冲突的不同性质账户投资经理不应存在交叉

重叠;

（4）投资管理人存在违反合同约定投资,不公平对待不同资金,挪用受托资金,违规向委托机构提供最低投资收益承诺,以保险资金及其投资形成的资产为他人设定担保及其他违法违规行为的,保险公司应当及时解聘或更换投资管理人。

保险机构应当定期评估投资管理人的管理能力、投资业绩、服务质量等要素,跟踪监测各类委托投资账户风险及合规状况,定期出具分析报告。发生重大突发事件,保险机构应当立即采取有效措施。

保险机构开展委托投资,应当建立投资资产退出机制,有效维护保险资产的安全与完整。

保险机构应当建立和完善保险资产托管机制,选择符合规定的商业银行等专业机构作为托管机构,对保险资金运用形成的各项投资资产实行第三方托管和监督。

报告与沟通:

（1）保险机构应当及时向受托人及托管人提供委托资产相关信息和数据,更新投资指引等;

（2）投资管理人受托投资或者发行保险资产管理产品,应当根据合同约定,向有关当事人披露资金投向、投资管理、资金托管、风险管理和重大突发事件等信息,保证披露信息的真实、准确和完整,并为保险机构查询上述信息提供便利和技术支持;

（3）托管人应及时向委托人和受托人报告投资风险等情况;

（4）保险资金委托人、受托人与托管人三方之间应建立重大和紧急事项沟通协调机制,妥善解决委托资产管理与运用中的具体问题。

2. 投资决策控制

（1）保险机构应当建立健全相对集中、分级管理、权责统一的投资决策和授权制度,制定明晰的决策流程,明确授权方式、标准、程序、时效和责任:

① 建立民主、透明的决策程序和管理议事规则,高效、严谨的业务执行系统以及健全、有效的内部监督和反馈系统;

② 建立适应各种资金来源、各投资品种以及公司内部工作需要的决策体

系,保证资金运用程序必须遵从相关法规要求和管理层的操作规程,经办人员的每一项工作必须在其业务授权范围内进行;

③ 建立明确及适当的决策层级,实现自上而下、次序分明、关键决策层级互相独立且存在回避机制的决策体系;

④ 建立健全投资授权制度,明确授权流程、授权调整流程、转授权流程以及授权标准,按照职责为各授权层级赋予相应投资类型的决策权限,包括但不限于权限类型、投资范围、投资金额、投资方向等;

⑤ 保险机构关于资金运用的重大业务授权应当采取书面形式,授权书应当明确授权内容和时效;

⑥ 决策体系应当按照公司业务发展、组织架构、部门职责的变化情况及时进行调整;

⑦ 制定明确的决策程序、议事规则及回避机制,明确决策中应关注的因素,如资产负债匹配,合规性审查,是否涉及关联交易等。

(2)保险机构的重要决策应该有充分的依据:

① 在充分研究的基础上建立投资品种的选择标准,如建立债券备选库、股票备选库、基金备选库等,并建立相应的入库标准;

② 确定重要投资决策的决策层级,确保重要投资决策经过集体决策,确保决策人决策的独立性和客观性;

③ 对于不同的投资品种和决策事项,公司应当明确不同投资品种决策的必备要件;

④ 明确重要投资决策必须留下相关书面记录,如会议纪要、最终投资决议等,确保投资决策所依据的材料均经过审慎考虑,并由决策人在最终投资决议上确认;

⑤ 实现决策流程的信息化和自动化,通过信息系统手段实现投资决策流程、次序的自动控制;

⑥ 保证决策记录的完整性。

(3)保险机构投资应当根据资产战略配置规划和年度配置策略,按照安全性、流动性和收益性要求,综合偿付能力约束、外部环境、风险偏好和监管要求等因素,分析保险资金成本、现金流和期限等负债指标,选择具有相应风险收益特征、期限及流动性的投资品种进行配置。

（4）保险机构应当规范投资研究工作的流程，明确决策信息的采集范围，确保投研独立、客观、准确。

① 建立专业化分析平台，聘用专业投资分析人员，研究制定涵盖交易对手管理和投资品种选择的模型和制度，为保险资金运用决策提供研究依据；

② 充分利用外部研究成果，建立外部研究资源管理及评价体系。

（5）保险机构应当建立完善的、独立的信用风险管控体系，对信用类投资产品的投资决策进行有效支持。

① 建立内部信用评级体系，设立专门部门或岗位，配备专业管理人员，保证信用评级与投资交易在部门、岗位、人员方面独立；

② 建立适应公司需求、满足投资需要的信用评估模型和评级系统；

③ 建立健全信用风险管理制度，定期评估并持续监控信用产品各品种及整体信用风险，为公司进一步投资决策提供支持与预警；

④ 明确信用评级流程，包括信息收集、调研访谈、初步评定、提交报告、跟踪评级等内容；

⑤ 建立适当的信息审查机制，确保获取信息的真实性与准确性；

⑥ 使用经审核的信用评级报告作为信用产品投资决策的依据。

3. 交易行为控制

保险机构应当对投资指令进行审核，确认其合法、合规与完整后方可执行。应当建立全面的集中交易管理体系，包括但不限于实行集中交易制度、设立集中交易室、实行门禁管理、公平对待不同来源资金、及时归档整理交易过程中产生的各类交易单据等。

保险机构应当制定规范的资金管理制度，明确资金调拨流程，严格资金业务授权批准制度，建立重大突发事件应急预案，保证公司资金安全。

保险机构应当建立公司行为管理制度，跟踪、收集、整理与持仓投资产品的到期日、付息日、除权日等公司行为相关的信息，及时向相关人员发送影响公司行为的重要提示信息。

保险机构应当按照监管机构对于各类投资交易的有关规定，及时、真实、准确、完整地向监管机构提交报告、报表、文件和资料。

4. 财务核算控制

（1）保险机构应当依据国家有关法律、法规制定相关财务制度和会计工作操作流程，并针对各个风险控制点建立严密的会计系统控制。

保险机构应建立严格的制度，规范保险资金运用核算行为：

① 明确投资管理等各项费用报酬收取的协议约定及核算要求，并对收取的各项费用报酬开具相应的发票或支付确认；

② 建立明确的资金划款账户开立以及变更审批程序；

③ 资金的收款指令应及时确认与资金到账情况一致；

④ 资金划款指令应经过恰当审批并与资金支付一致。

（2）保险机构应将自有资产与委托资产以及自行管理的资产管理产品分别设账管理，建立完善的资产管理办法，明确规定其各自的用途和资金划拨的严格控制程序。

（3）保险机构应实行前台交易、资金管理和清算核算人员的严格分离。

（4）保险机构应当采取适当的会计控制措施，规范会计核算工作，及时准确完成核算与信息披露，确保财务信息真实、准确和完整：

① 明确各类金融资产分类以及重分类的核算方法与核算规则；

② 明确收益核算的口径、方法与核算规则；

③ 明确质押证券回购业务的核算方法和核算规则；

④ 明确应计利息和收益分配的计算口径、方法和核算规则；

⑤ 明确应收、应付的资金和利息的核算方法与核算规则；

⑥ 财务核算结果应该经过独立复核，会计核算、产品报告及财务会计报告上有关数据应核对一致。

（5）保险机构应当建立适当的会计估值政策与制度规范。估值结果应当经过恰当的复核审查，按照有关规定和合同的约定及时处理估值错误，并进行信息披露。

（6）保险机构每日完成交易后，应当进行清算和交易信息核对工作。

① 投资部门的业务交易台账应该与后台清算记录和资金记录保持一致，并保留复核记录；

② 后台部门应定期与托管机构及证券注册登记机构进行交易信息与资金

对账,并保留复核记录;

③ 财务核算人员应当与清算人员对持仓数据、会计分类等内容进行定期核对,并保留书面记录;

④ 数据核对过程中发现的差异应当及时进行更正,并在信息系统中进行维护,保证会计核算以及翌日投资交易头寸的准确性。

(7) 保险机构应当在投资清算及收益分配完成后,及时在托管机构进行托管账户注销。账户销户应当出具清算报告,提交给投资人和其他相关方,并报送监管部门。

(8) 保险机构应当建立完善的交易记录制度,每日的交易记录应当及时核对并存档。会计核算人员收到上一环节交接的原始单证和交易汇总记录后,应妥善检查、保管相关单证和原始凭证。

5. 信息系统控制

(1) 保险机构应当建立保险资金运用信息管理系统及完善的信息管理体系,减少或者消除人为操纵因素,自动识别、预警报告和管理控制保险资金运用风险,确保实时掌握风险状况。

① 保险机构应当根据职能建立具有投资交易、清算、估值核算、信用评级、风险控制及资讯等功能的系统,作为保险资金运用的基础设施;

② 根据业务需要,明确各系统间数据自动传输的内容、方向、频率和操作方式等,合理保证数据传输的安全性、完整性、及时性及可靠性,并建立传输前后的数据校验机制,确保接口传输的准确性与稳定性。

(2) 保险机构应当根据公司业务发展战略,制订明确的信息化工作规划。规划应具有开放性和前瞻性,符合公司经营管理的需要,并确保信息化建设的稳定性和延续性。保险机构应当根据国家法律法规的要求,遵循安全性、实用性、可操作性原则,严格制定保险资金运用相关电子信息系统的管理规章、操作流程、岗位手册和风险控制制度,通过严格的信息安全管理制度、授权制度、岗位责任制度、系统运行维护制度、门禁制度、内外网分离制度等管理措施,确保系统安全运行。

(3) 相关部门对保险资金运用相关信息系统管理岗位职责进行规范,确保系统运营维护过程中不相容岗位职责分离:

① 信息技术开发、运营维护、业务操作等人员必须互相分离,信息技术开发、运营维护等技术人员不得介入实际的业务操作;

② 建立各系统的岗位授权标准,严格控制不相容岗位职责的分离及账号权限的管理,规范权限分配、检查和清理流程。

(4) 保险机构应当对信息数据实行严格的管理,保证信息数据的安全、真实和完整,并能及时、准确地传递;严格计算机交易数据的授权修改程序,并坚持电子信息数据的定期查验制度。

(5) 保险机构的系统数据应逐日备份并异地妥善存放,系统运行数据中涉及交易对手信息和交易记录的备份应当在不可修改的介质上保存15年。

(6) 保险机构的信息管理系统设定合规性和风险指标阈值,将风险监控的各项要素固化到相关信息技术系统之中,降低操作风险、防止道德风险。

(7) 保险机构应当制定业务连续性计划和灾难恢复计划并定期组织演练。

(8) 保险机构应当建立完善的信息系统开发管理组织体系,制定完备的开发管理制度,确保系统开发过程中符合安全要求;系统开发、测试环境应与生产环境有效分离,确保生产系统的安全性和稳定性。

(9) 保险机构应当建立健全信息安全管理制度和报告机制,加强信息安全的监控和预警。

(10) 保险机构应当建立网络访问控制措施,部署监控手段,加强防火墙、防病毒软件、网络访问权限管理,确保网络物理安全及逻辑安全,对于安全事件应及时响应并分析,确保业务系统安全稳定运行。

3.2.5 信息与沟通要求

保险机构应当建立保险资金运用信息与沟通制度,明确内部控制相关信息的收集、处理和传递程序,确保信息及时沟通,促进内部控制有效运行。

(1) 保险机构应当对收集的各种内部信息和外部信息进行合理筛选、核对、整合,提高信息的有效性。

内部信息收集包括财务会计资料、经营管理资料、调研报告、专项信息、内部刊物、办公网络等渠道。

外部信息收集包括行业协会组织、中介机构、往来单位、市场调查、来信来访、网络媒体以及有关监管部门等渠道。

（2）保险机构应当将保险资金运用相关信息在内部各管理级次、责任单位、业务环节之间，以及与外部投资者、业务伙伴、客户、中介机构和监管部门等有关方面之间进行沟通和反馈，并确保各环节履行必要的信息保密义务。信息沟通过程中的重要信息应当及时传递给董事会、监事会和管理层，信息传递过程中发现的问题应当及时报告并解决。

（3）保险机构应当利用信息技术促进信息的集成与共享，充分发挥信息技术在信息与沟通中的作用。保险机构应当加强对信息系统开发与维护、访问与变更、数据输入与输出、文件储存与保管、网络安全等方面的控制，保证信息系统安全稳定运行。

3.2.6 内部监督要求

（1）保险机构应当建立投资问责制度。建立"失职问责、尽职免责、独立问责"的机制，所有参与人员在各自职责范围内，承担相应的管理责任。对于高级管理人员和主要业务人员违反监管规定及公司管理制度，未履行或者未正确履行职责，造成资产损失的，应当按照问责制度进行责任追究。涉及非保险机构高级管理人员和主要业务人员的，保险机构应当按照有关规定和合同约定追究其责任。

（2）保险机构应当建立有效的内部监控及稽核检查体系，设立专门的内部稽核部门或岗位，严格内部稽核人员的专业任职条件，充分发挥内部稽核部门和人员的权威性，对保险资金运用内部控制情况独立地履行检查、评价、报告、建议职能。

（3）保险机构应当建立健全内部监控及稽核检查制度，明确内部稽核部门各岗位的具体职责，严格内部稽核的操作程序和组织纪律，提高内部稽核工作的质量和效率。

内部稽核人员应当每年检查内部控制制度的执行情况，协助内部控制部门对保险资金运用内部控制体系的健全性、合理性和有效性进行综合评估，编制保险资金运用内部控制评估报告,确保保险资金运用活动的有效进行。

内部稽核人员发现违法违规行为、异常交易情况或者重大风险隐患,应当按程序规定向公司管理层、董事会及监事会报告,公司董事会、监事会和管理层应当重视和支持内部稽核工作,责令有关部门限期整改。

(4)保险机构应当建立保险资金运用"惩防并举、重在预防"的反舞弊机制。明确反舞弊工作的重点领域、关键环节和有关机构在反舞弊工作中的职责权限,规范舞弊案件的举报、调查、处理、报告和补救程序。

3.3 内控管理与风险管理

内控与风险管理在概念内容及实际操作上均有联系,有交集,又有区别。搞懂二者的区别,正确理解和处理内控与风险管理的关系也是精细化管理的一种体现。

3.3.1 内控与风险管理的内涵

1. 内控管理的内涵

国外较为经典的对内部控制的定义是 1972 年美国准则委员会(ASB)所做的《审计准则公告》中对内部控制提出的如下定义:"内部控制是在一定的环境下,单位为了提高经营效率、充分有效地获得和使用各种资源,达到既定管理目标,而在单位内部实施的各种制约和调节的组织、计划、程序和方法。"

而通常国内对内部控制的定义,是指一个单位为了实现其经营目标,保护资产的安全完整,保证会计信息资料的正确可靠,确保经营方针的贯彻执行,保证经营活动的经济性、效率性和效果性而在单位内部采取的自我调整、约束、规划、评价和控制的一系列方法、手段与措施的总称。

企业建立与实施有效的内部控制,应当包括下列要素:

(1)内部环境。内部环境是企业实施内部控制的基础,一般包括治理结构、机构设置及权责分配、内部审计、人力资源政策、企业文化等。

（2）风险评估。风险评估是企业及时识别、系统分析经营活动中与实现内部控制目标相关的风险,合理确定风险应对策略。

（3）控制活动。控制活动是企业根据风险评估结果,采用相应的控制措施,将风险控制在可承受度之内。

（4）信息与沟通。信息与沟通是企业及时、准确地收集、传递与内部控制相关的信息,确保信息在企业内部、企业与外部之间进行有效沟通。

（5）内部监督。内部监督是企业对内部控制建立与实施情况进行监督检查,评价内部控制的有效性,发现内部控制缺陷,应当及时加以改进。

内部控制的实质体现的是风险管理。保险资金运用内部控制是指保险机构为防范和化解资金运用风险,保证保险资金运作符合保险机构的发展规划,在充分考虑内外部环境的基础上,通过建立组织机制、运用管理方法、实施操作程序与控制措施而形成的管理体系。

2. 风险管理的内涵

风险管理是指如何在项目或者企业的一个肯定有风险的环境里把风险可能造成的不良影响减至最低的管理过程。理想的风险管理,是一连串排好优先次序的过程,使其中可能引致最大损失及最可能发生的事情被优先处理,而风险相对较低的事情则押后处理。现实情况里,优化的过程往往很难决定,因为风险和发生的可能性通常并不一致,所以要权衡两者的比重,以便做出最合适的决定。风险管理要求做正确的事。

风险管理亦要面对有效资源运用的难题。这牵涉到机会成本的因素。把资源用于风险管理,可能使能运用于有回报活动的资源减低;而理想的风险管理,是希望能够花最少的资源去尽可能化解最大的危机。

风险管理的过程包括风险识别、风险估测、风险评价、选择风险管理技术和评估风险管理效果等。

（1）风险管理首先要识别风险。风险识别是确定何种风险可能会对企业产生影响,最重要的是量化不确定性的程度和每个风险可能造成损失的程度。

（2）风险管理要着眼于风险控制。公司通常采用积极的措施来控制风险。通过降低其损失发生的概率,缩小其损失程度来达到控制目的。控制风险的最有效方法就是制定切实可行的应急方案,编制多个备选的方案,最大限度地对企业所面临的风险做好充分的准备。当风险发生后,按照预先的方案实施,可将损失控制在最低限度。

(3) 风险管理要学会规避风险。在既定目标不变的情况下,改变方案的实施路径,从根本上消除特定的风险因素。例如设立现代激励机制、培训方案、做好人才备份工作,等等。

风险管理是一项有目的的管理活动,只有目标明确,才能起到有效的作用。否则,风险管理就会流于形式,没有实际意义,也无法评价其效果。

风险管理的目标就是要以最小的成本获取最大的安全保障。因此,它不仅仅只是一个安全经营管理的问题,还包括识别风险、评估风险和处理风险,涉及资金、财务、安全、经营、设备、技术等多个方面,是一套完整的方案,也是一个系统工程。

有效地对各种风险进行管理有利于企业做出正确的决策,有利于保护企业资产的安全和完整,有利于实现企业的经营活动目标,对企业来说具有重要的意义。一般来说,企业进行风险管理的目的是为了实现:

(1) 可持续性发展:对单个业务风险或整体风险持续不断地进行识别、确认和评估;

(2) 优化资源分配:通过"风险比较",将业务计划和风险管理活动进行排序,基于风险业绩指标进行资源分配;

(3) 提高经营效率:使用集中的或共享的风险管理职能,规避风险、简化流程及优化结构(例如系统,人员等);

(4) 改进内部沟通机制:有利于理顺汇报渠道,发展一套企业内部进行风险沟通的"共同语言";

(5) 稳定收益:通过提高对风险的定量分析及剩余风险的应对措施来稳定收益。

3.3.2 内控与风险管理的关系

1. 内部控制的价值

首先,搞清楚内控部门与业务部门的职责与理念是做好内控工作的关键。

这样也便于深刻理解内控与风险管理的关系。内控部门首先是要与业务部门一道树立正确的内控观念,明确业务部门和内控部门的业绩区别。业务部门是要带领企业高质高效地达成企业的经营目标将其价值最大化。价值最大化目标是企业的自主性目标,是自己给自己的压力。为实现这一目标而实施的措施都是积极性的措施。而这种价值最大化的过程往往是伴随承担一定的风险而实现的。对于内控而言,很大程度也有外部监管的要求,它要求我们企业里的每个人应该使用正确的方法,做该做的事情,正确地做事,而不是不择手段地用智慧和能力去实现企业价值的最大化。从这个意义上说,内控的目标是强制性的,它的措施是防御性的。所以 COSO(美国反舞弊性财务报告委员会发起组织)的报告里写到“再好的内部控制体系,它不能够把一个劣迹斑斑的或没有经营智商的管理层变成一个非常有经验、头脑和能力的管理层。”所以内控的作用不在于智慧和能力,它的作用在于去完成外界强制要完成的事情,在企业实现主要目标的前提下,它是一种防御性措施,它所强调的是一种必须做的义务和责任,而不是智慧和能力。

内控不是业务的阻碍者,而是业务可持续发展的守望者、推动者。有效的内控可以减少舞弊行为,推进公司可持续价值增长。内部控制的价值主要体现在:

一是方式上,内部控制增加价值是通过保证各项信息的真实性和准确性、有效防范公司经营风险、维护财产和资源的安全完整、促进公司的有效经营等来实现的。

二是结果上,增值结果的形式具有无形性、潜在性和长效性。增值结果除少数外,一般难以用数字计算,多数迅速转化为管理成果,最终以“内部控制改善、风险降低、信息渠道畅通、管理水平提高”等形式表现。

良好的内部控制建设,可以提高股东和投资者的信心,可以提升资本的安全性,降低运营成本,提升资产使用效率,获取市场和客户的信任,有助于公司获得资金和市场,有利于有效实现风险管控,权衡风险与收益的关系,有利于股东预期的实现,为战略目标的实现提供合理保证。

2. 内控与风险管理的异同

内控管理与风险管理都是现代企业管控体制的内在要求。内控与风险管理的关系主要体现在以下几个方面:

一是从管理范畴看,二者都处于公司治理及业务管控的要求之中,但也有不同。风险管理在一定程度上包括内控管理。风险管理是管理层应对内外部各种挑战和不确定因素的时候所采取的系统的方法和过程;而内部控制是企业日常经营运作的业务与管理过程,管理者具有实施和监督的责任。

二是从内容关注点看,内控体系的建立健全主要关注运营、财务、流程、业务合规等方面。而风险管理重点关注公司的战略及战略执行:重点关注最高端的战略制定和优化,关注有回报的风险;重点关注战略分解及业务发展过程中的优化和协同,关注有回报和没有回报两部分风险;防范资产损失等没有回报的风险。

三是从内控与风险的关系上看,需要一种适度的平衡。过度的控制,会产生官僚作风,容易忽视交易对手的复杂性或周期性特点,扼杀生产活力,有时以牺牲收益为代价。而过度的风险又会使经营或业务决策不善、不科学,容易滋生不守法及出现丑闻,容易造成资产损失。因此,管理者应该根据委托人及公司自身的风险偏好实时调整经营管理或投资策略。

四是从风险敞口看,一般来说,固有风险一内控有效性风险=剩余风险(风险敞口)。固有风险涉及财务、资金、业务、声誉、法律法规、安全保障、利益相关者等多方面。往往体现在风险有多么高?什么时候发生?实际反映的是风险一旦发生会多坏及多快的问题。而内控有效性,体现的是预防、积极准备与应对,回答的是风险管控有多好、应对有多快和多有效的问题。剩余风险(风险敞口)反映的是风险的趋势和是否可以接受。

五是从风险应对角度看,适用于内部可控的风险包括:设定控制目标、制定控制活动、形成内部控制矩阵、监督与检查等;适用于不可控的系统性风险包括定期数据监控和报告、套期保值等避险工具的应用、应急预案的启用等。

3.3.3　内控与风险管理的协同

完善内部控制体系建设,加强全面的风险管理,内控与风险管理的有效协同,是现代企业持续健康发展的应有之道。从角色和职能定位上看,公司董事会最终确定风险偏好体系,根据公司资本实力、市场状况及业务特点明确风险偏好和容忍度。风险管理委员会制定政策,总体负责衡量与监督公司的风险管理表现。首席执行官及公司高级管理层根据董事会的要求最终决定公司可允许的风险水平。风险管理职能部门负责协调与监控,保证企业风险管理政策和框架等制度性安排在整个企业得到有效实施。各业务单元负责管控各自领域的风险。内部审计保证风险管理程序在整个公司得到监督和控制,督促问题发现,及时整改和风险防范等。

随着国内监管机构不断引入国际先进的监管理念、方法和工具,未来国内保险行业所面临的上市监管和行业监管要求也将随之不断深化。在风控管理方面的主要趋势体现在两个方面。

一是提倡内控与风险管理的融合形成统一的风险管理机制。随着《指引》的出台和全面风险管理的强调,国内监管机构已开始逐步扩大监管覆盖面,从以往单一对业务合规性的监管,转向覆盖面更广的内控监管以及对企业全面风险管理水平的监管。其核心旨在不断增加保险企业风险管理的透明度。并逐步强化激励处罚机制对风控管理效果的推动作用,正在强化定量与定性相结合的风控管理理念。

二是强调"三道防线"共同作用,加强内控与风险管理。从未来发展趋势上看,保险公司包括保险集团公司的内部控制体系框架,将是一个围绕以"三道防线"职能建设为核心,以公司治理和企业文化为基础,以组织架构和制度政策相匹配,以激励约束机制为保障,以信息系统和专业技术为支撑的内控与风险管理的协同运作系统。"三道防线"应发挥如下作用:

第一道防线,作为内部控制体系建设和实施的责任主体,其核心职责和定位为具体落实和执行建立健全、合理、有效的内部控制体系的相关工作,通常由前台一线业务部门承担。具体工作内容包括:在第二道防线指导下,建立和维护本部门、本机构内部的相关部分内控手册和具体制度等,并遵照政策严格执行;对本部门或岗位相关的重大风险进行预警、报告,开展并落实重大整体风险的应对工作,提出风险应对和内部控制措施优化方案;落实本部门或岗位职责范围内的内部控制的自查与改进工作,做好培育风险和内控管理文化的有关工作等。

第二道防线,作为内部控制体系建设中负责组织、协调并制定技术标准的责任主体,其核心职责和定位为组织和协调第一道防线各级业务和管理部门开展内部控制体系建设工作,并提供技术标准和统一的方法工具,通常由中台风险、合规与内控管理部门承担。具体工作内容包括:负责建立内部控制体系建设相关层级制度文件,如内部控制政策等,并根据实际情况进行持续更新;为第一道防线开展内部控制体系建设和维护相关工作提供统一的标准、专业工具和技术支持;包括组织第一道防线建立和更新相关层级制度文件如内控手册、各业务及其管理制度或管理办法等的内控审查;临时性补充制度文件或通知的内控审查;组织第一道防线开展内部控制自查工作,协助第一道防线完善内部控制体系;通过日常监督,不断总结内部控制体系建设过程中的经验和教训,改进内部控制体系建设的方法和技术手段;负责协助责任部门对内外部监督中所发现的内控缺陷实施整改,对于涉及跨部门或条线的机制性问题,组织协调多部门共同研讨制定并落实整改方案;从专业角度,引导和培育公司的风险管理和内部控制文化等。

第三道防线:其核心职责和定位为对内部控制体系的健全性、合理性以及有效性开展独立的评价和监督,通常由内部审计部门来承担。具体工作内容包括:针对内部控制体系建设和执行情况开展独立的评价和审计监督工作,并对审计发现的问题和缺陷进行报告,将缺陷信息及时传递给第二道防线及第一道防线的相关责任部门;对内部控制体系运行过程中存在的缺陷整改情况进行跟踪审计等。

当然,内控管理与风险管理的有效协同,还涉及和体现在操作风险管理、合规风险管理及道德风险管理等方面。这些管理的内容在其他章节里有论述。

3.4　内控管理与资产负债管理

3.4.1　内控管理与资产负债管理(ALM)有着密切的联系

从国际监督官协会(IAIS)颁布的资产负债管理标准(第13号准则)中的内容来看,保险资产负债管理实质上体现了内控管理中风险管理的一些核心要求。而从内控的角度看,加强保险公司内控管理及体系的建设,有助于强化资产负债管理制度的有效执行和机制的正常运转,有利于监管部门加强偿付能力监管,防止保险公司过度关注短期利益而使资产负债管理理论与实践流于形式,进而有利于公司持续健康发展。

资产负债管理(ALM)是一种企业的管理模式和风险管理工具。在该模式下,企业中与资产和负债相关的所有决策和行动都是彼此协调的。它可以被看作是一个对资产负债战略进行制订、执行、监控和完善的持续不断的过程,在企业的风险容忍度和其他约束条件下,它帮助企业实现财务目标,对于企业的财务稳健性、未来的现金流和偿付能力至关重要。

资产负债管理实质是一种风险管理。在资产负债管理过程中,利率水平和久期的变化不仅会影响现金流、收益率等要素的变化,还会直接影响到资产及负债模型的评估结果,进而会影响保险公司偿付能力和战略资产配置等。如果运用得好,它像一个平衡器一样平衡各个利益相关方的诉求,在收益和风险的权衡中引导公司朝着正确的方向前行。资产负债管理要求资产与负债的久期、现金流及收益率有更科学的匹配,以利于保险公司跨越经济周期波动,持续稳健经营。资产负债管理要求保险公司在治理层面和实际操作层面建立健全组织架构和有效的管理机制,如设立资产负债管理委员会,动态分析利率变化对公司资产与负债的影响,基于眼前和长远相结合的考虑,及时调整资产负债管理策略,并根据负债特征和变化,动态调整资产的战略与战术配置结构。资产负债管理,对于保险企业来说既是一种理念,又是一种风险管理的手段和工具。加强财务、精算、产品设计、销售、投资等部门间的有效互动,加强资产委托方与受托方的有效沟通,从机制上保证资产负债管理工作的顺利开展,有利于增强保险企业抵御跨周期风险的能力,有利于公司持续稳定健康发展。

3.4.2　国际准则下 ALM 的目标和框架要求

1. IAIS 颁布的与 ALM 相关的内容

IAIS 在 2003 年颁布的《保险业基本原则和方法》(ICP)提出了一个全球范围适用的监管框架,其中与 ALM 相关的基本原则有:

(1)风险评估和管理。监管当局要求保险企业能够识别其面临的一系列风险并对这些风险进行有效评估和管理。

其核心标准包括：保险企业应建立全面的风险管理体系，能够对风险进行及时地识别、评估、报告以及控制；风险管理的政策和风险控制体系应该同企业业务的性质、规模和复杂程度相适应，对重要风险，企业应确定合理的风险容忍水平。

（2）投资。保险公司应遵循投资标准，包括投资政策、资产组合、多元估值、资产负债比例以及风险管理方面的规定。

其核心标准包括：保险公司应建立有效的资产负债管理和监控流程，确保其投资活动和资产的配置同公司的风险水平和负债相匹配。

IAIS 的另外两份文件中，也对如何应用 ALM 进行了规定。如 1999 年 12 月发布的《保险公司资产管理标准》中第 4 段提到：保险公司在制订资产配置策略的时候，关键要考虑其负债情况，要确保其资产的性质、期限和流动性能够满足保单责任到期支付的需要。因此，在制订投资策略时，首先要对资产和负债的关系进行详细分析，确保投资活动对偿付能力的风险已经进行了充分地管控。

2004 年 10 月发布的《投资活动风险管理指引》第 6 段中也有与 ALM 相关的规定，该指引应结合 IAIS 颁布的其他文件和原则来进行理解，特别是 2002 年的《资本充足率和偿付能力原则》、2003 年的《偿付能力控制水平指引》和《保险公司压力测试指引》。由于负债结构对于投资策略尤为重要，同时考虑到资产负债管理对保险公司的重要性，该文件也应与上述 IAIS 颁布的其他文件或原则结合起来理解。

尽管在很多国家 ALM 的应用已经比较成熟，其具体的技术却还在不断的完善。比如，在寿险业，以前 ALM 主要强调资产负债比例管理，目的是减少利率风险；而在某些非寿险领域，以往 ALM 试图缓解经营结果的大起大落。如今，对于大部分企业来说，它的重点是价值的最优化，涵盖了所有需要资产和负债相协调的风险，特别是市场风险（包括利率风险、信贷息差风险、货币风险、股票风险，有时也包括房地产风险）、承保风险和流动性风险。信用风险也要考虑，但仅仅是那些需要资产和负债协调的信用风险。

2. ALM 的具体作用及流程

ALM 的目的不是消除风险，而是通过建立自我约束的框架有效地管理风险。比如,在为某一类风险敞口设定上限时,保险公司应考虑其自身的偿付能力和风险容忍度、公司的目标和企业的实际情况,还要设定一系列参数,对未来业务的结果进行预测。如果发现这些风险限额可以以较低成本减少风险,则保留;如果发现突破上限会提高边际回报率,同时,获得额外资本的成本比较低,且不影响公司满足保单责任的能力,则提高上限。

ALM 帮助企业更好地平衡规模、效益和风险的关系。关键是要能通过公司和市场的数据,采用合理的假设和适当的模型对于经济价值的未来变化进行把握和预测。保险公司要具备这样的能力,即在一系列不利情况下预测和评估经济价值的变动对偿付能力的影响。

新产品开发的设计环节就应考虑 ALM 的影响。比如,保险公司应合理保证,这个新产品投放后带来的负债能够有与之相协调的资产进行配置。如果不行,公司就要考虑这个新产品是否需要投放。

ALM 的具体流程因公司而异,需要考虑每个企业的内、外部约束条件。外部约束包括监管环境、评级机构的看法、保单持有人或其他利益相关方的利益。还有一个重要的外部制约因素,即宏观资产和负债的流动性,这可能削弱公司对于风险进行定价、评估和对冲的能力。比如,在很多不发达国家,金融市场还不成熟,流动性也不足。内部约束,比如资产配置的限制规定,主要反映了公司的管理理念或者专业判断。此外,人才不足也会是一个内部制约因素。

3. 总体框架要求

(1) 保险公司应建立有效的资产负债管理和监控程序以确保其资产配置和投资活动与公司的负债、风险及偿付能力相匹配。

(2) ALM 应建立在经济价值的基础上并考虑到不同情况下经济价值的变化。在 ALM 框架下,还需考虑传统的因素如会计价值和法定价值,因为这对现金流价值的确定也会造成一定的影响。

(3) ALM 衡量工具的选择要求考虑公司的特点和实际情况以及业务条线的风险特征。

(4) 保险公司应对所有需要资产和负债相协调的风险进行评估。那些对经济价值造成潜在影响的风险为重要风险,应纳入 ALM 框架内。

(5) 保险公司需利用正确的方法来衡量市场风险和相关信用风险。对于较复杂的产品及投资,为准确衡量风险,应利用更高级的模型。

(6) 保险公司应充分考虑新的有效保单的期权风险,并在公平对待保单持有人的基础上确定减少影响的方法。ALM 应在保单存续期内考虑这种期权的影响。

(7) 保险公司的资产配置应能保证当其债务到期时,手中持有足够的现金和多样化的可出售证券。保险公司应制定计划以应对意外的现金流出,比如持有足够的流动性或随时可变现的资产,或者正式的信用额度。

(8) 董事会在审议资产负债管理战略时,应该考虑到以下因素:资产负债关系,保险公司的风险容忍度,长期的风险与回报要求,流动性需求与偿付能力。获得董事会批准后,高管层还需负责政策的实施。

(9) 在制定整体的战略时,保险公司应该根据每个业务条块的特点制定相应的资产负债管理战略。此外,还需考虑到不同的条块之间的互动效应。

(10) 保险机构应该设立合适的组织架构,以保证资产负债管理涉及的不同业务职能之间存在紧密与持续的联系。组织架构应考虑公司的性质、规模及其复杂性。资产负债风险与流程监控的职责应尽量由独立的部门承担,与负责投资、定价及有效保单业务监督管理的职能部门分开。资产负债管理职能的授权、定位与职责应该清晰明了,公司其他部门应对其熟悉。监管机构应该对保险公司不同职能之间的关系进行监督检查。

(11) 保险公司应根据业务发展和风险情况制定和实施有效的资产负债管理监控和报告程序。在实施过程中应密切监控并定期进行评估总结。

4. ALM 的软件要求

通常而言,资产负债管理是项技术含量很高的工作,需要有成熟的软件系统,专业人才和及时且准确的信息来支撑。假如提供的产品销售、现金流等信息不够准确的话,风险管理的能力将严重削弱,不能为定价、市场和投资提供相关的参考信息。保险公司的系统应具有为资产负债的风险敞口提供准确和及时的信息及应对特殊的要求的能力。员工应具备执行资产负债管理指令的能力。员工的人数应与公司的大小和机构的复杂程度相匹配。

资产管理过程的复杂性,包括公司采用的管理工具和方法,将对监控的程度产生影响。一个复杂的系统要求设有完善的,以计算机为基础的监控结构。在这一过程中,就技术方面而言,不包括主观判断,人为介入越多,就越需要加强监控,以防止人为错误的发生。

3.4.3 我国保险资产负债管理的实践与问题

近年来我国保险资产负债管理的理论与实践都有了进一步发展。特别是经过一些风险事件的教育,保险企业的资产负债管理理念进一步增强,资产负债管理的重要性日益凸显。与此同时,监管部门也对资产负债管理提出了更高的要求。伴随着保险业的快速发展,一些大的保险集团公司积极探索和实践资产负债管理之路,也取得了一些可喜的成果。

中国保险业历经 30 多年的高速增长,发生了历史性的巨变。尤其是近年来,在中国保监会的管理下,保费收入不断增长,资金运用渠道逐渐放开,中国保险业焕发出前所未有的发展活力,成为具有全球影响力的保险大国。我国保险业继先后赶超德国、法国、英国后,有望超越日本成为仅次于美国的全球第二大保险市场。保险资金长期资金积累的数量越来越多,保险投资功能对国民经济发展发挥着越来越重要的作用。但在看到行业取得的骄人业绩的同时,保险资产负债管理也遇到了一些新问题和新挑战。如国际政治经济形势复杂多变,黑天鹅事件频发,经济增长不确定性加大。世界经济总体向低速增长收敛,经济复苏乏力。我国经济新常态特征更加明显,经济下行压力仍然较大,复杂利率环境可能持续较长时间。在保费大幅增长的背景下,质量好的资产难寻,配置难度增大。另一方面,市场风险却在不断增加,行业"长钱短配""短钱长配"、产品定价与资产管理"两张皮"等问题进一步凸显,部分保险机构集中举牌、跨领域跨境并购、激进投资等行为引起社会广泛关注,流动性风险加大。除了客观上保险资产负债管理中缺乏可匹配的资产因素而外,在保险企业资产负债的内部管理上也存在一些问题,主要表现为:有些保险公司没有建立科学的资产负债管理机制,缺乏明确的资产负债管理制度、流程和部门职能分工,即使有些公司有了相关制度,实践中也没有很好贯彻执行,有些公司的资产负债管理流于形式;缺乏科学的系统的资产负债管理应用数据软件与模型;内控管理对资产负债管理没有很好地发挥监控作用,没有形成有效的合力。这方面深层次的原因包括公司治理有缺陷,管理理念落后,内部由人而非系统控制;或从业人员专业水平所限或短期利益驱动或不科学的 KPI 导向所致等。有些公司平时说资产负债管理很重要,关键决策时不重要,过度追求短期利益,患得患失,看似暂时发展很快,实质经营管理潜伏着一定的风险隐患。

3.4.4 资产负债管理的作用及局限性

资产负债管理从广义的角度、从整个企业的目标和战略出发,考虑偿付能力、流动性和法律约束等外部条件为前提,以一整套完善的组织体系和技术,动态地解决资产和负债的利率、久期、现金流等价值匹配问题以及企业层面的财务控制,以保证企业运行的安全性、盈利性和流动性的实现。而从操作层面上来看,资产负债管理阐明了完全不同的决策之间的内在联系,如投资策略、业务与产品策略、再保险策略、偿付能力问题及股利分配政策等。资产负债管理可以帮助管理者同时从不同的角度考虑问题、评估风险,给予他们以往所没有的洞察力。

然而,资产负债管理也有其局限性:

(1) 任何模型结论的质量都依赖于模型所用数据的质量,使用数据的缺陷会导致结论的缺陷。另外,在模型中需要用到许多参数和不同变量之间的相关性,由于中国保险业的发展历史较短,收集的统计数据不完整,这些也都会影响到模型的质量和结果。随着我们在经验和数据上积累,这些情况都会逐步得到改善,从而提高模型结果的可信程度。

(2) 当前中国资本市场还不够完善,在投资产品种类上还存在缺失,尤其缺少可以用来调整久期、控制对冲风险的金融衍生工具。工具的缺乏使许多 ALM 的问题不能被有效地化解。当然,随着市场开放步伐的加快,资本市场国际化进程的加强,监管部门正在考虑放开对一些衍生产品投资的限制。

(3) 资产负债管理可以帮助保险公司测定不同的行为带来的整体风险,但 ALM 不能处理那些没有被纳入模型范围的风险因素。例如,目前我国的一些企业债被评为 AAA 级信用,在我们建立的模型中,这些债券的信用风险由于市场违约率近两年才有所体现,往往在模型运用时被忽略。一旦遭受经济衰退,债券的交易萎缩,发生信用风险,公司业务或产品的流动性也会受到影响。虽然我们现有的模型无法模拟此类风险,但在目前的市场环境下,我们也不可能放弃对此类债券的投资。

无论模型多么好,都不能完全代表现实。ALM 模型有一定的科学性,也有一定的艺术性,使用者最好同时看到模型的长处和短处。ALM 模型是用来支持战略思维的,而不是取而代之。

3.4.5　推进内控管理与资产负债管理的有机结合与发展

1. 树立科学的保险资产负债管理理念

从保障属性来看,保险业具有独特的风险管理和保障功能,是其他行业不可替代的。风险保障是行业安身立命之本,也是行业核心价值所在,后来衍生出的储蓄和财富管理功能,也是服从和服务于风险保障功能。从长期属性来看,保险资金特别是寿险业务资金的一个突出特点就是长期性资金占有一定比重,这种属性决定了在实际经营中,必须要注重资产负债的长期管理和匹配。即使是中短期资金也需要资产与负债在收益率、现金流、久期等方面进行合理的匹配。经济运行往往会出现周期性波动,市场利率也会呈现周期性变化和区间震荡,对于保险企业而言,长期保单往往会贯穿几个经济周期,防范风险必然是长期的过程。坚持资产负债管理的正确理念,负债端应更加侧重发展长期业务,可以有效应对短期波动带来的影响和现金流压力;资产端应坚持长期投资、价值投资和稳健投资的理念,以固定收益类业务为主,股权、股票、基金等非固定收益业务为辅,追求长期稳定的投资回报,这既符合保险企业经营规律,又能穿透经济周期,对经济波动和业务持续发展起到平滑作用。保险业要坚持审慎稳健的投资原则,既要防止负债业务竞争上的不计成本,也要防止资金运用上的激进投资。保险企业把履行对客户的承诺放在首要考虑的位置,确保客户利益得到充分保障,确保资金运用的安全性。

2. 建立科学的资产负债管理模式

从国际经验来看,一般在行业发展的初期,公司往往采取"负债驱动资产"的模式,将经营重心放在业务开拓上,资产管理要么自己管理,要么采取委托管理,或者两者兼而有之。负债端通过收益率要求和流动性约束驱动资产端。这种模式与行业处于初级发展阶段相适应,或与当时的经济发展状况相适应,有利于保险业务的快速扩张,负债端"倒逼"资产端的矛盾尚未凸显。随着保险业的发展成熟,加之市场的复杂变化,推动了资产负债管理理论的进一步发展。要求既不要过于强调负债端驱动,也不要过度强调资产端驱动,而是资产与负债两端互动。建立以账户为基础,产品为源头,以 SAA(战略资产配置)为核心、兼顾TAA(战术资产配置)和动态调整的资产配置体系,强化大类资产配置和委托投资管理,真正实现负债端需求和资产端压力的双向传导机制和良性互动。这种资产负债管理模式目前正被越来越多的保险公司和监管部门所认可。

3. 强化内控管理以保障资产负债管理体系真正发挥作用

资产负债管理工作的好坏,除了与相关制度的建设有关外,很重要的因素是内控管理能否有效地真正发挥作用,"三道防线"(即业务、风险合规、审计)能否有效配合,推动与检验制度执行的有效性。首先,要完善公司治理,以责任为核心,健全资产负债管理体系。如果是集团公司,要明确主体责任,进一步完善集团内的资产负债管理架构,构建跨法人主体的合作沟通平台,理顺各法人主体之间的委托受托关系,并建立包含决策层、执行层和工作层的制度流程,实现分层管理。无论是集团公司还是子公司都应加强管理组织体系及机制建设,形成包括董事会、资产负债管理委员会和投资决策委员会在内的多层次 ALM 决策体系。同时,建设以资产负债管理为核心的全面风险管理体系,建立从风险偏好到风险预算,再到风险限额的分解一系列支持框架和分层落实机制。其次,需形成资产负债管理闭环机制。将资产负债管理职能贯穿于保险产品设计、投资策略选择、流动性管理等业务全流程,覆盖产品全生命周期。在产品定价、销售计划、保单分红、万能结算等方面,实现资产端与负债端信息和要求的良性互动。在两端互动的基础上,也可以通过运用专业模型和技术对利率风险、市场风险、信用风险、流动性风险等进行更加有效的管控,并通过大数据等新技术优化精算模型,推动实现更加精准的风险定价。再次,应推进资产负债管理从软约束向硬约束转变。为实现资产负债的升级管理,必须强化内控管理,强化硬约束。推进实现资产和负债两端在考核机制上的有效互动与联通,进一步聚焦风险、利润与资本的有效联动,提高资本的使用效率,将资产端与负债端纳入同一管理体系和考核指标体系下,实现向资产负债的精细化管理、集约式管理发展的转型升级。

3.5 资金运用与关联交易管理

3.5.1 关联交易的含义及信息披露的必要性

关联交易(connected transaction)就是企业关联方之间的交易。关联交易是公司运作中经常出现的而又易于发生不公平结果的交易。关联交易在市场经济条件下存在,从有利的方面讲,交易双方因存在关联关系,可以节约大量商业谈判等方面的交易成本,并可运用行政的力量保证商业合同的优先执行,从而提高交易效率。从不利的方面讲,由于关联交易方可以运用行政力量撮合交易的进行,从而有可能使交易的价格、方式等在非竞争的条件下出现不公正情况,形成对股东或部分股东权益的侵犯,也易导致债权人利益受到损害。

根据财政部 2006 年颁布的《企业会计准则第 36 号——关联方披露(2006)》的规定,在企业财务和经营决策中,如果一方控制、共同控制另一方或对另一方施加重大影响,以及两方或两方以上同受一方控制、共同控制或重大影响的,构成关联方。

这里的控制,是指有权决定一个企业的财务和经营政策,并能据以从该企业的经营活动中获取利益。所谓重大影响,是指对一个企业的财务和经营政策有参与决策的权力,但并不决定这些政策。参与决策的途径主要包括:在董事会或类似的权力机构中派有代表,参与政策的制定过程,互相交换管理人员等。凡以上关联方之间发生转移资源或义务的事项,不论是否收取价款,均被视为关联交易。

关联交易在市场经济条件下广为存在,但它与市场经济的基本原则却不完全相吻合。按市场经济原则,一切企业之间的交易都应该在市场竞争的原则下进行,而在关联交易中由于交易双方存在各种各样的关联关系,有利益上的牵扯,交易并不能保证在完全公开竞争的条件下进行。关联交易客观上可能给企业带来或好或坏的影响。因此,全面规范关联方及关联交易的信息披露非常有必要。

我国十分重视关联交易的信息披露。《企业会计准则第 36 号——关联方披露(2006)》对有关关联方关系及关联交易的定义与信息披露等都做了详细规定。关联交易在香港特别行政区一般也称为关连交易,即简体的关连交易。是指关联方所拥有的那一家公司及其附属子公司和关联人之间的交易,这种交易要受到监管。正是由于关联交易使关联者之间在定价过程中具有一定程度的灵活性,公司的控股股东、实际控制人或影响者可能利用关联交易转移利益,所以全面规范关联交易及其信息披露便成为保障关联交易公平与公正的关键。关联交易信息披露的根本目的在于确保关联者没有获得在无关联状态下无法获得的不当利益,以确保该项交易对公司及股东是公平和合理的。同时为投资者对该项交易行使表决权提供信息基础,使投资者在了解关联交易真实内容的基础上做出投资决策,增强对证券市场透明度的信心。

3.5.2 关联交易的政策要求要点

为进一步加强保险公司关联交易监管,有效防范不正当利益输送风险,维护保险公司和保险消费者利益,根据《保险公司关联交易管理暂行办法》等规定,保监会于 2017 年 6 月又以保监发(2017)52 号文的形式出台了《关于进一步加强保险公司关联交易管理有关事项的通知》,关联交易新政出台,对保险公司加强关联交易管理提出了更加严格的要求,要点如下:

保险公司应当设立关联交易控制委员会,或指定审计委员会负责关联方识别维护、关联交易的管理、审查、批准和风险控制。设立关联交易控制委员会的,成员不得少于五人,公司指定一名执行董事担任负责人,成员应当包括合规负责人等管理层有关人员。一般关联交易按照内部程序审批,最终报关联交易控制委员会或审计委员会备案或批准;重大关联交易经由关联交易控制委员会或审计委员会审查后,按照有关规定提交董事会批准。

保险公司应当进一步完善关联交易的内部控制机制,优化关联交易管理流程,合规、业务、财务等关键环节的审查意见以及关联交易控制委员会等会议决议应当清晰留痕并存档。

保监会基于《保险公司关联交易管理暂行办法》和《企业会计准则》的有关规定,按照实质重于形式的原则穿透认定关联方和关联交易行为:

(1)保险公司关联方追溯至信托计划等金融产品或其他协议安排的,穿透至实际权益持有人认定关联关系。

(2)保险公司投资或委托投资于金融产品,底层基础资产包含保险公司或保险资产管理公司的关联方资产的,构成关联交易。

(3)保险资金投资股权所形成的关联方(已受所在金融行业监管的机构除外)与保险公司其他关联方发生的重大关联交易,保险公司应当建立风险控制机制,并向保监会及时报告关联交易有关情况,保险公司全资子公司之间的交易除外。

(4)保监会按照实质重于形式的原则认定的其他关联关系以及关联交易行为。

保险公司应当按照保险资金穿透管理的监管要求,监测资金流向,全面掌握底层基础资产状况,建立有效的关联交易控制制度。

保险公司开展资金运用和委托管理业务的,应当在协议中明确,资金投资的底层基础资产涉及保险公司关联方的,应当按照关联交易的有关规定审查并向保监会报告。委托方和受托方均为保险机构的,应当就审查责任等作出明确约定,约定不清的,双方均为关联交易识别和报告的责任单位。

签订统一交易协议应当符合以下规定:

(1)统一交易协议的内部审查、报告和信息披露参照重大关联交易办理。统一交易协议项下发生的关联交易无需逐笔报送,在关联交易季度报告中一并报送。

(2)统一交易协议签订期限一般不超过三年。无明确期限或者期限超过三年的统一交易协议应当自本通知生效之日起的一年内重新签订。

(3)对于统一交易协议项下发生的资金运用行为,在底层基础资产涉及保险公司关联方的,应当按照有关规定进行关联交易审查并报告。

基于已经报告的特定关联交易事项产生的后续赎回、赔付、还本付息、分配股息和红利、再保险摊出摊入保费等交易行为,不计入关联交易总额,也无需再次履行关联交易审批、报告和信息披露程序。

保险公司向关联方购买资产、股权的,关联交易报告中应当说明关联方最初的购买成本。保险公司向关联方出售资产、股权的,关联交易报告中应当说明最初的购买成本。

保险公司应当至少每半年更新一次关联方档案。

对于保险资金运用、变更注册资本、股东变更等需要请示或报告的业务行为,若该行为同时构成关联交易,保险公司应当在申请、备案或报告材料后附关联交易报告一并提交,不得单独报送。

对于固定资产的买卖、借款、租赁等不需要批准或备案的关联交易,按照现有规定报送关联交易报告。

向保监会指定机构(如中国保险资产管理业协会等)报送的业务行为,构成关联交易的,应当同时向保监会报送。

保监会在关联交易审查中可以采取以下措施:

(1)质询函;

(2)责令修改交易结构;

(3)责令停止或撤销关联交易;

(4)责令禁止与特定关联方开展交易;

(5)视情况需要采取的其他措施。

未按规定报送关联交易报告或者在关联交易内部审查环节未能勤勉尽职的有关责任人员,保监会可以采取以下措施:

(1)公开谴责,记入履职记录;

(2)认定为不适当人选;

(3)依法可以采取的其他措施。

保险公司和保险资产管理公司均有责任的,一并处理。

保险公司违反关联交易有关规定的,由保监会依法予以处罚。

此处所称保险公司包括在中国境内依法设立的保险集团(控股)公司、保险公司。保险资产管理公司、相互保险公司参照适用。

3.5.3　关联交易管理审核

1. 审核要求

一般关联交易按照公司内部授权程序进行审查,并报关联交易控制委员会报备或审核。重大关联交易由董事会或股东大会批准。重大关联交易由董事会批准的,董事会会议所作决议须经非关联董事 2/3 以上通过;已设立独立董事的保险公司与主要股东及其关联方的重大关联交易,必须获得独立董事的一致同意,同时主要股东应向保监会提交关于不存在不当利益输送的书面声明。

2. 资金运用关联交易应符合相应比例要求(非控股公司之间)

(1) 在保险公司投资未上市权益类资产、不动产类资产、其他金融资产的账面余额中,对关联方的投资金额分别不得超过该类资产投资限额的 50%。

(2) 保险公司对关联方中单一法人主体的投资余额,合计不得超过保险公司上季末总资产的 15% 与该法人主体上季末总资产的 5% 二者孰高。

(3) 保险公司对关联方的全部投资余额,合计不得超过保险公司上季末总资产的 30%,并不得超过保险公司上季末净资产。在计算人身保险公司和再保险公司总资产时,其高现金价值产品对应的资产按 50% 折算。

3. 报送、报告要求

(1) 每季度结束后 25 日内向保监会报送关联交易季度报告。

(2) 公司董事会每年向股东大会报告关联交易情况和关联交易管理制度执行情况。

(3) 公司每年至少组织一次关联交易专项审计,并将审计结果报董事会和监事会。

3.5.4　关联交易信息披露方面的细化要求

重大关联交易按照监管要求进行信息披露和报告。重大关联交易按照监管要求及时在公司网站及行业协会网站进行信息披露。

为规范保险公司资金运用关联交易的信息披露行为,防范投资风险,保监会

以保监发〔2014〕44号文件形式,下发了《保险公司资金运用信息披露准则第1号:关联交易》。要点如下:

这里所称关联方,是指按照《保险公司关联交易管理暂行办法》确定的关联企业和关联自然人。

保险公司与关联方之间开展下列保险资金运用行为的信息披露适用本准则:

(1) 在关联方办理银行存款(活期存款除外)业务;

(2) 投资关联方的股权、不动产及其他资产;

(3) 投资关联方发行的金融产品,或投资基础资产包含关联方资产的金融产品;

(4) 中国保监会认定的其他关联交易行为。

保险公司与关联方之间开展上述关联交易,应当按照相关格式要求编制信息披露公告,披露下列信息:

(1) 交易概述及交易标的的基本情况;

(2) 交易各方的关联关系和关联方基本情况;

为了进一步加强保险资金关联交易管理,保监会又以保监发〔2016〕62号文件(以下简称"《通知》")形式发文强调了保险资金关联交易信息披露的有关要求,标准更加明确和严格,规定要点如下:

保险公司以下关联交易应当逐笔报告和披露:

(1) 资金运用类关联交易,包括资金的投资运用和委托管理;

(2) 与关联自然人交易金额在30万元以上或与关联法人交易金额在300万元以上的资产类关联交易,包括固定资产、无形资产的买卖、租赁和赠与;

(3) 与关联自然人交易金额在30万元以上或与关联法人交易金额在300万元以上的利益转移类关联交易,包括提供财务资助、债权债务转移或重组、签订许可协议、捐赠、抵押等导致公司财产或利益转移的交易活动。

需要逐笔报告和披露的,保险公司应当在签订交易协议后10个工作日内(无交易协议的,自事项发生之日起10个工作日内)报告中国保监会,同时在公司网站和中国保险行业协会网站披露。报告和披露内容包括:

(1) 关联交易概述及交易标的的基本情况;

（2）交易对手情况：包括关联自然人基本情况、与保险公司存在的关联关系说明；关联法人名称、企业类型、经营范围、注册资本、与保险公司存在的关联关系说明、组织机构代码或统一社会信用代码（如有）；

（3）关联交易的主要内容和定价政策；

（4）本年度与该关联方已发生的关联交易累计金额；

（5）中国保监会认为需要披露的其他事项。

除本规定以外的其他一般关联交易应当按交易类型分类合并披露，包括：

（1）未达到逐笔披露标准的资产类、利益转移类关联交易；

（2）保险业务和保险代理业务；

（3）再保险的分出或分入业务；

（4）为保险公司提供审计、精算、法律、资产评估、广告、办公场所装修等劳务或服务。

分类合并披露应当每季度进行一次，保险公司应当在每季度结束后 25 日内在公司网站和中国保险行业协会网站披露以下内容：

（1）本季度各类关联交易总量及明细表，明细表应列明交易时间、交易对手、与保险公司存在的关联关系说明、交易内容、交易金额；

（2）本年度各类关联交易累计金额；

（3）中国保监会认为需要披露的其他事项。

保险公司不得通过隐瞒关联关系或者采取其他手段，规避关联交易审议程序和信息披露义务。保险公司按照《通知》要求披露的关联交易信息应当真实、准确、完整、及时，不得存在虚假记载、误导性陈述和重大遗漏。

保险公司董事会对本公司关联交易的合规性承担最终责任。董事会秘书是关联交易信息披露责任人，应当对本公司关联交易信息披露的真实性、准确性、完整性、及时性负责，但有充分证据表明其已经履行勤勉尽责义务的除外；未设董事会的保险公司应由公司指定的高级管理人员负责。

保险公司违反本通知要求的，中国保监会责令改正，并可根据相关情况，采取调整分类监管评价、调整公司治理评级等监管措施。对拒不改正或情节严重的，依照相关法律法规予以处罚。

对保险公司关联交易信息披露责任人及其他董事、监事、高级管理人员违反

本通知要求的,中国保监会可以采取以下监管措施:

(1) 责令改正;

(2) 监管谈话;

(3) 将其违规行为记入履职记录,进行行业通报;

(4) 认定为不适当人选;

(5) 依法可以采取的其他监管措施。

重大关联交易认定标准调整为:"保险公司与一个关联方之间单笔交易额占保险公司上一年度末净资产的1%以上或超过3 000万元,或者一个会计年度内保险公司与一个关联方的累计交易额占保险公司上一年度末净资产的5%以上的交易"。

重大关联交易除按照《保险公司关联交易管理暂行办法》《保险公司信息披露管理办法》规定报告和披露外,还应当按照《通知》规定增加报告和披露内容。

保险公司按《通知》要求披露的关联交易信息,因涉及国家秘密或其他原因依法不得公开披露的,应当至少信息披露规定期限届满前5个工作日内,向中国保监会书面说明情况,并依法不予披露。

统一交易协议签订和续签情况应当逐笔报告和披露,统一交易协议执行情况可按季度合并披露。

资金运用类关联交易信息披露按照《保险公司资金运用信息披露准则》有关规定执行,但应在本通知规定时限内向中国保监会报告。

上述相关要求适用于在中国境内依法设立的保险集团(控股)公司、保险公司和保险资产管理公司。

3.5.5 如何做好关联交易管控

1. 明确关联交易管理组织架构及职责

按照监管的规定要求,保险机构应设立关联交易控制委员会,或指定审计委员会负责关联方识别维护、关联交易的管理、审查、批准和风险控制。一般关联交易按照内部程序审批,最终报关联交易控制委员会或审计委员会备案或批准;重大关联交易经由关联交易控制委员会或审计委员会审查后,按照有关规定提交董事会批准。明确合规管理部为公司关联交易管理的归口管理部门,负责制定和完善关联交易管理制度和实施流程,组织实施公司范围内的关联交易管理活动,其他相关业务部门各司其职。董办或相关部门负责建立并维护关联方信息档案,安排重大关联交易和需披露的关联交易等事项提交董事会或股东会审议;信息技术部门负责关联交易信息的查询、收集、验证,并负责关联交易管理系统的开发和维护;业务部门负责关联交易的初步识别并报告、提供定价依据等。

2. 明确关联交易管理操作流程

一般来说,关联交易管理流程为:关联方信息更新→关联交易识别→关联交易审批→关联交易信息披露(报告)→关联交易统计。

公司关联交易管理的具体操作流程为:公司各业务部门(第一道防线)在进行相关交易前,先通过检索关联方清单,初步识别是否为关联交易。若初步识别为关联交易,由承办部门向合规管理部门(第二道防线)报告,并提供相关交易资料和定价依据,由合规管理部进行关联交易审核。经审核为一般关联交易,由合规管理部将审核意见反馈给关联交易承办部门。经审核为符合提交公司董事会或股东会审议标准的关联交易,如果是集团公司管理模式的,则由子公司合规管理部门将该关联交易有关资料上报集团公司相关管理部门审核,通过后按照集团管理部的审核意见执行。公司每年应都对关联交易及执行情况进行年度专项审计(第三道防线)。

3. 强化部门之间、委托与受托方之间的沟通与信息传递管理

对于关联交易,多数情况下委托方是信息披露的主体与责任人。这就要求受托方与委托方加强日常交易的信息沟通与反馈。受托方应该及时将关联方名单告知受托方,受托方在进行关联交易的过程中要及时报告、反馈相关信息。有些特殊的关联交易事项是需要受托方及委托方履行一定的审批、审核程序的。日常的、普通的或在大协议框架下的关联交易,虽然属于正常交易,但还是要按照监管要求按责任主体进行相关信息披露。这就要求受托方交易完成后及时反馈或传递相关交易信息,以免影响委托人及时披露信息。

4. 加强关联交易基础管理工作

(1) 有明确的关联交易管理制度并报保监会备案;

(2) 公司应根据监管规定建立关联方信息档案;

（3）公司应及时更新关联方信息档案。

3.6 资金运用与制度、流程管理

保险资金运用的内控管理涉及多方面的内容,实际操作中制度与流程的管理至关重要。制度与流程管理好了能够杜绝与防范或规避一些不必要的风险。从而使公司业务能够健康持续发展。

3.6.1 内控管理对制度的要求

内控管理必须以制度为基础,要形成制度体系,并坚持制度的全面性、科学性及有效性原则。

1. 全面性要求

内控管理是全面的管理,全过程的管理,全员的管理。因此,从公司治理到业务规划,从业务拓展到风险合规管理,从产品设立到营销客户管理,从投研分析到投资决策,从员工的招聘到员工的行为与岗位职责管理等都需要有明确的管理制度,包括相应的授权管理。制度不全面,特别是主要环节或领域的管理制度缺失,往往会形成规范管理的死角,也容易导致出现了问题责任不清。当然,制度的建立健全是一个逐步完善的过程,有些制度是在实践中总结提高完善的。

2. 科学性要求

制度面面俱到,但缺乏科学性也不行。如果制度不科学,有时还不如没有这个制度。因为它有时会阻碍业务的发展,降低工作效率。特别是在当今市场竞争激烈的时代,要有制度但也要科学。出台一项制度,要让懂业务、熟管理的人参与,充分听取多方意见,权衡利弊,适时推出。与此同时,要随着公司的发展和监管政策的变化,及时建议更新和修订,使制度与业务健康规范发展同行。

3. 有效性要求

有效性要求极其重要。很多公司,制度的健全性和科学性没有问题,但执行的有效性有问题。再好的制度如果只是挂在墙上,放在文件库里,执行时打折扣或根本不执行,迟早会出问题。有的公司平时强调内控与风险合规管理很重要,但关键时刻忽略相关内控制度。这些都是缺乏制度执行有效性的表现。克服制度执行有效性的可行做法是加强业务一线、风险合规、审计三道防线的合力作用,及时发现制度性缺陷及执行中存在的问题,及时加以完善整改。

3.6.2 内控管理对业务流程的要求

公司的管理制度往往是公司按部门或按业务种类或按照监管机构的要求逐步建立形成的,并需要逐步及时更新。业务流程及管理是为使公司内控更有效、业务发展更规范所必须予以高度重视的。随着互联网及智能信息技术的提高和普及,流程管理在许多领域正广泛得到应用,包括物流、投资、资产管理等。流程管理是制度体系中的内容,它可以使部门间、岗位间、业务间的关键环节有机地联系或串联起来,形成矩阵式管理,并以业务流程图的形式展现,形成内控流程手册,便于员工培训学习与实际操作。

1. 流程的科学性、合理性要求

流程管理应倡导科学的授权,形成简短而高效的流程。流程应责任与路径明确,即使是重大事项涉及集体决策时也便于发起操作或表决。

2. 流程的关键环节制约要求

尽管在流程管理上提倡高效、简短,但并不是不要制约,嵌入相应的合规与风险审核要求是非常重要的。如监管机构对投资比例的要求、投资授权的要求、交易对手资质的要求、内控管理的不相容岗位要求等。这些要求有的可以在投资或交易系统中设置自动拦截,有的需要人工检索复核或审查。这也是合规与风险管理工作风险防范前移在内控活动中的体现。

3. 流程的信息系统要求

流程管理既要用制度管人,管内控,又要用技术与系统管人,管内控。通过开发与应用先进 IT 系统,可以使一些想动歪脑筋的人绕不过系统管理、流程管理这道防线。没有相应授权,没有相应审核与审批,系统就无法通过,即使用不正当手段通过也必然产生留痕。随着科技发展进步,移动通信技术的应用和交易管理系统的优化升级,信息技术手段在合规管理、风险预警、智能投顾服务及内控流程管理方面将发挥越来越重要的作用。

3.7 资金运用与法律、合规管理

本节重点对保险机构法律、合规方面的重点工作内容、员工行为管理的工作重点以及监管机构对合规管理工作的要求做些提示。

3.7.1 法律从业人员工作的侧重点

保险公司的资金运用及保险资产管理公司的投资或资产管理行为涉及大量的交易合同,有些资金运用是以购买产品的形式实现的。特别是近几年市场上出现了股权收购、二级市场举牌等交易行为;企业债券违约诉讼案件在增多;各类创新产品也在增加。这些新情况、新变化,要求保险机构不断充实法律专业人才队伍,发挥保驾护航作用,防范法律风险。目前情况下,我国保险机构的法律从业人员的工作与合规管理工作密不可分,有些人员重点从事案件诉讼,有些人员被安排与合规管理结合起来开展工作。一般的工作侧重点在:

(1) 公司对外一切合同的审理审核,包括各类交易合同,严格把控合同文本,自行起草合同文本或审核外部律师起草的合同文本,力求在控制风险前提下确保合同文本充分体现本方诉求;减少公司法律风险敞口;

(2) 与业务团队充分沟通,充分论证另类投资及产品购买或发行产品交易结构、风险管理增信措施,确保交易或投资项目、产品合法合规;

(3) 按照监管要求对另类投资项目和产品的设立出具法律合规意见,就法律合规关注点提请管理层关注,重大投资均应出具法律合规意见;

(4) 公司对外用印均需取得法律人员签字同意;

(5) 投后管理中,对涉及法律论证、文本起草、受益人大会召开等法律团队均提供良好支持；

（6）债券违约风险处置过程中，负责诉讼律师选聘、诉讼方案确定，并在诉讼过程中积极参与各类债权人会议、跟踪处置过程，就处置过程中反映的问题及时和公司管理层沟通汇报等。

当然，由于各公司业务不同，人员多寡不同，实际所承担的职能也不尽相同。

3.7.2　合规从业人员工作的侧重点

合规管理是内控管理的重要内容之一。近年监管机构出台了一系列的政策：有些以指引的形式，提出方向性的要求；有些以法规的形式，要求保险机构强制执行。这些政策对保险机构就是合规底线的要求，必须认真遵守。因此，保险机构必须配备一定数量的合规人员，确保公司依法合规经营。

一般情况下，合规管理人员的工作侧重点应该体现在：

1. 合规政策的制定

合规管理人员应根据监管要求和公司的风险偏好，制定公司合规政策，并不断完善。

合规管理人员应对业务合规事项事前审核，体现合规关口把控前移。涉及合规指标的，可由相关职能部门或人员按监管要求或公司要求在交易或审批系统设置自动拦截。有些业务不能在 IT 系统上自动拦截的，合规人员进行人工审核才可以通过。

2. 合规或内控的自查、抽查及专项检查

根据监管要求，保险机构每年或定期都要对内控情况进行自查。一般情况合规部门作为牵头组织部门来完成这项工作。在日常的工作中合规人员可以与内控或风险监控人员一道加强对重要业务领域或环节的合规抽查，也可以根据监管要求、上级主管单位要求、或公司自身工作重点及内控要求开展专项检查、调查。

3. 合规培训与合规文化建设

合规培训是合规管理的一项重要工作内容，包括新人岗前执业操守培训、员工后续教育培训、新业务培训、专题专业培训等。这些培训可以由人力资源部门组织,也可以由合规与风险管理部和人力资源部门联合组织,目的在于将从业的禁止性规定告知在前,使员工上岗前知晓业务合规要求及操作流程,不断提高员工专业能力水平,培育先进的合规文化。

3.7.3 对保险机构从业人员行为的管理

在内控及其管理工作中人的因素极其重要。尽管人工智能越来越受到重视,但人的因素不可忽视。从业人员具有的专业技能和责任心是极其重要的。公司内控管理尽管可能很全面、很严密,但防范不法之徒的道德风险、钻制度或内控管理空子的思想是不可掉以轻心的。公司应该通过 IT 与制度建设、内控管理和培训、警示教育等途径,使从业人员观念上不愿违规,技术上不能违规,心理上不敢违规。主要的管理环节有:

1. 人员的招聘

人员的招聘一般有三种途径。一是关键岗位可以通过猎头招聘,重要的或有疑点的可以通过第三方机构验证,并结合招聘面试的一些情况,通过适当的方式方法深度调查了解应聘者的过去,特别是行业的行为优劣记录等。二是熟悉的人员推荐。这也是一条比较好的途径,举贤不避亲。三是校园招聘:提前布局,把好的院校的优秀的学生吸引到公司里,逐步培养,形成专业与管理人才梯队。

2. 人员的培训

新进员工经过适当的培训才能正式上岗,至少应该在工作职责、流程管理、行为规范与禁止性要求等方面都须知晓相关规定,即相关遵守事项培训与告知在前。公司对所有员工都应该组织后续培训,主要是普及新知识、新业务、新流程、监管新要求等,不断提高员工素质,强化执业操守。

3. 人员的行为管理

一般公司应与员工签订劳动合同、保密协议、自律操守承诺书,并按监管及公司要求制定投资经理及直系亲属的股票账户申报制度、行为规范等;涉及股票、债券、基金等重要投资与集中交易的部门还要配备录音、录像设备;投资经理在交易时间手机需要集中管理等。合规人员须不定期对上述管理事项进行抽查或检查。业务主管部门相关负责人应该关注下属员工的思想变化、消费习惯异常变化等情况,早重视,早预防,防范道德风险、操作与内控风险。

对于涉及股票、债券等投资经理以及可以获得相应实质内部投资决策交易信息的人员一般禁止性行为包括但不限于:

(1)不得从事内幕交易,即在涉及股票的发行、交易或其他对股票的价格有重大影响的信息尚未公开前,该从业人员不得泄露该信息,也不得自己买卖或者明示、暗示以及建议他人买卖该股票;

(2)不得利用因职务便利获取的内幕信息以外的其他未公开的信息,违反规定从事与该信息相关的证券、期货交易活动或明示、暗示他人从事相关交易活动;

(3)不得通过单独或合谋,集中资金优势、持股优势或者利用信息优势联合或者连续买卖,或通过与他人串通,以事先约定的时间、价格和方式相互进行交易,操纵市场交易价格,获取不当利益,向任何机构和个人进行利益输送或者转嫁风险;

(4)必须公平、公正客观地对待所有客户和资产,不得在客户或账户之间进行利益输送;不得从事或者配合他人从事损害投资者、委托人或产品持有人利益的行为;

(5)不得侵占或挪用客户资金资产,不得擅自变更受托合同或产品契约约定的投资范围,不得超越规定的限额进行投资;

(6)应该严格遵守公司投资流程,不得违反决策程序,不得违规越权操作;

(7)相关从业人员应当严格遵守公司信息管理的有关规定以及聘用合同中的保密条款,不得向与该项投资工作无关的公司其他员工、亲属、朋友、报刊、互联网、微信、微博等网络媒体泄露投资工作相关信息,不得编造、传播虚假信息;

(8)不得隐匿、伪造、篡改或者毁损交易记录、财务信息及其他资料;

(9)不得直接或间接接受或者索要任何利益相关方提供的贿赂或向任何利益相关方提供贿赂;

(10)不得从事涉嫌欺骗、欺诈或舞弊的行为,或作出任何与公司声誉、诚信相违背的行为。

3.7.4 监管机构对合规管理的政策要点

为进一步完善保险公司合规管理制度,提高保险合规监管工作的科学性和有效性,中国保监会以保监发〔2016〕116 号文印发了关于《保险公司合规管理办法》(以下简称"《合规办法》")的通知,要点如下:

1. 总则要求

《合规办法》中所称的合规是指保险公司及其保险从业人员的保险经营管理行为应当符合法律法规、监管规定、公司内部管理制度以及诚实守信的道德准则;所称的合规风险是指保险公司及其保险从业人员因不合规的保险经营管理行为引发法律责任、财务损失或者声誉损失的风险。

合规管理是保险公司通过建立合规管理机制,制定和执行合规政策,开展合规审核、合规检查、合规风险监测、合规考核以及合规培训等,预防、识别、评估、报告和应对合规风险的行为。合规管理是保险公司全面风险管理的一项重要内容,也是实施有效内部控制的一项基础性工作。

保险公司应当按照《合规办法》的规定,建立健全合规管理制度,完善合规管理组织架构,明确合规管理责任,构建合规管理体系,推动合规文化建设,有效识别并积极主动防范、化解合规风险,确保公司稳健运营。

保险公司应当倡导和培育良好的合规文化,努力培育公司全体保险从业人员的合规意识,并将合规文化建设作为公司文化建设的一个重要组成部分。

保险公司董事会和高级管理人员应当在公司倡导诚实守信的道德准则和价值观念,推行主动合规、合规创造价值等合规理念,促进保险公司内部合规管理与外部监管的有效互动。

保险集团(控股)公司应当建立集团整体的合规管理体系,加强对全集团合规管理的规划、领导和监督,提高集团整体合规管理水平。各成员公司应当贯彻落实集团整体合规管理要求,对自身合规管理负责。

中国保监会及其派出机构依法对保险公司合规管理实施监督检查。

2. 对董事会、监事会和总经理的合规职责要求

保险公司董事会对公司的合规管理承担最终责任,履行以下合规职责:

（1）审议批准合规政策，监督合规政策的实施，并对实施情况进行年度评估；

（2）审议批准并向中国保监会提交公司年度合规报告，对年度合规报告中反映出的问题，提出解决方案；

（3）决定合规负责人的聘任、解聘及报酬事项；

（4）决定公司合规管理部门的设置及其职能；

（5）保证合规负责人独立与董事会、董事会专业委员会沟通；

（6）公司章程规定的其他合规职责。

保险公司董事会可以授权专业委员会履行以下合规职责：

（1）审核公司年度合规报告；

（2）听取合规负责人和合规管理部门有关合规事项的报告；

（3）监督公司合规管理，了解合规政策的实施情况和存在的问题，并向董事会提出意见和建议；

（4）公司章程规定或者董事会确定的其他合规职责。

保险公司监事或者监事会履行以下合规职责：

（1）监督董事和高级管理人员履行合规职责的情况；

（2）监督董事会的决策及决策流程是否合规；

（3）对引发重大合规风险的董事、高级管理人员提出罢免的建议；

（4）向董事会提出撤换公司合规负责人的建议；

（5）依法调查公司经营中引发合规风险的相关情况，并可要求公司相关高级管理人员和部门协助；

（6）公司章程规定的其他合规职责。

保险公司总经理履行以下合规职责：

（1）根据董事会的决定建立健全公司合规管理组织架构，设立合规管理部门，并为合规负责人和合规管理部门履行职责提供充分条件；

（2）审核公司合规政策，报经董事会审议后执行；

（3）每年至少组织一次对公司合规风险的识别和评估，并审核公司年度合规管理计划；

（4）审核并向董事会或者其授权的专业委员会提交公司年度合规报告；

(5) 发现公司有不合规的经营管理行为的,应当及时制止并纠正,追究违规责任人的相应责任,并按规定进行报告;

(6) 公司章程规定、董事会确定的其他合规职责。

3. 对合规负责人和合规管理部门的要求

保险公司应当设立合规负责人。合规负责人是保险公司的高级管理人员。合规负责人不得兼管公司的业务、财务、资金运用和内部审计部门等可能与合规管理存在职责冲突的部门,保险公司总经理兼任合规负责人的除外。

保险公司任命合规负责人,应当依据《保险公司董事、监事和高级管理人员任职资格管理规定》及中国保监会的有关规定申请核准其任职资格。保险公司解聘合规负责人的,应当在解聘后 10 个工作日内向中国保监会报告并说明正当理由。

保险公司合规负责人对董事会负责,接受董事会和总经理的领导,并履行以下职责:

(1) 全面负责公司的合规管理工作,领导合规管理部门;

(2) 制定和修订公司合规政策,制订公司年度合规管理计划,并报总经理审核;

(3) 将董事会审议批准后的合规政策传达给保险从业人员,并组织执行;

(4) 向总经理、董事会或者其授权的专业委员会定期提出合规改进建议,及时报告公司和高级管理人员的重大违规行为;

(5) 审核合规管理部门出具的合规报告等合规文件;

(6) 公司章程规定或者董事会确定的其他合规职责。

保险公司总公司及省级分公司应当设置合规管理部门。保险公司应当根据业务规模、组织架构和风险管理工作的需要,在其他分支机构设置合规管理部门或者合规岗位。保险公司分支机构的合规管理部门、合规岗位对上级合规管理部门或者合规岗位负责,同时对其所在分支机构的负责人负责。

保险公司应当以合规政策或者其他正式文件的形式,确立合规管理部门和合规岗位的组织结构、职责和权利,并规定确保其独立性的措施。

保险公司应当确保合规管理部门和合规岗位的独立性,并对其实行独立预算和考评。合规管理部门和合规岗位应当独立于业务、财务、资金运用和内部审计部门等可能与合规管理存在职责冲突的部门。

合规管理部门履行以下职责:

（1）协助合规负责人制订、修订公司的合规政策和年度合规管理计划，并推动其贯彻落实，协助高级管理人员培育公司的合规文化；

（2）组织协调公司各部门和分支机构制订、修订公司合规管理规章制度；

（3）组织实施合规审核、合规检查；

（4）组织实施合规风险监测，识别、评估和报告合规风险；

（5）撰写年度合规报告；

（6）为公司新产品和新业务的开发提供合规支持，识别、评估合规风险；

（7）组织公司反洗钱等制度的制订和实施；

（8）开展合规培训，推动保险从业人员遵守行为准则，并向保险从业人员提供合规咨询；

（9）审查公司重要的内部规章制度和业务规程，并依据法律法规、监管规定和行业自律规则的变动和发展，提出制订或者修订公司内部规章制度和业务规程的建议；

（10）保持与监管机构的日常工作联系，反馈相关意见和建议；

（11）组织或者参与实施合规考核和问责；

（12）董事会确定的其他合规管理职责。

保险公司应当保障合规负责人、合规管理部门和合规岗位享有以下权利：

（1）为了履行合规管理职责，通过参加会议、查阅文件、调取数据、与有关人员交谈、接受合规情况反映等方式获取信息；

（2）对违规或者可能违规的人员和事件进行独立调查，可外聘专业人员或者机构协助工作；

（3）享有通畅的报告渠道，根据董事会确定的报告路线向总经理、董事会授权的专业委员会、董事会报告；

（4）董事会确定的其他权利。

董事会和高级管理人员应当支持合规管理部门、合规岗位和合规人员履行工作职责，并采取措施切实保障合规管理部门、合规岗位和合规人员不因履行职责遭受不公正的对待。

保险公司应当根据业务规模、人员数量、风险水平等因素为合规管理部门或者合规岗位配备足够的专职合规人员。

合规人员应当具有与其履行职责相适应的资质和经验,具有法律、保险、财会、金融等方面的专业知识,并熟练掌握法律法规、监管规定、行业自律规则和公司内部管理制度。

保险公司应当定期开展系统的教育培训,提高合规人员的专业技能。

4. 对合规管理的要求

保险公司应当建立"三道防线"的合规管理框架,确保"三道防线"各司其职、协调配合,有效参与合规管理,形成合规管理的合力。

保险公司各部门和分支机构履行合规管理的第一道防线职责,对其职责范围内的合规管理负有直接和第一位的责任。保险公司各部门和分支机构应当主动进行日常的合规管控,定期进行合规自查,并向合规管理部门或者合规岗位提供合规风险信息或者风险点,支持并配合合规管理部门或者合规岗位的合规风险监测和评估。

保险公司合规管理部门和合规岗位履行合规管理的第二道防线职责。合规管理部门和合规岗位应当按照规定的职责,向公司各部门和分支机构的业务活动提供合规支持,组织、协调、监督各部门和分支机构开展合规管理各项工作。

保险公司内部审计部门履行合规管理的第三道防线职责,定期对公司的合规管理情况进行独立审计。

保险公司应当在合规管理部门与内部审计部门之间建立明确的合作和信息交流机制。内部审计部门在审计结束后,应当将审计情况和结论通报合规管理部门;合规管理部门也可以根据合规风险的监测情况主动向内部审计部门提出开展审计工作的建议。

保险公司应当制订合规政策,经董事会审议通过后报中国保监会备案。

合规政策是保险公司进行合规管理的纲领性文件,应当包括以下内容:

(1) 公司进行合规管理的目标和基本原则;

(2) 公司倡导的合规文化;

(3) 董事会、高级管理人员的合规责任;

(4) 公司合规管理框架和报告路线;

(5) 合规管理部门的地位和职责;

(6) 公司识别和管理合规风险的主要程序。

保险公司应当定期对合规政策进行评估,并视合规工作需要进行修订。保险公司应当通过制定相关规章制度,明确保险从业人员行为规范,落实公司的合规政策,并为保险从业人员执行合规政策提供指引。保险公司应当制定工作岗位的业务操作程序和规范。

保险公司应当定期组织识别、评估和监测以下事项的合规风险:

(1)业务行为;

(2)财务行为;

(3)资金运用行为;

(4)机构管理行为;

(5)其他可能引发合规风险的行为。

保险公司应当明确合规风险报告的路线,规定报告路线涉及的每个人员和机构的职责,明确报告人的报告内容、方式和频率以及接受报告人直接处理或者向上报告的规范要求。

保险公司合规管理部门应当对下列事项进行合规审核:

(1)重要的内部规章制度和业务规程;

(2)重要的业务行为、财务行为、资金运用行为和机构管理行为。

保险公司合规管理部门应当按照合规负责人、总经理、董事会或者其授权的专业委员会的要求,在公司内进行合规调查。合规调查结束后,合规管理部门应当就调查情况和结论制作报告,并报送提出调查要求的机构。

保险公司应当建立有效的合规考核和问责制度,将合规管理作为公司年度考核的重要指标。对各部门、分支机构及其人员的合规职责履行情况进行考核和评价,并追究违法违规事件责任人员的责任。

保险公司合规管理部门应当与公司相关培训部门建立协作机制,制订合规培训计划,定期组织开展合规培训工作。

保险公司董事、监事和高级管理人员应当参加与其职责相关的合规培训。保险从业人员应当定期接受合规培训。

保险公司应当建立有效的信息系统,确保在合规管理工作中能够及时、准确获取有关公司业务、财务、资金运用、机构管理等合规管理工作所需的信息。中国保监会根据保险公司发展实际,采取分类指导的原则,加强督导,推动保险公司建立和完善合规管理体系。

中国保监会通过合规报告或者现场检查等方式对保险公司合规管理工作进行监督和评价,评价结果将作为实施风险综合评级的重要依据。

保险公司应当于每年 4 月 30 日前向中国保监会提交公司上一年度的年度合规报告。保险公司董事会对合规报告的真实性、准确性、完整性负责。公司年度合规报告应当包括以下内容:

(1) 合规管理状况概述;

(2) 合规政策的制订、评估和修订;

(3) 合规负责人和合规管理部门的情况;

(4) 重要业务活动的合规情况;

(5) 合规评估和监测机制的运行;

(6) 存在的主要合规风险及应对措施;

(7) 重大违规事件及其处理;

(8) 合规培训情况;

(9) 合规管理存在的问题和改进措施;

(10) 其他。

中国保监会可以根据监管需要,要求保险公司报送综合或者专项的合规报告。

保险公司及其相关责任人违反《合规办法》规定的,中国保监会可以根据具体情况采取以下监管措施:

(1) 责令限期改正;

(2) 调整风险综合评级;

(3) 调整公司治理评级;

(4) 监管谈话;

(5) 行业通报;

(6) 其他监管措施。

《合规办法》自 2017 年 7 月 1 日起施行,适用于在中华人民共和国境内成立的保险公司、保险集团(控股)公司。外国保险公司分公司、保险资产管理公司以及经中国保监会批准成立的其他保险组织参照适用。

3.8 资金运用与操作风险、道德风险管控

3.8.1 操作风险管控

操作风险是内控管理的重要内容。所谓操作风险是指与人为失误、不完备的程序控制、欺诈和犯罪活动相联系的,由技术缺陷和系统崩溃引起的风险。它是遭受潜在损失的可能,是由于设计不当的控制体系、控制系统失灵以及不可控事件导致的各类风险。它不包括已经存在的其他风险种类,如市场风险、信用风险及决策风险。

根据《巴塞尔新资本协议》,操作风险可以分为由人员、系统、流程和外部事件所引发的四类风险,并由此分为七种表现形式:内部欺诈;外部欺诈;聘用员工做法和工作场所安全性;客户、产品及业务做法;实物资产损坏;业务中断和系统失灵;交割及流程管理等。

目前操作风险受到监管机构及各家公司的高度重视。这主要是因为,保险机构资产规模越来越庞大,它们的产品越来越多样化和复杂化,业务对以计算机为代表的 IT 技术高度依赖,加之金融市场的全球化的趋势,使得一些"操作"上的失误,可能带来很大的甚至是极其严重的后果。过去一二十年里,这方面已经有了许多惨痛教训。

1. 操作风险的特点

与信用风险、市场风险相比,操作风险具有以下特点:

(1) 操作风险中的风险因素很大比例上来源于业务操作,属于可控范围内的内生风险。单个操作风险因素与操作损失之间并不存在清晰的、可以界定的数量关系。

(2) 从覆盖范围看,操作风险管理几乎覆盖了经营管理所有方面的不同风险。既包括发生频率高、但损失相对较低的日常业务流程处理上的小纰漏,也包括发生频率低、但一旦发生就会造成极大损失,甚至危及到公司的存亡的大事故。因此,试图用一种方法来覆盖操作风险的所有领域几乎是不可能的。

(3) 对于信用风险和市场风险而言,风险与报酬存在一一映射关系,但这种

关系并不一定适用于操作风险。

（4）业务规模大、交易量大、结构变化迅速的业务领域,受操作风险冲击的可能性最大。

（5）操作风险是一个涉及面非常广的范畴,操作风险管理几乎涉及公司内部的所有部门。因此,操作风险管理不仅仅是风险管理部门和内部审计部门的事情。

2.操作风险的识别与表现形式

（1）操作风险的识别(见图3.1)

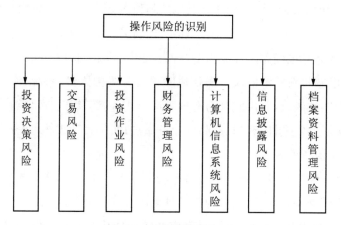

图3.1　操作风险的识别

（2）投资决策涉及的操作风险(见图3.2)

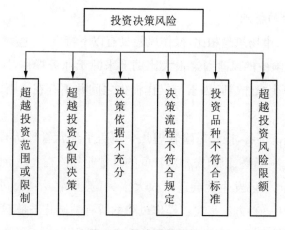

图3.2　投资决策风险

① 超越投资范围或投资限制风险:是指投资决策没有充分考虑保险资金运用必须遵循的有关法律法规规定,导致投资超越了法规规定的投资范围或投资限制。

② 超越投资权限决策风险:是指投资决策没有严格执行《投资交易授权管理办法》,导致投资决策者超越了他的投资决策权限。

③ 决策依据不充分风险:是指投资决策缺乏坚实的调研依据,或对宏观经济形势、市场预期在没有研究报告的情况下就匆匆做出决策,导致投资决策失误。

④ 决策流程不符合规定风险:是指投资决策违反了规定的流程,或在没有经过各决策人充分讨论的情况下就做出决策。

⑤ 投资品种不符合标准风险:是指投资决策没有按照业务部门建立和维护的投资品种选择标准,或投资决策选择了业务部门不熟悉甚至不认同的投资品种。

⑥ 超越投资风险限额风险:是指投资决策没有充分考虑资产负债的风险匹配,导致投资决策超越了公司资产可承受的风险限额。

(3) 投资交易所涉的操作风险(见图 3.3)

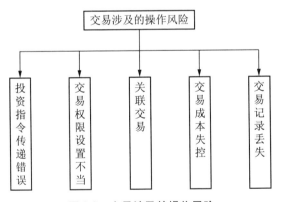

图 3.3　交易涉及的操作风险

① 投资指令传递错误风险:是指由于故意或重大过失,导致投资指令未能及时、准确传递,导致投资指令不能准确执行。

② 交易权限设置不当风险:是指交易人员与组合经理之间权限设置不明

确,或没有相互监督、相互制约的机制,导致组合经理直接下单等风险。

③ 关联交易风险:是指各组合、各投资账户之间互为交易对手,造成交易不公平,出现转嫁风险或转移利润的风险。

④ 交易成本失控风险:是指交易过程中买入成本高于预期,卖出价值低于预期,导致交易成本超越控制范围的风险。

⑤ 交易记录丢失风险:是指交易指令、交易结果等记录没有妥善保管或丢失,导致公司存在潜在损失的可能。

(4) 投资作业涉及的操作风险(见图 3.4)

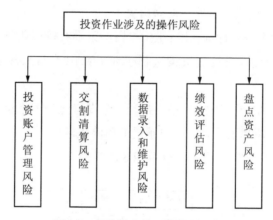

图 3.4　投资作业涉及的操作风险

① 投资账户管理风险:是指投资账户的开立、启用、撤销、合并等过程中存在不合法或不合规、投资账户户名与资产所有人不一致等现象。

② 交割清算风险:是指没有及时交割清算或者交割清算过程中出现差错。

③ 数据录入和维护风险:是指在录入债券、股票、基金、存款等投资标的的基本资料信息、交易信息时出现错误,从而影响投资研究和投资决策。

④ 投资绩效评估风险:是指投资绩效评估选择的方法或参数不合理,导致影响投资业绩或导致损失的评估,从而误导投资管理。

⑤ 盘点资产风险:是指对投资资产没有及时、完整、准确盘点和保全,导致公司资产潜在损失风险加大。

（5）计算机信息系统的操作风险（见图3.5）

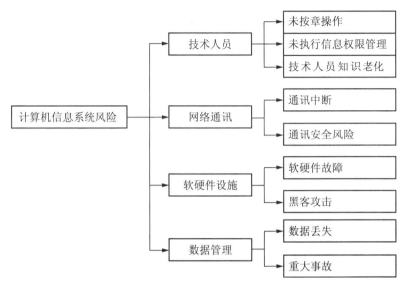

图 3.5　计算机信息系统风险

技术人员风险

① 因故意或重大过失,未严格按照计算机信息管理规章制度操作,给公司造成损失;

② 未严格执行计算机信息系统权限管理制度,给公司造成损失;

③ 未及时进行技术培训或考核,计算机技术人员因为知识老化,不能满足公司业务发展需要,给公司造成损失。

网络通信风险

① 通信线路中断,致使数据丢失、延迟,影响正常交易和清算;

② 因安全性不够,数据在传输过程中被截获。

软硬件设施风险

① 信息技术系统发生重大软硬件故障;

② 病毒或黑客攻击公司的信息技术系统,严重影响交易持续进行。

数据管理风险

① 因故意或重大过失,导致业务数据丢失或被泄露、篡改。

② 没有为了防范重大事故或地震等灾害而做好交易数据备份和异地备份，导致在设备出现异常或重大事故时造成损失。

（6）财务管理涉及的操作风险（见图 3.6）

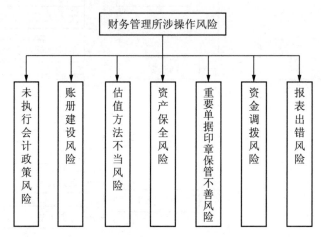

图 3.6 财务管理所涉操作风险

① 未执行会计政策风险：是指财务工作人员因为故意或重大过失，未严格执行公司的会计制度、财务制度、会计工作流程和会计岗位工作手册。

② 账册建设风险：是指财务管理人员未按照资金性质或来源不同独立建账、独立核算，造成资产混淆的风险。

③ 估值方法不当风险：是指财务部门估值方法不合理，导致财务数据不能公允反映公司有价证券在估值时点的价值。

④ 资产保全风险：是指公司在资产盘点过程中发现有些资产可能存在损失的可能，而未采取保全措施，导致公司资产遭受损失。

⑤ 重要单据和印章保管不善风险：是指财务部门没有妥善保管密押、业务用章、支票等重要凭证和会计档案，造成公司资产损失的风险。

⑥ 资金调拨风险：是指在资金调拨过程中没有严格履行资金调拨手续，或手续不齐全，导致公司资金损失的风险。

⑦ 报表出错风险：是指财务部门月度、年度会计报表出现错误，或与报送主管机关的其他报表出现数据不符的情况。

（7）档案资料管理及信息披露所涉操作风险（见图 3.7）

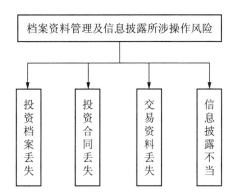

图 3.7　档案资料管理及信息披露所涉操作风险

① 投资档案丢失风险：是指公司重大投资决策、投资决策委员会会议纪要、风险管理委员会会议纪要等机密档案因人员的故意或重大过失丢失。

② 投资合同丢失风险：是指公司投资合同、委托交易合同因为人员的故意或重大过失丢失。

③ 交易资料或凭证丢失风险：是指公司重要的投资指令凭证、交易凭证、其他重要资料因人员的故意或重大过失丢失。

④ 信息披露不当风险包含五种情况：

一是公司信息披露部门没有按照规定日期进行信息披露；

二是披露程序、披露内容、披露形式不符合有关法律法规和公司的规定；

三是由于故意或重大过失，披露内容出现重大差错，给公司形象造成不良影响；

四是公司员工在媒体或公开场合故意或因重大过失披露了不应该披露的信息；

五是披露了不应该披露的信息，包括投资决策、投资计划、交易资料等。

3. 操作风险的管控

操作风险的管控，从宏观层面，要完善公司治理结构，完善公司各项规章制度，并推进有效执行。从操作层面，要在各个环节建立科学的流程与制度标准，认真执行。

操作风险的控制环节主要包括:事前防范、事中监测、事后分析。

事前防范主要是对操作风险的定义应准确、全面、科学,易于识别和控制;对发生频率比较高的操作风险设立预警系统;严格执行各项规章制度、作业流程。

事中控制是要对可能导致重大损失的操作风险制定监测制度和检查制度;利用风险模型进行历史测试、强度测试和敏感性测试;对操作风险进行分解分析、实时监控,以保证公司资产安全。

事后分析指对已经发生的操作风险实行及时报告制度,报告风险事件造成的损失或潜在损失的金额、背景、过程及造成损失的主观和客观原因,同时进行研究和分析。根据研究分析的结果,重新检视操作风险的识别、计量、监测、控制的一系列管理办法。

操作风险的控制方法,主要通过规范作业规程和完善管理制度来进行风险防范和控制。

(1)投资决策操作风险控制

事前防范:

① 公司成立投资决策委员会,全面负责公司的投资管理,每月检查上一个月的投资计划执行情况,同时对下一个月的投资策略、资产配置进行审议;

② 公司成立风险管理委员会,专责公司的投资风险管理,及时检视公司的投资风险情况,控制投资风险暴露;

③ 制定《投资管理指引》《投资交易授权管理办法》《分散投资比例规则》等相关制度,报投资决策委员会后执行;

④ 风险管理部门监督制度的执行情况。

事中控制:

① 定期、不定期地检视公司各项业务是否完全符合法律法规和公司的相关规定,是否符合保险资金运用的投资范围、投资限制的要求;

② 风险管理部门监督各业务部门的投资决策流程是否投资决策的作业规程;

③ 公司所有投资决策一律要求以研究报告为依据;

④ 风险管理部门实时检查公司的投资风险暴露状况。

事后报告:

风险管理部对发现的问题,及时采取风险管理建议书的形式,通知相关部门改正,并跟踪落实。

(2)交易操作风险控制

交易风险的事前防范和事中控制主要通过电脑监控系统来完成,在系统中建立三个模块:投资审批和业务授权管理模块、风险预警模块、投资实时监控模块。

① 投资审批和业务授权管理模块

为防范和化解投资业务的风险,实行恰当的责任分离制度,电脑系统应根据《投资交易授权管理办法》建立有效的投资审批和业务授权制度,由最高权限管理人根据具体的工作职责,对不同工作岗位的不同人员实施授权,禁止任何部门、任何人超越授权范围的行为。

所有投资指令在下单之前都必须通过设定的投资审批流程,业务人员根据投资审批单执行投资操作。

② 风险预警模块

为防范投资超过临界点,电脑系统应建立有效的预警系统,对交易过程中资产规模、市值、盈亏变动和证券持仓数变动等产生的风险及时预警,一旦有关指标到达临界点,系统应在相关人员操作时弹出预警提示窗口。

为防范下错单风险,在投资经理下达指令及交易员下单时,如果交易的投资品种不在系统备选品种范围内,系统应及时弹出预警提示窗口。

为防范成交价格出错风险,在投资经理下达指令及交易员下单时,如果投资品种的买入价格高于其近期最高价的3%—5%或卖出价格低于其近期最低价的3%—5%,系统应及时弹出预警提示窗口。

为防范成本加大风险,在投资经理下达指令及交易员下单时,如果投资品种的买入价超过当日均价,系统应及时弹出预警提示窗口。

为防范集中交易和连续买卖某一证券操纵价格风险,在投资经理下达指令及交易员下单时,如果对某一投资品种当天的交易量达到其当天总交易量的一定比例时,系统应及时弹出预警提示窗口并显示其价格变动情况。

为防范资产巨大损失的风险,应事先在系统中输入止盈点和止亏点。当市值达到限额时,系统应及时弹出预警提示窗口,提供有关警报信息。

为防范某一投资品种持仓数变动产生的风险,当某一投资品种的持仓总数达到或超过一定比例时,系统应在有关人员开机时及时弹出预警提示窗口,提示该投资品种的基本资料。

为防范对敲交易风险,在下达投资指令及交易员下单时,如果在同一时间内对同一投资品种作相反方向交易,系统会及时弹出预警提示窗口。

为防范与他人合谋交易风险,对当日买卖交易量超过近十日波动敏感性20%的单个证券,在继续下单时,系统弹出提示性警告。

③ 投资实时监控模块

违规情况监控:显示投资经理在投资操作时由于违反规定而产生的日志说明。

资产规模实时监控:实时监控整个中心所有投资经理所运作的资金变动情况。

投资操作全程监控的风控点包括投资执行风险管理和投资资产风险管理:

为了防止投资执行失当带来的风险,在投资经理下达指令及交易员下单前,电脑系统应确保:投资经理对某一证券的投资指令必须限于系统事先设置的有效投资组合方案之内;投资指令必须经过投资授权审批才能进行。

投资经理不得自主买入或者卖出非证券备选库中的证券。为了防范资产超过投资范围和比例,在投资经理下达指令及交易员下单前,电脑系统应确保各项投资范围和限制比例在电脑系统中已经设置。

交易风险的事后分析和报告:主要由风险管理部负责。风险管理部对发现的问题,采取风险管理建议书的形式,通知相关部门改正,并跟踪落实。

(3) 投资作业风险控制

投资作业风险的事前防范和事中控制主要通过制度的制定与执行来管理。

① 投资账户的风险控制:资产营运中心所管理的投资账户均实行封闭式管理,禁止不同账户之间资产的非交易过户,禁止不同账户之间资金无合同划转,禁止不同账户在同一时间对同一证券作相反方向交易。

② 交割清算风险控制:在交割清算中,坚持每天对账和复核。

③ 数据录入维护风险控制:投资作业部负责所有交易数据的录入和维护,

分别按照投资品种设立数据录入岗、数据复核岗,保证数据录入维护的准确,同时为了防止数据录入不及时的情况,投资作业部应与业务部门坚持每天沟通对账,确保数据录入及时、准确、完整。

④ 绩效评估风险控制:绩效评估的方法需与相关部门进行充分沟通,明确数据要求口径,按照风险调整收益原则,并报投资决策委员会或相关组织同意后才生效。

⑤ 盘点资产风险控制:投资作业部负责投资性资产的盘点工作,每年定期盘点,对银行存款和开放式基金资产实行单笔询证制度,对封闭式基金和上市债券则分别到交易所和证券公司营业部打印对账单,对银行间债券到中央登记结算公司打印对账单。

投资作业风险的事后分析和报告:可以由合规与风险管理部门牵头,相关部门联合执行,如果发现问题,采取风险管理建议书的形式,通知相关部门改正,并跟踪落实。

(4) 计算机信息风险控制

事前防范,应建立如下计算机信息内部管理制度:

① 信息技术部管理制度;

② 各部门技术系统标准化操作流程;

③ 计算机工作场所管理办法;

④ 每年一次计算机系统灾难演习。

事中控制,应建立完善的技术风险管理措施和相应的规章制度,如下:

① 技术人员的风险管理:由于计算技术更新快,公司应定期给员工进行培训以确保技术人员必须具备足够的专业技能;同时应建立技术人员离任制度,系统相应的权限设置在做了相应修改后才能办理离职手续;

② 计算机安全控制:定期对计算机安全(如病毒)进行检查;

③ 网络通信控制:对主要通信线路和设备,应采用备用线路或应急方案,并采用双设备备份。

事后报告:计算机信息系统安全由集团信息管理中心负责监督和检查。

(5) 财务管理风险控制

在保险资金运用中,财务管理风险控制主要是对证券估值不当、资金调拨风险、资金使用安全和报表出错进行控制。

① 证券估值不当的控制：证券估值一律按照国内、国际会计准则的要求进行。

② 资金调拨审批的控制：资金调拨手续必须齐全，资金审批权与资金调动经办权严格分离，严禁各个独立账户之间互相调拨资金。

③ 资金使用的风险控制：资金使用权与资金管理权相互分离，相互监督。即清算人员不得从事资金投资活动，而投资活动执行人则必须管理好资金，但无权调动资金。为防止有关人员违规使用资金，资金管理人员应全程跟踪资金调拨全过程，对资金的存取要进行定期、不定期抽查。

④ 报表控制：所有对内、对外的报表都必须经过复核，并经部门主管确认后方能报送。

（6）档案资料管理风险控制及信息披露风险控制

① 档案资料管理风险控制：严格执行档案资料、重要凭证和印章的管理制度，相关部门每年至少检查一次。

② 信息披露不当风险控制：公司所有对外信息披露一律实行归口管理，如由公司品牌宣传部门负责，其他部门或任何员工不得在媒体或公开场合披露公司任何内部或内幕信息。

3.8.2 道德风险的管控

1. 道德风险的含义

道德风险，简单地说，是由于机会主义行为而带来更大风险的情形。它是从事经济活动的人在最大限度地增进自身效用的同时做出不利于他人的行动，或者当签约一方不完全承担风险后果时所采取的使自身效用最大化的自私行为。

也可以说，道德风险是指在信息不对称的情形下，市场交易一方参与人不能观察另一方的行动或当观察（监督）成本太高时，一方行为的变化导致另一方的利益受到损害。

理论上讲，道德风险是从事经济活动的人在最大限度地增进自身效用时做出不利于他人的行动。它一般存在于下述情况：由于不确定性和不完全的或者限制的合同使负有责任的经济行为者不能承担全部损失(或利益),因而他们不承受他们的行动的全部后果;同样地,也不享有行动的所有好处。显而易见,这个定义包括许多不同的外部因素,可能导致不存在均衡状态的结果,或者,均衡状态即使存在,也是没有效率的。

如果从委托—代理双方信息不对称的理论出发,道德风险是指契约的甲方(通常是代理人)利用其拥有的信息优势采取契约的乙方(通常是委托人)所无法观测和监督的隐藏性行动或不行动,从而导致的(委托人)损失或(代理人)获利的可能性。

2. 道德风险的特征、表现与影响

道德风险具有如下特征:

(1)内生性特征:风险的雏形形成于经济行为者对利益与成本的内心考量和算计;

(2)牵引性特征:凡风险的制造者都存在受到利益诱惑而以逐利为目的;

(3)损人利己特征:风险制造者的风险收益都是对信息劣势一方利益的不当攫取,换言之,是来源于风险制造者与风险承担者的不对称存在。

实际工作中职业道德风险有如下表现与影响:

(1)公司员工之间相互勾结或内外串通,从事损害公司利益的活动或言论;

(2)利用公司信息或其他工作便利条件为自己或他人牟取私利,给公司造成损失;

(3)在其他机构兼职,或从事与本职工作相关的以盈利为目的的活动;

(4)由于故意或重大过失,泄露在任职期间知悉的公司商业机密;

(5)公司主要领导或关键岗位人员突然无法正常履行职责,影响公司正常工作;

(6)出现重点案件影响公司品牌价值或声誉。

3. 道德风险的管控

道德风险的管控需要运用综合手段来进行。通过事前防范,如把好进人关,坚持用人标准,做好入职人员背景调查等来实现。同时,强化上岗前必要的培训,让员工知晓执业操守及相关制度规定,告知在前。并通过完善用工合同,签订行为规范、自律及保密协议等,加强对员工执业操守行为的日常监控与检查。

道德风险的管控需要强调对员工职业操守行为的管控,特别是对涉及投资人员的管控,内容包括但不限于下列要求:不得从事内幕交易;不得利用因职务便利获取的内幕信息以外的其他未公开的信息,违反规定,从事与该信息相关的证券、期货交易活动,或明示、暗示他人从事相关交易活动;不得通过单独或合谋,集中资金优势、持股优势或者利用信息优势联合或者连续买卖,通过与他人串通,以事先约定的时间、价格和方式相互进行交易,操纵市场交易价格,获取不当利益,向任何机构和个人进行利益输送或者转嫁风险;必须公平、公正客观地对待所有客户和资产,不得在客户或账户之间进行利益输送;不得从事或者配合他人从事损害投资者、委托人或产品持有人利益的行为;不得侵占或挪用客户资金资产;不得擅自变更受托合同或产品契约约定的投资范围,不得超越规定的限额进行投资;应该严格遵守公司投资流程,不得违反决策程序,不得违规越权操作;相关从业人员应当严格遵守公司信息管理的有关规定以及聘用合同中的保密条款,不得向与该项投资工作无关的公司其他员工、亲属、朋友、报刊、互联网、微信、微博等网络媒体泄露投资工作相关信息;不得编造、传播虚假信息;不得隐匿、伪造、篡改或者毁损交易记录、财务信息及其他资料;不得直接或间接接受或者索要任何利益相关方提供的贿赂或向任何利益相关方提供贿赂;不得从事涉嫌欺骗、欺诈或舞弊的行为,或作出任何与公司声誉、诚信相违背的行为。

3.9　资金运用与信息系统管理

3.9.1　企业内部控制信息系统概述

资金运用离不开信息系统的运用,资金运用中所涉及的信息系统和内控管理,与信息系统的开发、使用与管理休戚相关,管控不好,就会出现风险。

五部委联合发布的《企业内控应用指引第 18 号——信息系统》中的一些要点要求,对资产管理性质的公司也是适用的。该指引中对信息系统的定义,是指企业利用计算机和通信技术,对内部控制进行集成、转化和提升形成的信息化管理平台。信息系统内部控制的目标是促进企业有效实施内部控制,提高企业现代化管理水平,减少人为操纵因素;同时,增强信息系统的安全性、可靠性和合理性以及相关信息的保密性、完整性和可用性,为建立有效的信息与沟通机制提供支持保障。信息系统内部控制的主要对象是信息系统,由计算机硬件、软件、人员、信息流和运行规程等要素组成。信息系统内部控制包括一般控制和应用控制。一般控制,是指对企业信息系统开发、运行和维护的控制,包括战略规划、开发建设、运行维护、系统终结等。应用控制,是指利用信息系统对业务处理实施的控制,包括输入控制、处理控制、输出控制等。

信息系统在实施内部控制和现代化管理中具有十分独特而重要的作用,信息系统建设,必须得到"一把手"的高度重视。只有企业负责人站在战略和全局的高度亲自组织领导信息系统建设工作,才能统一思想、提高认识、加强协调配合,从而推动信息系统建设在整合资源的前提下高效、协调推进。企业应当重视信息系统在内部控制中的作用,根据内部控制要求,结合组织架构、业务范围、地域分布、技术能力等因素,制定信息系统建设总体规划,加大投入力度。有序组织信息系统开发、运行与维护,优化管理流程,防范经验风险,全面提升企业现代化水平。

3.9.2 信息系统的开发及其要求

企业根据发展战略和业务需要进行信息系统建设,首先要确立系统建设目标,根据目标进行系统建设战略规划,再将规划细化为项目建设方案。企业开展信息系统建设,可以根据实际情况,采取自行开发,外购调试或业务外包等方式。选择外购调试或业务外包方式的,应采取公开招标等形式择优选择供应商或开发单位。选择自行开发信息系统的,信息系统归口管理部门应当组织企业内部相关部门进行需求分析,合理配置人员,明确系统设计、编程、安装调试、验收、上线等全过程的管理要求。企业信息系统归口管理部门应当加强信息系统开发全过程的跟踪管理,增进开发单位与企业内部业务部门的日常沟通和协调,组织独立于开发单位的专业机构对开发完成的信息系统进行检查验收,并组织系统上线运行。

1. 制定信息系统开发的战略规划

信息系统开发的战略规划是信息化建设的起点。战略规划是以企业发展战略为依据制定的企业建设信息化建设的全局性、长期性规划。制定信息系统战略规划的主要风险是：第一，缺乏战略规划或规划不合理，可能造成信息孤岛或重复建设，导致企业经营管理效率低下；第二，没有将信息化与企业业务需求结合，降低了信息系统的应用价值。信息孤岛现象是不少企业信息系统建设者存在的普遍问题，根源在于这些企业往往忽视战略规划的重要性，缺乏整体观念和整合意识，削弱了信息系统的协同效用，甚至引发系统冲突。

信息系统开发的主要管控措施包括：第一，企业必须制定信息系统开发的战略规划和中长期发展计划，并在每年制定经营计划的同时制定年度信息系统建设计划，促进经营管理活动与信息系统的协调统一；第二，企业在制定信息化战略过程中，要充分调动和发挥信息系统归口管理部门与业务部门的积极性，使各部门广泛参与，充分沟通，提高战略规划的科学性、前瞻性和适应性；第三，信息系统战略规划要与企业的组织架构、业务范围、地域分布、技术能力等相匹配，避免相互脱节。

2. 选择适当的信息系统开发方式

信息系统的开发建设是信息系统生命周期中技术难度最大的环节。在开发建设环节，要将企业的业务流程、内控措施、权益配置、预警指标、核算方法等固化到信息系统中，因此开发建设的好坏直接影响信息系统的成败。

信息系统的开发建设有自行开发、业务外包、外购调试等方式。各种开发方式有各自的优缺点和适用条件，企业应根据自身实际情况合理选择。

3. 自行开发方式的关键控制点和主要管控措施

虽然信息系统的开发方式有自行开发、外购调试、业务外包等多种方式，但基本流程大体相似，通常包含项目计划、需求分析、系统设计、编程和测试，上线等环节。

（1）项目计划环节。

该环节的主要风险是：信息系统建设缺乏项目计划或者计划不当，导致项目进度滞后、费用超支、质量低下。

其主要管控措施有：第一，企业应当根据信息系统建设规划提出阶段项目的建设方案,明确建设目标,人员配备、职责分工、经费保障和进度安排等相关内容,按照规定的权限和程序审批后实施;第二,企业可以采用标准的项目管理软件制定项目计划,并加以跟踪。在关键环节进行阶段性评审,以保证过程可控;第三,项目关键环节编制的文档应参照《GB8567-88 计算机软件产品开发文件编制指南》等相关国家标准和行业标准进行,以提高项目计划编制水平。

(2)需求分析环节。

该环节的主要风险是:第一,需求本身不合理,对信息系统提出的功能、安全性等方面的要求,不符合业务处理和控制的需求;第二,技术上不可行,经济上成本效益倒挂,或与国家有关法规制度存在冲突;第三,需求文档表述不准确、不完整,未能真实全面地表达企业需求,存在表述缺失或表述不一致甚至表述错误等问题。

其主要管控措施有:第一,信息系统归口管理部门应当组织企业内部各有关部门提出开发需求,加强系统分析人员与业务人员间的交流,经综合分析提炼后形成合理的需求;第二,编制表述清晰,表达准确的需求文档,因为需求文档是业务人员共同理解信息系统的桥梁,必须准确表述系统建设的目标、功能和要求;第三,企业应当建立健全需求评审和需求变更控制流程,变更后的需求文档,应当评审其可行性,由需求提出人和编制人签字确认,并经业务部门与信息系统归口管理部门负责人审批。

(3)系统设计环节。

系统设计是根据需求分析阶段所确定的目标系统逻辑模型,设计出一个能在企业特定的经营和网络环境中实现的方案,即建立信息系统的物理模型。系统设计包括总体设计和详细设计。

该环节的主要风险是:第一,设计方案不能完全满足用户需求,不能实现需求文档规定的目标;第二,设计方案未能有效控制建设开发成本,不能保证建设质量和进度;第三,设计方案不全面,导致后续变更频繁;第四,设计方案没有考虑信息系统建成后对企业内部控制的影响,导致系统运行后衍生新的风险。

其主要管控措施有:第一,系统设计负责部门应当就总体设计方案与业务部门进行沟通和讨论,说明方案对用户的覆盖情况,信息系统归口管理部门和业务部门应当对选定的设计方案予以书面确认;第二,企业应建立设计评审制度和设计变更控制流程;第三,在系统设计时应当充分考虑信息系统建成后的控制环境,将生产经营管理业务流程、关键控制点和处理规程嵌入系统程序,实现手工环境下难以实现的控制功能;第四,应充分考虑信息系统环境下的新的控制风险,比如,要通过信息系统中的权限管理功能控制用户的操纵权限,避免将不相容职务的处理权限授予同一用户;第五,应当针对不同的数据输入方式,强化对进入系统数据的检查和校验功能;系统设计时应当考虑在信息系统中设置操作日志功能,确保操作的可审计性;对异常的或者违背内部控制要求的交易和数据,应当设计由系统自动报告并设置跟踪处理机制;第六,预留必要的后台操作通道,对于必须的后台操作的可监控性。

(4)编程和测试环节。

编程阶段是将详细设计方案转换成某种计算机编程语言的过程。编程阶段完成之后,要进行测试,测试主要有以下目的:一是发现软件开发过程中的错误,分析错误的性质,确定错误的位置并予以纠正;二是通过某些系统测试,了解系统的响应时间、事物处理吞吐量、载荷能力、失效恢复能力以及系统实用性等指标,以便对整个系统做出综合评价。测试环节在系统开发中具有举足轻重的地位。

该环节的主要风险是:第一,编程结果与设计不符;第二,各程序员编程风格差异大,程序可读性差,导致后期维护困难,维护成本高;第三,缺乏有效的程序版本控制,导致重复修改或修改不一致等问题;第四,测试不充分,单个模块正常运行但多个模块集成运行时出错;开发环境下测试正常而生产环境下运行出错;开发人员自测正常而业务部门用户使用时出错,导致系统上线后可能出现严重问题。

其主要管控措施有:第一,项目组应建立并执行严格的代码复查评审制度;第二,项目组应建立并执行统一的编程规范,在标识符命名,程序注释等方面统一风格;第三,应使用版本控制软件系统,保证所有开发人员基于相同的组件环境开展项目工作,且系统开发人员对程序的修改一致、不重复;第四,应区分单元测试、组装测试、系统测试、验收测试等不同测试类型,建立严格的测试工作流程,提高最终用户在测试工作中的参与程度,改进测试用例的编写质量,加强测试分析,尽量采用自动测试工具提高测试工作的质量和效率。具备条件的企业,应当组织独立于开发建设项目的专业机构对开发完成的信息系统进行验收测试,确保其在功能、性能、控制要求和安全性等方面符合开发需求。

(5)上线环节。

系统上线时将开发出的系统部署到实际运行的计算机环境中,使信息系统按照既定的用户需求来运转,切实发挥信息系统的作用。

该环节的主要风险是:第一,缺乏完整可行的上线计划,导致系统上线混乱无序;第二,人员培训不足,不能正确使用系统,导致业务处理错误,或者未能充分利用系统功能,导致开发成本浪费;第三,初始数据准备设置不合格,导致新旧系统数据不一致、业务处理错误。

其主要管控措施有:第一,企业应当制定信息系统上线计划,并经归口管理部门和应用部门审核批准。上线计划一般应包括人员培训、数据准备、进度安排、应急预案等内容;第二,系统上线涉及新旧系统切换的,企业应当在上线计划中明确应急预案,保证新系统失效时能够顺利切换回旧系统;第三,系统上线涉及数据迁移的,企业应当制定详细的数据迁移计划,并对迁移结果进行测试。用户部门应当参与数据迁移过程,对迁移前后的数据予以书面确认。

4. 业务外包方式的关键控制点和主要管控措施

(1)选择外包服务商环节。

选择外包服务商时的主要风险是:由于企业与外包服务商之间本质上是一种委托——代理关系,合作双方的信息不对称,容易诱发道德风险,外包服务商可能会实施损害企业利益的自利行为,如偷工减料、放松管理、信息泄密等。

对此的主要管控措施包括:第一,企业在选择外包服务商时要充分考虑服务商的市场荣誉、资质条件、财务状况、服务能力、对本企业的熟悉程度、既往承包服务成功案例等因素,对外包服务商进行严格筛选;第二,企业可以借助外包业界基准来判断外包服务商的综合实力;第三,企业要严格外包服务审批及管控流程,对信息系统外包业务,原则上采用公开招标等形式选择外包服务商,并实行集团决策审批。

(2)签订外包合同环节。

该环节的主要风险是:由于合同条款不准确,不完善,可能导致企业的正当权益无法得到有效保障。

对此的主要管控措施包括:第一,企业在与外包服务商签约之前,应针对外包可能出现的各种风险损失,恰当拟定合同条款,对涉及的工作目标、合同范畴、责任划分、所有权归属、付款方式、违约赔偿及合约期限等问题做出详细说明,并由法律部门或法律顾问审核把关;第二,开发过程中涉及商业秘密和敏感数据的,企业应当与外包服务商签订详细的"保密协议",以保证数据安全;第三,在合同中约定付款事宜时,应当选择分期付款,尾款应在系统运行一段时间并经过评估验收后再支付;第四,应在合同条款中明确要求外包服务商保持专业技术服务团队的稳定性。

(3)持续跟踪评价外包服务商的服务过程环节。

该环节的主要风险是:企业缺乏外包服务跟踪评价机制,可能导致外包服务质量水平不能满足企业信息系统开发需求。

对此的主要管控措施包括:第一,企业应当规范外包服务评价工作流程,明确相关部门的职责权限,建立外包服务质量考核评价指标体系,定期对外包服务商进行考核,并公布服务周期的评估结果,实现外包服务水平的跟踪评价;第二,必要时可以引入监理机制,以降低外包服务风险。

5. 外购调试方式的关键控制点和主要管控措施

在外购调试方式下,一方面,企业面临与业务外包方式类似的问题,企业要选择软件产品的供应商和服务供应商、签订合同、跟踪服务质量,因此,企业可采用与委托开发方式类似的控制措施;另一方面,外购调试方式也有其特殊之处,企业需要有针对性地强化某些控制措施。

(1)软件产品选型和供应商选择。

在外购调试方式下,软件供应商的选择和软件产品的选择是密切相关的。

该环节的主要风险是:第一,软件产品选型不当,产品在功能、性能、易用性等方面无法满足企业需求;第二,软件供应商选择不当,产品的支持服务能力不足,产品的后续升级缺乏保障。

其主要管控措施有:第一,企业应明确自身需求,对比分析市场上的成熟软件产品,合理选择软件产品的模块组合和版本;第二,企业在软件产品选型时应广泛听取行业专家的意见;第三,企业在选择软件产品和服务供应商时,不仅要评价其现有产品的功能、性能,还要考察其服务能力和后续产品的升级能力。

（2）服务提供商选择。

外购调试方式不仅需要选择合适的软件供应商和软件产品，也需要选择合适的咨询公司等服务提供商，指导企业将通用软件产品与本企业的实际情况以及结合。

该环节的主要风险是：服务提供商选择不当，削弱了外购软件产品的功能发挥，导致无法有效满足用户需求。

其主要管控措施是：在选择服务提供商时，不仅要考虑其对软件产品的熟悉，理解程度，也要考虑其是否深刻理解企业所处行业的特点，是否理解企业的个性化需求，是否有过相同或相近的成功案例。

3.9.3 信息系统的运行与维护

信息系统的运行与维护主要包括三方面的内容：日常运行维护、系统变更和安全管理。

1. 日常运行维护的关键控制点和主要管控措施

日常运行维护的目标是保证系统正常运转，主要工作内容包括系统的日常操作、系统的日常巡检和维修、系统运行状态监控，异常事件的报告和处理等。

该环节的主要风险是：第一，没有建立规范的信息系统日常运行管理规范，计算机软硬件的内在隐患易于爆发，可能导致企业信息系统出错；第二，没有执行例行检查，导致一些人为恶意攻击会长期隐藏在系统中，可能造成严重损失；第三，企业信息系统数据未能定期备份，可能导致损坏后无法恢复，从而造成重大损失。

日常运行维护的主要管控措施包括：第一，企业应制定信息系统使用操作程序、信息管理制度以及各模块子系统的具体操作规范，及时跟踪、发现和解决系统运行中存在的问题，确保信息系统按照规定的程序、制度和操作规范持续稳定运行；第二，切实做好系统运行记录，尤其是对于系统运行不正常或无法运行情况，应将异常现象、发生时间和可能的原因做出详细记录；第三，企业要重视系统运行的日常维护，在硬件方面，日常维护主要包括各种设备的保养与安全管理、故障的诊断与排除、易耗品的更换与安装等，这些工作应由专人负责；第四，配备专业人员负责处理信息系统运行中的突发事件,必要时应与合同系统开发人员或软件供应商共同解决。

2. 系统变更的关键控制点和主要管控措施

系统变更主要包括硬件的升级扩容和软件的修改与升级等。系统变更是为了更好地满足企业需求,但同时应加强对变更申请、变更成本与变更进度的控制。

该环节的主要风险是:第一,企业没有建立严格的变更申请、审批、执行、测试流程,导致系统随意变更;第二,系统变更后的效果达不到预期目标。

其主要管控措施有:第一,企业应当建立标准流程来实施和记录系统变更,系统变更应当严格遵照管理流程进行操作:信息系统操作人员不得自行进行软件的删除、修改等操作;不得擅自升级、改变软件版本;不得擅自改变软件系统环境配置;第二,系统变更程序需要遵循与新系统开发项目同样的验证和测试程序,必要时还要进行额外测试;第三,企业应加强对紧急变更的控制管理;第四,企业应加强对将变更移植到生产环境的控制管理,包括系统访问授权控制、数据转换控制,用户培训等。

3. 安全管理的关键控制点和主要管控措施

安全管理的目标是保障信息系统安全。信息系统安全是指信息系统包含的所有硬件、软件和数据受到保护,不因偶然或忽然恶意的原因而遭到破坏、更改和泄露,信息系统能够连续正常运行。

该环节的主要风险是:第一,硬件设备发布的物理范围广,设备种类繁多,安全管理难度大,可能导致设备生命周期短;第二,业务部门信息安全意识薄弱,对系统和信息安全缺乏有效的监管手段,少数员工可能恶意或非恶意滥用系统资源,造成系统运行效率降低;第三,对系统程序的缺陷或漏洞安全防护不够,导致遭受黑客攻击,造成信息泄露;第四,对各种计算机病毒防范清理不力,导致系统运行不稳定甚至瘫痪;第五,缺乏对信息系统操作人员的严密监控,可能导致舞弊和利益输送,利用计算机犯罪。

其主要管控措施包括:

(1)企业应建立信息系统相关资产的管理制度,保证电子设备的安全。企业应在健全设备管理制度的基础上,建立专门设备管控制度,对于关键信息设备,未经授权不得接触。

（2）企业应成立专门的信息系统安全管理机构,由企业主要领导负总责,对企业的信息安全做出总体规划和全方位严格管理,具体实施工作可由企业的信息系统归口部门管理负责。企业应强化全体员工的安全保密意识,特别对重要岗位员工进行信息系统安全保密培训,并签署安全保密协议。企业应当建立信息系统安全保密制度和泄密责任追究制度。

（3）企业应当按照国家相关法律以及信息安全技术标准,制定信息系统安全实施细则。根据业务性质、重要程度、涉密情况等确认确定信息系统的安全等级,建立不同等级信息的授权使用制度,采用相应技术手段保证信息系统运行安全有序。对于信息系统的使用者和不同安全等级信息之间的授权关系,应在系统开发建设阶段就形成方案并加以设计,在软件系统中预留这种对应关系的设置功能,以便根据使用者岗位职务的变迁进行调整。

（4）企业应当有效利用信息技术手段,对硬件配置调整、软件参数修改严加控制。例如,企业可利用操纵系统、数据库系统、应用系统提供的安全机制,设置安全参数。保证系统访问安全;对于重要的计算机设备,企业应当利用技术手段防止员工擅自安装、卸载软件或改变软件系统配置,并定期对上述情况进行检查。

（5）企业委托专业机构进行系统运行与维护管理的,应当严格审查其资质条件、市场声誉和信用状况等,并与其签订正式的服务合同和保密协议。

（6）企业应当采取安装安全软件等措施防范信息系统受到病毒等恶意软件的感染和破坏。企业应当特别注重加强对服务器等关键设备的防护;对于存在网络应用的企业,应当综合利用防火墙、路由器等网络设备,采用内容过滤、漏洞扫描、入侵检测等软件技术加强网络安全,严格防范来自互联网的黑客攻击和非法侵入。对于通过互联网传输的涉密或者关键业务数据,企业应当采取必要的技术手段确保信息传递的保密性、准确性、完整性。

（7）企业应当建立系统数据定期备份制度,明确备份范围、频度、方法、责任人、存放地点、有效性检查等内容。系统首次上线运行时应当完全备份,然后根据业务频率和数据重要性程度,定期做增量备份。数据正本与备份应分别存放于不同地点,防止因火灾、水灾、地震等事故产生不利影响。企业可综合采用磁盘、磁带、光盘等备份存储介质。

(8) 企业应当建立信息系统开发、运行与维护等环节的岗位责任制度和不相容职务分离制度,防范利用计算机舞弊和犯罪。一般信息系统不相容职务涉及的人员可分为三类:系统开发建设人员、系统管理和维护人员、系统操作使用人员。开发人员在运行阶段不能操作使用信息系统,否则就可能掌握其中的涉密数据,进行非法利用。系统管理和维护人员担任密码保管、授权、系统变更等关键任务,如果允许其使用信息系统,就可能较为容易地篡改数据,从而达到侵吞财产或滥用计算机信息的目的。此外,信息系统使用人员也需要区分不同岗位,包括业务数据录入、数据检查、业务批准等,在他们之间也应有必要的相互牵制。企业应建立用户管理制度,加强对重要业务系统的访问权限管理,避免将不相容职责授予同一用户。企业应当采用密码控制等技术手段进行用户身份识别。对于重要的业务系统,应当采用数字证书、生物识别等可靠性强的技术手段识别用户身份。对于发生岗位变化或离港的用户,用户所在部门应当及时通知系统管理人员调整其在系统中的访问权限或者关闭账号。企业应当定期对系统中的账号进行审阅,避免存在授权不当或非授权账号。对于超级用户,企业应当严格规定其使用条件和操作秩序,并对其在系统中的操作全过程进行监控或审计。

(9) 企业应积极开展信息系统风险评估工作,定期对信息系统进行安全评估,及时发现系统安全问题并加以整改。

4. 系统终结的关键控制点和重要管控措施

系统终结是信息系统生命周期的最后一个阶段,在该阶段信息系统将停止运行。停止运行的原因通常有:企业破产或被兼并、原有信息系统被新的系统代替。

该环节的主要风险是:第一,因经营条件发生剧变,数据可能泄密;第二,信息档案的保管期限不够长。

其主要管控措施有:第一,要做好善后工作,不管因何种情况导致系统停止运行,都应将废弃系统中有价值或者涉密的信息进行销毁或转移;第二,严格按照国家有关法律制度和电子档案的管理规定,妥善保管相关信息档案。

3.9.4　信息系统的应用控制

应用控制是利用信息系统对业务处理实施的控制。一般控制和应用控制联系紧密,一般控制为应用控制的有效执行提供了可靠环境。应用控制的具体方式、方法在信息系统开发建设的需求分析环节提出,通过系统设计和编程环节实现,由测试环节验证,并在信息系统的运行阶段由用户的操作得到体现和落实。信息系统的核心是业务处理程序,这些程序都包含输入、处理、输出等流程。以下从共性角度分析应用控制的主要措施。

1. 输入控制

该环节的风险主要是:进入系统的数据不准确、不完整、不及时,导致输出结果错误,甚至造成财产损失。例如,录入的记账凭证借贷不平衡,导致账簿数据错误;再如,通过输入虚假的应付数据多支付货款,进行计算机舞弊。

对其主要管控措施有:第一,针对手工录入、批量导入、接收其他数据等不同数据输入方式,分别避免通过后台操作和删除数据的情况;对于必须的后台数据操作,企业应当建立规范的流程制度,并对操作情况进行监控或者审计;第二,对于经常性的数据删除和修改,应当在系统功能中予以考虑,并通过审批、复核等程序加以控制;第三,在重要的信息系统中设置操作日志功能,详细记录系统中每个账户的登录时间和重要的操作内容,确保操作的可审计性;第四,对异常的或者违背内部控制要求的交易或者数据,企业应当在系统中设计自动报告功能。

2. 处理控制

该环节的风险主要是:第一,未经授权非法处理业务;第二,信息系统处理不正确,导致业务无法正常运行;第三,信息系统处理过程未留下详细轨迹,导致出现错误时无法追踪。

对此的主要管控措施有:第一,建立健全用户管理制度,确保不同权限用户在授权范围内运用信息系统进行业务处理;第二,系统自行记载各个用户的操作日志,详细记录各用户执行操作,留下审计线索;第三,对信息系统进行定期检测维护,及时发现错误并予以修正。

3. 输出控制

该环节的风险主要是:第一,敏感信息被非授权用户获取;第二,输出的信息在内容的正确性和完整性及形式的规范性等方面存在质量问题,无法满足用户的需求;第三,输出的信息被篡改等。

其主要管控措施如下:

(1) 使用数据钩稽关系校验和数字指纹,保证有关数据的正确性。数字指纹,是采用相应技术手段在输出的信息正文后生成信息摘要附加在中文之后,接收方对接收到的信息正文用同样的技术手段重新生成信息摘要,检查与接收的信息摘要是否一致,从而确定信息是否被篡改。

(2) 综合采用功能权限和数据权限,确保经授权的用户才能得到相关输出信息。功能权限确定用户是否可以执行某项输出功能,通常表现为不同职责的用户所能使用的菜单项、按钮组合不同。数据权限决定用户可访问的数据范围。

(3) 强化输出资料的分发控制,确保资料只能分发给具有相应权限的用户。常用的输出资料分发控制措施有:打印总数控制,可以在系统中设置各类报表被允许打印的总份数,并记录每次打印的总份数及每次打印的时间和操作人;信息接收人控制,具有将输出信息作为电子邮件附件发送的信息系统,应当为不同类型的输出资料分别设置接收人名单,控制电子输出信息的发出范围;设置输出报告发送登记簿,记录报告发送份数、时间、接收人等事项。

3.10 保险资金内控与综合管理

前面几节从不同视角或业务领域介绍和分析了保险资金内控管理的主要要求或管理措施。其实,归结起来三个方面的要素是至关重要的,即:制度(流程)、技术与人。好的制度(流程)需要人来遵守和执行,且制度(流程)制定与设计合理与否也取决于管理人员的水平与能力。制度(流程)的全面性、科学性、合理性,还需要制度(流程)执行的有效性来体现。通过"制度+技术+人"相结合的管控模式,能够较好地实现对保险资金运用内控的科学管理,不至于使内控管理流于形式。不能平时说内控管理很重要,但关键时刻管控或决策时不重要。制度(流程)要不断地进行优化,与时俱进,否则就会牺牲效率或阻碍生产力的发展。在这之中,还必须重视信息系统技术的开发与应用,向数字化、智能化方向发展。数字化、智能化风险合规与内控管理是未来大资管时代的发展方向。科学的制度与流程管理镶嵌数字化与智能化的技术管控一定会产生积极的效果。与此同时,我们也该清醒地认识到,任何制度(流程)、技术最终是需要人来开发、设计与完成的,技术系统再科学、再智能,也不忽视人的因素在内控管理与决策方面的关键作用。很多内控事项要靠人的综合素质、专业能力、内控培训、履职敬业、考核激励、部门协同(业务、合规、审计、纪检、监察等)及责任追究等长效机制的建设来实现。否则,公司治理、制度建设、合规与风险管控就会容易流于形式。从这个意义上说,加强保险资金内控的综合管理尤为重要。

4

典 型 案 例

案例 1　巴林银行破产案

1. 案例描述

　　交易员尼克·利森(Nick Leeson)被视为巴林银行(Barings Bank)期货与期权结算方面的专家。1992 年,巴林总部派他到新加坡分行成立期货与期权交易部门,并出任总经理。但 28 岁的他却搞垮了这家有着 230 多年历史的欧洲老牌商业投资银行。尼克·利森察觉到日经 225 指数波动较小,发现采取跨式期权的方式可以获利。他认为日经 225 将会上涨,因此在控制了前后台的同时通过多个私设账户的操作大量买进日经指数的期货头寸。1994 年,尼克·利森在交易中损失了 2.96 亿美元,但是却向管理层报告实现了 4 600 万美元利润。1995 年 1 月 17 日,日本阪神爆发 7.3 级大地震,尼克·利森手中的金融衍生品的价值走势与他之前的预计完全相反。2 月 27 日,尼克私自开立的名为"88888"的非法账户上累计损失超过 8.6 亿英镑,巴林银行最终申请破产,后以 1 英镑的象征性价格卖给了荷兰国际集团(ING)。

2. 可能的原因

　　(1) 员工被授予过高的自主权,为员工谋求生财之道提供了很大空间;
　　(2) 缺乏交易流程相关的规章制度和风险管理制度,开设非法账户等现象均无相关内部监管；

（3）关联岗位不分离。尼克·利森作为总经理，他除了负责交易外，还集以下四种权力于一身：监督行政财务管理人员；签发支票；负责把关和新加坡国际货币交易所交易活动的对账调节；以及负责把关和银行的对账调节；

（4）代客交易部门与自营交易部门划分不清；

（5）交易员的收入与交易利润挂钩的奖励制度设置不当，刺激了交易员的贪利投机。高额的奖金使得雇员急于赚钱而很少考虑公司所承担的风险；

（6）总部对分支机构定期检查与审计的质量及专业水平有限，使问题发现迟缓。

3. 管控的建议

通过以上原因分析，该案例的风险主要在于越权交易、关键岗位不分离等，对此可参考的建议有：

（1）交易相关系统中的权限设置不应过分集权，重要账户以及特殊账户的资金变动情况应当由级别较高的管理人员审核；

（2）投资流程应当建立明确详尽且具有可参照性的规章制度，对各项操作环节进行规范和约束；

（3）前中后台岗位职责的设置应当完全相互独立；

（4）资金流动情况应当通过系统进行监督，对重大波动设立预警机制；

（5）严格将代客业务与自营业务分开；

（6）对交易员激励机制与约束机制应当相互制衡，避免单纯追逐利润，忽视风险；

（7）配备专业能力较强的人员加强对海外分支机构的不定期业务检查和审计，使内控风险问题发现及防范在萌芽状态，及早采取有效措施。

案例2 某科技股价操纵案

1. 案例描述

"某科技"股价从 1998 年 8 月的 5.6 元/股左右,最高上涨到 2000 年 2 月的 126.31 元/股,涨幅高达 21.5 倍,引起了市场的极大震动,但在这之后股价开始一路下滑。监管机构对此股票的交易展开调查,调查表明该股票的飙升纯属某某等四家投资顾问公司的操纵行为。调查结果表明,上述四家公司自 1998 年 10 月 5 日起,集中资金,利用 627 个个人股票账户及 3 个法人股票账户,大量买入该股票。持仓量从 1998 年 10 月 5 日的 53 万股,占流通股的 1.52%,到最高时 2000 年 1 月 12 日的 3 001 万股,占流通股的 85%。同时,还通过其控制的不同股票账户,进行不转移所有权的自买自卖,影响证券交易价格和交易量,联手操纵该股票价格。截至 2001 年 2 月 5 日,上述四家公司控制的 627 个个人股票账户及 3 个法人股票账户共实现盈利 4.49 亿元。

2. 可能的原因

(1)各种市场操纵行为,都离不开证券经营机构及其操盘手的密切配合。庄家在没有任何监控的情况下擅自用个人身份证开户,建仓分仓,买入卖出,转移非法所得。

(2)四家公司利用 3 个法人股票账户大量买进同一支股票,持仓量大幅增长,这反映出公司审批机制不到位以及投资监控环节的薄弱。

3. 管控建议

通过以上原因分析,该案例的风险主要在于违规进行市场操纵,对此可参考的建议有:

（1）证券经营机构应建立相应的内控机制对机构及操盘手的行为严加制约，明确证券经营机构及其操盘手的责任，强化证券经营机构的内部制约机制；

（2）公司应加强内部各个层级的审批环节设置，根据不同交易规模和重要性水平设置不同的交易层级，且及时获取投资决策支持证明资料作为交易依据；另外合规与风险管理部门应当设置全面的交易监控指标，以及时发现异常交易。

案例 3　国外某银行衍生品交易巨额亏损案

1. 案例描述

国外某老牌银行历史悠久，在 77 个国家和地区拥有 12 万名员工，素以内控完善而出名。该行某年轻交易员专门从事交易及衍生工具，从 2007 年 2 月开始在上级不知情的情况下从事违规交易，交易类型为衍生品市场中最基本的股指期货。该交易员预期市场会下跌，因此从 2007 年开始一直大手笔做空市场，而市场预势恰好与其预期一致，其管理的账户在 2007 年底时还拥有"相当多盈利"；但从 2008 年开始，该交易员突然反手做多，豪赌市场会出现上涨。然而，欧洲市场自 2008 年初出现的大跌使账户反而出现巨额亏损。2008 年 1 月，该银行发现上述问题，最终导致 49 亿欧元损失，并被该国监管机构罚款 400 万欧元。

2. 可能的原因

（1）银行授权机制存在明显漏洞，导致交易员建立了超过正常范围的交易头寸。作为一名低级别交易员，其被授权的交易头寸总额高达 500 亿欧元（折合 730 亿美元），这个数字相当于该银行市值的两倍。

（2）在 2007 年 11 月收到欧洲领先衍生品交易所 Eurex 质疑该交易员异常交易的警报后，银行没有引起足够的重视，只是简单询问了当事人的一些交易细节，交易员使用了伪造的文件就搪塞了过去，而没有进行深入的调查。

（3）管理层经常接到风险提示，警示交易员的交易额度已经大大超越权限，但鉴于其交易一直显示在赚钱,因此便未引起任何重视。

（4）交易管理机制设置方面存在缺陷:交易员既负责投资决策也负责交易执行,缺乏必要的制衡和监督,加大了发生风险的可能。

（5）当交易员的预测发生错误的时候,未及时平仓止损,而是试图借助金融机构的信用和庞大的资金,在短期内改变市场走向。

（6）之前银行曾几次让该交易员休几周假,但最后都被其以手头有工作推托了。

3. 管控的建议

通过以上原因分析,该案例的风险主要在于投资决策授权界定不当、越权交易以及关键岗位不分离等,对此可参考的建议有:

（1）风险管理部门应当定期审核授权设置情况,对超出风险容忍度的权限设置应当揭示并提示管理层关注并修改;

（2）企业应当建立完整的预警和反应机制,对预警情况应当开展必要的审查步骤,且获取证据进行分析,分析后形成相关报告报送管理层,管理层对重大事件应当审议并提出相关意见;

（3）企业应严格根据授权体系进行相关监控,对越权交易应进行提示,根据相关制度进行惩处;

（4）各项业务的前中后台部门及岗位均应相互分离;

（5）应建立强制平仓制度;

（6）企业针对重要岗位应当建立强制休假和轮岗制度。

案例4　日本某银行亏损案

1. 案例描述

日本某银行亏损的始作俑者是 1984 年至 1995 年间该行纽约分部负责债券

交易及清算的副行长。该副行长 1976 年加入该行的纽约分部,此后青云直上。他既掌管前台交易又兼管后线结算,做美国国债交易时出现的亏损通过制造假会计凭证的方式加以隐藏。过去他被称为工作狂,殊不知他一直在疯狂做假账。从 1984 年至 1995 年 7 月,该副行长在 11 年间共做假账 3 万多笔,隐瞒进行未经授权交易所造成的亏损达 11 亿美元之多。在这 11 年内,他很少休假,即使短暂离开银行几日也会提前赶回工作岗位。直到 1993 年 10 月纽约分行对部门工作进行了调整,把证券交易和后台清算分离开来后,才使他的隐瞒作弊变得困难起来,最终该副行长于 1995 年 7 月致函银行董事长,坦白自己的不轨行为,该行管理层才知悉真相。1995 年 11 月,美国联邦及纽约等 6 个州的银行监管机构决定将该行在美国的 18 个机构全部驱逐,并处以 3.4 亿美元的罚款。该银行不得不变卖其在美国的 130 亿美元资产,并在全球范围内收缩国际业务。

2. 可能的原因

(1) 前后台岗位不分离,该副行长同时掌管前台和后台业务,给其制造假账提供了极大便利;

(2) 投资岗位人员长期处在一个岗位上,使得未授权交易无法被及时发现;

(3) 总部缺乏对海外机构的检查、监督与审计。

3. 管控的建议

通过以上原因分析,该案例的风险主要在于交易记录造假、虚假交易及关键岗位不分离,对此可参考的建议有:

(1) 各项业务的前中后台部门及岗位均应相互分离。

(2) 企业针对重要岗位应当建立强制休假和轮岗制度。对高管人员的强制休假应要求一定天数的连续,为潜在的舞弊现象提供充分的暴露时间。

(3) 加强对海外机构的定期检查、监督与审计,使内控风险问题发现及防范在萌芽状态,及早采取有效措施。

案例 5　基金、资产管理机构新股申购违规事件

1. 案例描述

2009 年 7 月 24 日发布的《首次公开发行 A 股定价、网下发行结果及网上中签率公告》显示：某基金"由于未在规定的时间内及时足额缴纳申购款，视作无效申购"。在此前成渝高速的申购中，某沪深 300 指数基金和某混合型基金也出现了无效申购。在 IPO 重启前夕，为确保新股发行制度改革成功，中国证券业协会专门发布了《关于做好新股发行体制改革后新股询价工作的通知》，通告中称：若所属配售对象出现高报不买、高报少买等四种违规行为，视情节轻重，可能受到纪律处分，并暂停或取消新股询价资格。有些公司可能是"误操作"，有些公司相关人士给出的解释是："由于上交所的询价新系统与公司内部交易系统在对接上出现了问题，当时没有及时发现，因此导致未能申购"。有的公司存在"在申购平台提交申购但未足额缴款或未缴款"现象。2009 年 2 月份，共有 36 家询价对象由于发生"只询价不申购"情况而受到中国证券业协会的自律处理。其中，有2 家基金公司违规情况严重，遭到警告处分，责令其整改 3 个月，整改期间暂停询价资格。

2. 可能的原因

（1）公司对新股申购等投资流程，特别是业务跨部门的流程设定不当，不同部门和岗位间的职能交接和相互监督存在薄弱环节；

（2）公司对投资业务所使用的内部业务系统以及外部交易系统间的对接等环节测试不到位，导致运行故障发生且无法及时应对解决；

（3）公司在人员管理方面可能存在疏忽，对离岗人员的工作交接不到位，因此导致部分工作无法在业务开展中得到有效执行，影响业务开展的连续性甚至导致违规操作的情况发生。

3. 管控的建议

通过以上原因分析,该案例的风险主要在于操作失当或违规新股申购,影响公司声誉,对此可参考的建议有:

(1) 公司应当及时跟进监管新政的变化,并对各项投资业务及时改进业务流程,尤其是业务跨部门的流程,涉及业务环节中的各个细节均应当建立明确的制度规范;

(2) 公司对投资业务所使用的内部业务系统以及外部交易系统的各项功能均应在实际运行前进行充分的测试和调整,且针对各种系统故障情况制定对应的应急预案,确保投资业务的顺利开展;

(3) 对人员离职,尤其是关键岗位人员的离职,公司应当制定明晰的工作交接规范,并及时加强培训,避免因人员流动导致的工作遗漏或错误;

(4) 风控与合规人员应进行不定期抽查和检查,并穿行测试流程与系统的科学性与稳定性。

案例6　日本某商社铜期货巨额亏损事件

1. 案例描述

此事件是由于该商社首席交易员刻意对抗市场的供求状况和蓄意操纵市场的行为所致。该事件全面爆发于1996年6月,整个事件持续了近10年。早在1991年,该交易员在LME铜市场上就有伪造交易记录、操纵市场价格的迹象,但是没有得到及时处理。直到1994年和1995年,由于控制了许多交割仓库的库存,导致LME铜价从最初的1 600美元每吨单边上扬,最后达到3 082美元每吨的高位。到1995年下半年,随着铜产量的大幅增加,越来越多的卖空者加入到抛售者的行列,但是,该交易员继续投入几十亿资金护盘。终于,在1995年10、11月份,有人意识到期铜各月合约之间价差的不合理状态,要求LME展开详细调查。在对每个客户在各个合约上所持有的头寸及交易所仓库中仓单的所有权有了清晰的了解之后,LME 专门成立了一个专业人士组成的特别委员会,就如何处理进行了探讨。此时,铜价的反常波动引起了英美两国证券期货监管部门的共同关注,该交易员企图操纵市场的行为也逐渐败露。监管部门的追查以及交易大幅亏损的双重压力,使其难以承受。1996 年 5 月,伦敦铜价已经跌至每吨 2 500 美元以下,有关该交易员将被迫辞职的谣言也四处流传。在这些传闻的刺激下,大量恐慌性抛盘使得随后几周内铜价重挫 25%左右。1996 年 6 月 5 日,该交易员未经授权参与期铜交易的丑闻在纽约逐渐公开。1996 年 6 月 24 日,该商社宣布巨额亏损 19 亿美元并解雇该交易员之后,铜价更是由 24 小时之前的每吨 2 165 美元跌至两年来的最低点每吨 1 860 美元,狂跌之势令人瞠目结舌。接踵而来的恐慌性抛盘打击,更使该商社的多头头寸亏损扩大至 40 亿美元。该商社承认了其交易员的行为,但是声称事件是未授权的。最终该商社和 CFTC(美国商品期货交易委员会)调解,同意停止那些违反《美国交易所法》中有关禁止操纵的行为,并为此支付 1.25 亿美元的民事罚款和建立一个信托基金用来赔偿由操纵行为给一般投资者所造成的损失。当时,对该商社的罚款是美国政府开出的最大金额的民事罚款。在日本,该交易员被判伪造和欺诈罪入狱。

2. 可能的原因

(1) 交易员交易权限太大或没有得到授权。该交易员是公司期铜交易的直接管理者,所有公司的风险控制措施、财务管理制度以及市场监控手段都由他主导制订并监督实施,完全不受公司的制约;

(2) 风险管理团队中缺乏具备充分资质的复杂金融商品交易专家,识破非法交易的能力不足;

(3) 事件全面爆发于 1996 年 6 月,整个事件持续了近 10 年。说明该上级主管总部或相关部门缺乏对该项交易的监控、监督和审计。

3. 管控的建议

通过以上原因分析,该案例的风险主要在于风险管理策略不全,风险与内控隐患持续时间较长,对此可参考的建议有:

(1)要有清晰明确的授权和审批制度与系统。业务制度、风险控制办法等规章在发布前应经过合规部门以及相关管理层的逐级审批,方可正式发布执行。

(2)衍生品交易要有相应的风险管理策略、风险敞口限制以及风险管理预案。

(3)风险管理部门应当利用信息系统对操纵市场的违规行为进行监控,并及时预警和汇报。

(4)审计部门应当由具备专业资质的审计人员定期独立开展制度审核和制度执行情况。

案例 7　中国香港银行 KODA 产品案

1. 案例描述

从 2008 年开始,不少中国内地的客户陆续接到中国香港一些银行的催款通知单,要求这些客户在 10 日内偿还欠款。短短几个月的事件,一些富豪损失严重,不少人倾家荡产,甚至欠下了银行巨额的债务。变故的起因,是因为一款名为 KODA 的产品。KODA 也被称为 Accumulator,国内翻译为累计期权,这是一种极其复杂的金融衍生产品,可以与股票、外汇、期油等资产挂钩,同时也被称为"富豪杀手"。香港一些银行极力兜售这种复杂的衍生产品,各家银行在该产品上取得的收益越大,业务员得到的奖金也就越多。一位亚太区经济学家甚至表示,是 Accumulator 在 2007 年养活了在香港的国际投行。2008 年爆发的银行理财产品"零收益"事件平息不久,内地富豪被香港外资银行复杂的金融衍生品 KODA 绞杀的消息开始接二连三被曝光。由于不少接触到这类产品的富豪对相关的产品并不了解,将可能全部损失的集合理财产品误认为保本保收益的集资或固定存款。而有些银行则将可能因追加保证金而倒欠银行巨款的股票累积期权宣传为一种票据,或将可能到期零收益甚至亏本的产品宣称有8%甚至更高的预期收益。推销员的提成高达5%,甚至更高(无底薪)。他们花样繁多、手法各异,打着某某银行总裁、董事等高管旗号,扮演成投资者顾问推销该产品。有些机构或个人在推销时,只是强化收益,淡化甚至不提风险,根本不提产品是期权投资。有些银行一般都隐瞒了自己有提示义务,而是直接要求客户承诺已经知道了相关情况并在文件上签字。此外,由于相信银行的固有信用,国内投资者甚至连清楚写明产品类别的合同都"来不及"看一眼就疯抢,因为信任外资行私人银行高端服务,仅仅一个电话就可以下单完成几百万的产品。

2. 可能的原因

(1) 有些银行未设定严格的投资者审核程序,一些客户经理未根据香港证监会发布的《持牌人或注册人操守准则》规定对专业投资者的界定进行投资者资格的审核,也未按规定要求投资者出具身份证明,有的甚至诱导非专业投资者投资复杂金融衍生产品;

(2) 有些客户经理在销售产品过程中未严格履行风险提示义务,未向投资者披露保证金制度等风险提示信息;

(3) 诱导宣传加上一些投资者风险意识淡漠,超过了自己的风险承受能力,留下了过大的风险敞口,以至于投资损失发生时对银行或产品销售人员发起诉讼,进而对相关银行等金融机构的声誉造成负面影响。

3. 管控的建议

通过以上原因分析,该案例的风险主要在于对投资人审核及风险提示不到位等,对此可参考的建议有:

(1) 公司针对各种不同风险度的产品应当制定严格的投资业务审核程序,对投资者身份以及风险披露等进行明确要求,并通过绩效考核对客户经理进行

约束,要求其严格执行制度;

(2)客户经理在进行产品宣传或与客户进行接洽时应当严格履行风险提示义务,在绩效考核机制中可考虑通过回访等方式对客户经理的行为进行考评和约束。

案例 8　交易人员"老鼠仓"案

1. 案例描述

最高人民法院查明,原审被告人某某在担任基金管理有限公司股票投资经理期间,利用其掌控的未公开信息,从事与该信息相关的证券交易活动,买卖股票 70 余只,累计成交金额达人民币 10 亿余元,案发后被告人投案自首。另查明,被告人非法获利数额应为人民币 1 900 多万元,判三年有期徒刑。

2. 可能的原因

(1)从业人员缺乏自身修养,法制观念淡薄,违背执业操守,心存侥幸心理。知情人举报及科技手段与大数据的应用才使一些暗藏的违法违纪者浮出水面。

(2)原来对"老鼠仓"的概念与认定缺乏法律依据,直至 2009 年 2 月新刑法修订以后,才明确规范并根据判例陆续出台相关司法解释。"老鼠仓"是利用未公开信息交易行为的俗称。根据我国刑法第 180 条第 4 款的规定,"利用未公开信息交易罪"是指"证券交易所、期货交易所、证券公司、期货经纪公司、基金管理公司、商业银行、保险公司等金融机构的从业人员以及有关监管部门或者行业协会的工作人员,利用因职务便利获取的内幕信息以外的其他未公开的信息,违反规定,从事与该信息相关的证券、期货交易活动,或者明示、暗示他人从事相关交易活动。"惯性思维和不当作为触犯了法律。

(3)相关公司的内部内控管理欠缺给涉案人员提供了可乘之机。

3. 管控的建议

根据以上原因分析,可参考的管控建议有:

(1)强化执业操守教育培训,不断提高从业人员综合素质,强化法制观念;

(2)对于从事投资的关键人员按监管要求进行必要的行为规范管理日常抽查、检查;对关键内部信息的传递范围及人员进行必要的限制与管理;

(3)加强对投资行为异常的人员与投资品种的监控;不断优化投资授权审批机制和信息系统建设,堵塞投资活动中的漏洞,强化内控管理的薄弱环节。

参 考 文 献

财政部会计司:《企业内部控制规范讲解》,经济科学出版社,2010年。

教材编委会:《金融市场基础知识》,中国财政经济出版社,2015年。

陈文辉等:《新常态下的中国保险资金运用研究》,中国金融出版社,2016年。

报告编写组:《中国保险资产管理发展报告》,中国金融出版社,2011年。

国际监管官协会(IAIS):《资产负债管理标准 第13号准则》,2006年。

图书在版编目(CIP)数据

保险资金运用与内控管理/曹贵仁编著.—上海：
格致出版社：上海人民出版社,2018.6
ISBN 978 - 7 - 5432 - 2861 - 0

Ⅰ.①保…　Ⅱ.①曹…　Ⅲ.①保险资金-资金管理-
研究-中国　Ⅳ.①F842.4

中国版本图书馆 CIP 数据核字(2018)第 076635 号

责任编辑　程　倩
封面设计　王　捷

保险资金运用与内控管理
曹贵仁 编著

出　　版　格致出版社
　　　　　上海人民出版社
　　　　　(200001　上海福建中路 193 号)
发　　行　上海人民出版社发行中心
印　　刷　常熟市新骅印刷有限公司
开　　本　720×1000　1/16
印　　张　15.25
插　　页　2
字　　数　238,000
版　　次　2018 年 6 月第 1 版
印　　次　2018 年 6 月第 1 次印刷
ISBN 978 - 7 - 5432 - 2861 - 0/F · 1108
定　　价　62.00 元